U0449552

尽善尽美　弗求弗迪

峰 帅

个人品牌放大器

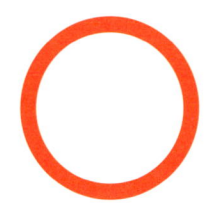

21年资深营销人、
个人品牌商业专家、作家

峰 帅 著

电子工业出版社
Publishing House of Electronics Industry
北京·BEIJING

内容简介

本书由资深营销人峰帅基于实战经验打磨而成，其核心理念是以营销思维放大个人品牌。

全书内容分为四大模块，包含十个有效"放大器"，覆盖了个人品牌经营中最为关键的痛点。针对每个痛点，峰帅均从底层逻辑切入，逐一深入浅出地给出破局关键、实操方法、参考案例以及原创工具模型，好懂、好记、好用，具有极强的可落地性。

未经许可，不得以任何方式复制或抄袭本书之部分或全部内容。
版权所有，侵权必究。

图书在版编目（CIP）数据

峰帅：个人品牌放大器 / 峰帅著 . 一北京：电子工业出版社，2022.5
ISBN 978-7-121-43123-4

Ⅰ.①峰… Ⅱ.①峰… Ⅲ.①营销管理 Ⅳ.① F713.56

中国版本图书馆 CIP 数据核字（2022）第 041623 号

责任编辑：王陶然
印　　刷：中国电影出版社印刷厂
装　　订：中国电影出版社印刷厂
出版发行：电子工业出版社
　　　　　北京市海淀区万寿路 173 信箱　邮编：100036
开　　本：720×1000　1/16　印张：18.75　字数：296 千字
版　　次：2022 年 5 月第 1 版
印　　次：2022 年 5 月第 1 次印刷
定　　价：88.00 元

凡所购买电子工业出版社图书有缺损问题，请向购买书店调换。若书店售缺，请与本社发行部联系，联系及邮购电话：（010）88254888，88258888。

质量投诉请发邮件至 zlts@phei.com.cn，盗版侵权举报请发邮件至 dbqq@phei.com.cn。
本书咨询联系方式：（010）57565890，meidipub@phei.com.cn。

序言 ▶

峰帅的心法，
我的看法

易红 博士（武汉大学社会发展研究院执行院长、武汉大学研学实践教育研究中心主任）

  2021年6月的一天，峰帅在微信里跟我说："以后没什么重要的事就别找我了，我要开始写书了。"10月的一天，他又在微信里跟我说："我的书快写好了，你给我写序吧！"于是，有了今天这篇文字。

  一口气读完这部书稿，真不敢相信它与青春成长小说《飞禽走兽》、情诗集《你的表情，就是我的一年四季》出自同一位作者之手。其思考之深入、内容之丰满、结构化思维之缜密、视角之独特、工具之实用、语言之细致，让我佩服。就像你的一位朋友在毫无保留地与你分享他多年来的成功秘诀，殷切地告诉你哪里有坑，你别去踩；哪里有水源，你即使绕道也要去。同为一名脑力劳动者，我非常清楚这样一部作品的背后需要动用多少年的知识储备和付出怎样的心血与体力。

  峰帅是一位资深营销人，我是一名教育工作者。身在魔都上海的他和身处江城武汉的我，地域不同、行业不同、圈子不同。如果不是视频号，我们可能永远都不会有什么交集。幸运的是，世界上居然诞生了视频号这么个东西，使我俩不约而同地成了一名教育博主，又偶然在视频号上刷到了对方，还发现了对方的独特之处，通过评论区的一来二去，我和峰帅就这样认识了。

我们开启互动的方式是互赠自己的作品并互相"吹捧"：他的《飞禽走兽》被我定义为"'80后'男孩女孩的集体记忆"；我的《为什么妈妈不讲童话？》被他誉为"育儿版的《文化苦旅》"。慢慢地就发现，我们的"聊域"居然那么宽。我们不仅可以聊各自的事业、作品和困惑、得意，还可以从钻木取火聊到火星移民，从秦皇汉武聊到路易十四，从之乎者也聊到柴米油盐，甚至连抬杠都可以抬得很有"水准"。

孔子说，益者三友：友直、友谅、友多闻。对我来说，峰帅是一位标准的——不，是一位超标的益友。

益在他的正直和实在。

在各种"21天教你成为百万大V""3分钟学会演讲"等标题党营造的快餐文化流行趋势下，峰帅不会画一个让你垂涎三尺的饼，幻想自己一夜成名或赚得盆满钵满。他会很"直男"地告诉你：那么就是做梦，要么就是比被雷劈中的概率还低的事件，普通人如果总想着怎么一步到位、一举成名，那只会让你在浮躁中彷徨，且一无所获。在峰帅看来，对绝大多数普通人而言，最有效的个人品牌就是对你的事业和生意"刚好够用"的品牌。注意哦，"够用"就好。他不会允许你好高骛远地乱定目标，他会诚心诚意、竭尽所能地帮助你实实在在地做好自己能力范围内的事，然后跳起来摘桃子。所以，《峰帅·个人品牌放大器》这本书的书名，跟他本人一样正直和实在，没有任何诱导下单的成分。正因为如此，你才更可以放心地阅读。

益在他的诚信和慷慨。

我算是只有一只脚站在视频号世界里的边缘人，所以我有机会冷眼观察各种玩家。我看到，很多博主开通视频号没几天，就在积极琢磨怎么"轻交付"地快速变现。而与此同时，峰帅却在做一件又重又慢的事。他两耳不闻窗外事地研发了一门非常重交付的个人品牌课程，不仅重交付，还对学员挑三拣四——那些被招生工作组"忽悠"来的学员不收，那些抱着试试看的心态来报名的学员不收，那些用质疑的眼光来看待这门课程的学员不收。这就意味着，这门课他不仅要跟自己死磕，还无端地抬高了学员的门槛，你我都知道这意味着什么。——峰帅不管这些，在他看来，不够纯粹的学员，本来也很难达到所期望的学习效果，交钱也不要。这就是他说的："可拿可不拿的，不拿。"但是，一旦学员通过层层关卡进到他的学习体系，他对你必是严格要求的，并且不计成本、倾囊相授，用匠人般的精神，把学员当作一件件作品，进行全方位、个性化的打磨、辅导。他的这一程陪跑，使你获得的不仅有心法和做法，还有许许多多意料之外的惊喜。这就是他说的："可给可不给的，要多给。"

益在他的博学和勤奋。

峰帅的视频号叫"峰帅聊营销"，但他可不是只能聊营销，到目前为止，我还没有发现他接不住的话题。论书法，他五体皆精，在他的PPT里，你经常可以看到他专业水准级的书法作品；论文艺，他能唱能演能配音，天赋与技巧俱佳；论体育，他打乒乓球已经是业余选手里的顶尖水平；论历史，你大可随意点一个年代，请他与你娓娓道来；甚至论搭讪，他也能出一本《搭讪宝典》。他的研究跨度很大，从《毛泽东选集》到李敖，从宗教到厨艺，无一不是他的"菜"，所以，你基本找不到他的知识死角。而这些拿得出手、吹得起牛的才华，其实来自他极致的勤奋，用他的话说，叫"压倒性投入"。大到他的人生目标，小到写一幅字、做一场演讲，我都亲眼见过他如何不投机、不取巧地、死磕型地"压倒性投入"，具体怎么个"压倒"法，书里处处是答案，建议你自己去慢慢体会。

益在他的智慧和取舍。

峰帅曾经跟我分享过他对"终极领导力"的思考。他说："当你交办给下属

序言

的工作被撂挑子时,任何时候,你都能自己搞定,这就叫'终极领导力'。"我听后,马上在脑海里对比自己有几分"终极领导力"。

当我在事业上备感艰难时,他曾对我说:"这种煎熬肯定会过去,但你需要慢慢地熬,你甚至都不用期望它快点过去。"一句话,让我找回了平常心,满含智慧和阅历的味道。

峰帅有信仰,常会用"上帝"视角看问题。他非常清楚自己的人生要义,所以多年来,他基本不参加应酬、不轻易交友、不说无谓的话、不旅无谓的游、不做无谓的事,把有限的时间和生命全部用在陪伴家人、练习书法、打磨产品上,所以才会有今天的斜杠峰帅。

我强烈建议你精读这本书,你会发现:原来在你脑海中一直似有还无、迷茫不清、还没有捋清楚的问题,已经有人思考得这么深入了;不仅思考得这么深入,而且已经形成理论了;不仅形成了理论,还用通俗易懂的文字给你细细地讲解出来了。你会有打通任督二脉、豁然开朗的感觉。

当然,我对这本书的认同,并不仅仅是基于我和作者的朋友关系,更多的是基于我们相通的底层逻辑——我们其实用各自的语言体系表达过很多类似的思想。比如:

我说:"我们不需要费劲去补自己的短板,应该想办法让长板更长。"

峰帅说:"个人品牌就是要将本就属于你的东西,通过科学的方法将它放大。"

我说:"未来世界需要 T 形人才,既有视野的广度,又有思想的深度。"

峰帅说:"做个人品牌,要做到 1 公里深,10 公里远。"

我说:"我们不用去对标别人,与其更好,不如不同。"

峰帅说:"我们不需要去超越别人,换个角度去做个人品牌,依然有一片蓝海。"

你看,是不是遥相呼应?

正因为有了这样的深度认同,我们武汉大学社会发展研究院与峰帅的俯头帮营销平台于 2021 年 4 月在深圳签订了战略合作协议,未来联合培养营销领域的实践型、应用型人才。这在业内尚属首次，在我的职业生涯中，也是唯一的一次。

视频号圈有许多自诩为"某某第一人"的博主，峰帅对"某某第一人"的说法一直敬而远之，笑谑自己"不称霸"。读过这本书之后，我倒是很想给他冠以"视频号成果化第一人"的称号。在我看来，"成果"这个词是很重的：它不是发展了几个社群，带了一点儿货；不是写了一本教你如何玩转视频号、如何快速吸引粉丝的技法书；更不是让多少人看到了你的视频，给你点赞转发了。"成果"，是通过某个载体，深度挖掘出潜藏其中、延伸其外的道理，提炼出对人们有深远影响、对事业有指导意义、经得起时间检验的经营之道和人生之道。峰帅以视频号为起源，提炼出了一套即使换个领域也能行之有效的个人品牌"放大"心法，即使再过 20 年也照样有用的做法，并且还有一套让人记得住、传得开的说法。——这不是成果，什么还能算得上成果呢？

欢迎尽情享用这场峰帅用他 40 年的人生经历储备的食材，费了好几个月的时间烹饪，付出了腰椎间盘突出的代价，为你精心准备的知识盛宴吧！

导言 ▶

做好个人品牌，
就是为了加速生意！

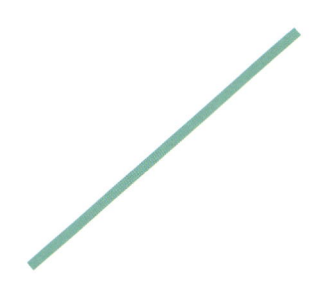

你好，我是峰帅。

在你正式阅读《峰帅·个人品牌放大器》这本书之前，我想用一点时间，给你讲个小故事，同时亲口告诉你，作为一个职业营销人，我原本是服务 B 端大客户的，为什么要写这样一本关于个人品牌的书、开这样一门关于个人品牌的课。我也会告诉你，一本带着营销人思维的个人品牌专著，到底跟别的个人品牌书籍有什么不一样。

不论你是否已经认识我，你都有必要知道一件事：在 2020 年 7 月以前，"峰帅"这个名字，以及它所代表的个人品牌是根本不存在的！

2020 年春节，史无前例的新冠肺炎疫情来了。和身边很多人一样，在很长一段时间里，我以为整个 2020 年将是我很难再有什么作为的一年。那时候是这么一个状况：

第一，我们公司是一家创立八年的营销咨询公司，我是创始人之一。我们的客户年度服务费在200万至400万元，加上我已经在营销这个领域从业21年了，照理我应该知名度挺大了对吧？但事实上，除了在大客户里面和小范围的行业圈子里，外界基本没多少人认识我。更何况认识我的朋友都知道，我的性格是一心做好事情，根本不喜欢社交，尤其最近这四五年，晚上和周末几乎从来不应酬。可以说，这是一件很反常识的事。

第二，自从2020年春节以后，短短几个月之间，我身边有好几个哥们儿的公司倒闭，其中有开公关活动公司的，有搞定制旅游的，有做民宿酒店的，等等。我们公司倒是没倒闭，但是业务也开始缩水，接二连三地掉客户，而且都是五年以上的老客户，可以说损失很大。

第三，2020年4月，我想在某个知识付费平台讲一门课，一门很有用的营销课。我的合伙人云姐去帮我谈了一下，第一时间就被拒绝了，理由是：有一位大咖已经在这个平台上有了跟我类似的课程。请注意：关键并不是已经有了类似的课程，而是人家是一位大咖，我什么也不是。

第四，也是最重要的：既然别人的平台不让我讲课，我自己搞一个平台就是了。于是我和团队就开始四处招募营销垂直领域的导师。很多人现在已经知道了，我要筹建的就是现在的"俯头帮营销平台"。我们打算汇聚社会各界跟我一样专业，甚至比我更专业的营销精英，通过交付课程、咨询和解决方案来赋能那些和我们一样艰难，甚至比我们更艰难的创业者、企业家们。而且我从一开始就认定：在未来十年，这个平台大概率会成为比我做营销咨询更重要的事业。我们原本以为，我们都在营销这个行业浸泡了十几二十年，人脉肯定不是问题。但是一做就发现，在我们的资源范围内，根本物色不到几个优秀的、愿意加入我们一起干的导师，而且就算能找到，也没法确保今后的导师资源可以源源不断地进来。于是这就导致整个平台项目一度几个月停滞不前，无法推进，就连我这个资深营销人都想不出"破局"的招。

其实还遇到其他一些乱七八糟不顺利的事，就不逐个回顾举例了。跟你说完这几件事，你应该能够感觉到，其实简而言之就一句话：我的个人影响力太小了，所以想干点什么都费劲得要命。

于是从 2020 年 7 月开始,我有史以来头一回真正重视起一样东西,叫"个人品牌"。在这以前的十几年,我只知道研究企业品牌,完全不 Care(关心)什么个人品牌。不 Care 到什么程度呢?当年在出版我的第一部文学作品《飞禽走兽》的时候,那个图书公司的老板让责任编辑约去一趟天津,说是要跟我商议巡回签售的事,打算把我这本书作为当年的重点宣传对象,好好宣传一波。我想都没想,就跟责编说:"不去!有啥好宣传的,就这么卖呗!"这一下把图书公司老板给气到了,当天就把我这本书的宣传计划撤销了。现在想起来,我当时简直就是个愣头青。虽然这本书后来一直卖得也还不错,但是假如我有一点个人品牌意识,情况无疑会更好。

所以 2020 年,一旦我有了做个人品牌的意识以后,就带着营销人特有的思维方式,经过我和团队大半年的经营,而且是有目标、有计划、有方法的经营,现在如你所见:世上终于多了一个叫"峰帅"的个人品牌符号。

现在一说起峰帅,认识我的人可能脑子里会出现一张穿着灰色 T 恤、一只手挠后脑勺的照片(见图 0-1),可能还会联想起我身上的几个重要标签:我是一个 21 年的资深营销人,我的视频号主号叫"峰帅聊营销",我是俯头帮营销平台的主理人、示剑品牌营销公司董事长,我还是一个作家。而当我把自己跟做个人品牌之前所发生的那些事做了一个对比以后,我发觉很多情况已经发生了非常微妙的变化。

▶图 0-1

首先,我在视频号上讲了半年营销,就像讲课一样,把我的经验所得就这么一分钟一分钟地讲出去,还真影响了很多人,甚至帮助了很多人,同时也让我自己比半年以前至少多了五六万个粉丝。我做过很多条大大小小的爆款视频,其中最大的一条有将近 2000 万次点击量、100 多万次转发量(见图 0-2),这意味着我在营销垂直领域的知名度扩大了一两千万人。而且很有意思的是，就连我公司的很多客户都觉得我不再是原来的那个简单的"乙方"，他们觉得我好像比他们知道的还要厉害一点！于是他们也开始认真地看这个现在叫"峰帅"的人，每天到底在传递些什么。

因为产生了这样一些效应，与此相连带地也影响到了我公司业务的转化。统计下来，2021年公司本身的老业务加上新业务，营业额比2020年同期上涨了150%以上，并且还在持续转化中。

同样地，之前别人的平台没让我讲课，后来却有N个知识付费平台联系过我，希望我去他们平台上讲一些课，哪怕是小课，哪怕是把我视频号上的内容提供给他们做会员制服务都行。但是都被我委婉拒绝了，为什么呢？因为我得在自己的平台上、为我自己的用户讲课了。

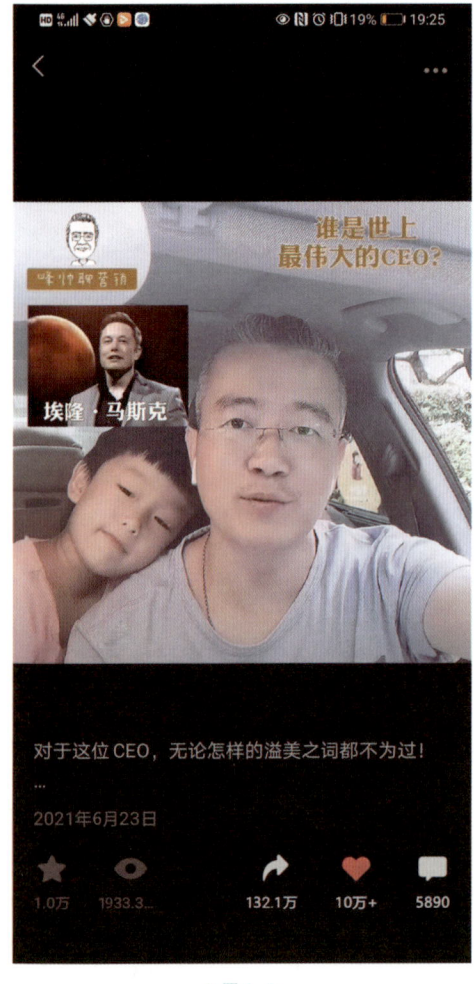

▶ 图 0-2

与此同时，有N个图书公司和出版社找到我，希望我出书，其中包括几家著名的大出版社。

之前我不太参加公开的活动，2021年以来，陆续有企业请我去做培训和讲座，我也成了很多峰会上的特邀嘉宾（见图 0-3、图 0-4），每一次发表主题演讲以后都吸引粉丝无数，还获得了很多奖杯和证书。

当然还有那件最重要的事：在俯头帮营销平台这个"航母级"的项目上，我们之前根本链接不到什么导师，但是从2020年10月做了线上发布会开始，俯头帮平台已经汇聚了将近40位国内外优秀导师，其中至少有一半是主动链接到我，要求加入俯头帮的。现在每个月还在持续洽谈新报名的导师。但是随着俯头帮在外界的名声越来越大，对于导师的甄选机制也越来越严，甄选范围也越来越广，所以我们注册推出了一个容纳性更大的导师社群，叫"中国营销人智库"，从而让越来越多营销细分领域的优秀导师能够加入进来。相应地，我们针对平台会员建立了"俯头帮生态群"，通过不断改善运营，让越来越多加入平台的创业者和用户能够受益。

▶图0-3

故事说到这里，你或许已经感觉到有点逆袭翻盘的味道。其实还有很多这种带点逆袭味道的事，简而言之就是一句话：我终于可以用"峰帅"这个个人品牌，把公司的生意大大加速，并且把很多想做的事高效地推进了！而且可以比较自信地说，峰帅这个品牌，还在持续稳定地"放大"中。

但与此同时，也促使我产生了一个非常深刻的认知：

对于我们普通人而言，到底什么才是最有效的个人品牌？

你可能会说："当然是我的流量越来越大，大得一直爬到顶部啦！"

告诉你：错了，那只有10%以内的概率！

你可能还会说："那就是我的知名度越来越大，大得变成一个网红！"

更加错了，那只有1%以内更小的概率！

其实你我普通人，能成为超级流量顶部和成为网红的概率，几乎为0。你做个人品牌，如果一心想着这两件事，那都是妄念，都是误区。但是根据我本人的实操经验，做成一个"有效的个人品牌"的概率，却可以无限接近于100%。所

▶ 图 0-4

以请注意这句话：对于绝大多数普通创业者而言，最有效的个人品牌，就是对你的事业、对你的生意"刚好够用"。

所以我必须把这一套行之有效的方法，毫无保留地复制给更多的人。事实上，我在践行的过程中遇见的很多朋友，他们都在做个人品牌，有的给自己取了个不错的名字，有的天生形象很亲和、很讨巧，有的视频号做得很漂亮，有的也做了社群，有的拼命地在直播，还有的付了很多学费去听各种个人品牌课程。有一部分人，个人品牌做得挺成功，但是更多的人既没赚到钱，自己的生意和事业也没有得到根本性的突破和进展。正因为如此，我必须对你说：个人品牌其实天生就是一个商业概念，做个人品牌天生就得跟生意紧紧挂钩，如果跟生意没有关系，你不用做个人品牌，去做陶渊明隐居世外就可以了。所以如果你做个人品牌却不能有效加速你的生意，那就是做了一个假的个人品牌，中间一定走了弯路。

在我这样一个职业营销人看来，你个人其实就是一个活生生的产品：假如你都不能把自己的个人品牌做好，又有什么理由一定能做好你的产品品牌或企业品牌呢？或者换句话说，假如你都不能把自己好好地推销出去，又有什么理由一定能把你的产品好好地卖出去呢？所以我在开设"个人品牌放大器"这门课程时，还特地给它起了一个副课题，就叫：放大你的个人品牌，高效加速你的生意！

2021年的春节，我待在家里哪儿也没去，把我自己对个人品牌的经营过程进行了一次全面复盘，然后花了好几个月时间，做出了这门课程，现在这本书就是这门课的"文字版"。我给自己立了一个小目标：把那些被你司空见惯，但是又被你忽视了很久、非常重要的"常识"，用营销的思维方法重新"组装"起来，然后最大限度地 Copy（复制）给你。我相信，只要你认真学了，沿着我精心总结提炼的路径，一步一步走下来、用起来，它对你的个人品牌、对你的生意加速，必定会产生极好的效果。

但是问题来了：你肯定已经听过、见过很多关于个人品牌的课程和书籍，有的叫"塑造个人品牌"，有的叫"打造个人品牌"，或者"建立个人品牌"，所以你可能会疑惑：峰帅，你这门课程为什么会叫"个人品牌放大器"这么一个奇怪的名字呢？

事实上在定名字的时候，我自己也有过担心，担心大家看不懂，所以也想过采用其他更通俗的名字，例如"怎样做一个更能赚钱的个人品牌""如何让你的个人品牌深入人心"。后来都觉得不合适，唯有"放大器"三个字，才能准确地表达我对于个人品牌的核心认知。因为和企业品牌一样，事实上你的个人品牌根本不需要刻意地去"塑造"、"打造"或者"建立"，它天生就已经长在了你身上，这是很多人都自动忽视的。我发现身边更多人会觉得：我什么也不是，必须给自己弄一个新的人设。所以我们在做个人品牌之前，就要切记一点：在当今万物透明的互联网时代，你不可能成为一个原本就不是这样的人，也就是所谓的"人设"。你要做的，只是将原本就属于你，但是还没有发挥出作用的那些东西，通过一些科学的、简单的方法，将它们放大、放大、放大！放大到什么程度呢？放大到让你与外界能够发生"有效的连通"，从而让你的个人品牌对你的生意加速"刚好够用"，或者比"够用"多那么一点点。

这里我必须"王婆卖瓜，自卖自夸"一下：作为一个资深营销人，我或许是第一个用营销思维带你做个人品牌的人。什么是营销思维？先不用去管那些高深的理论。一切营销的本质，我们用9个字可以简单而深刻地理解，那就是：从"认识你"到"认可你"，最后再到"认准你"。我们经营一个对生意有效的个人品牌，难道不正是为了走好这样一条路径吗？

所以我根据自己的实战经验，经过多次深度复盘，提炼总结出了做好个人品牌的10个有效"放大器"，并把它们打包归入4大模块，分别是："定位与符号"模块、"表达与影响"模块、"内容与变现"模块和"生意与管家"模块。你可以把它们大致理解为学校里的一班、二班、三班、四班，四个班级各自独立又密不可分，从定位到变现，构成了个人品牌放大过程的整个闭环。在目前的创业环境和营销环境下，其中每一个"放大器"，都将为你解决一个经营个人品牌时必须解决的痛点，从而最终让你的个人品牌有效加速你生意的进展。

下面我要正式为你拆解一下，这10个放大器分别能帮你"放大"什么，以及解决你的什么痛点。

第一模块的第一个放大器，叫"有效定位"放大器。

我们经常说定位，那么当我们在做个人品牌的时候，到底为什么要定位呢？事实上如果用营销的思维看，一个有效的个人品牌定位，不但你对自己必须有一个明确的认知，同时更要让外界、让他人对你有一个同样明确的认知。所以，个人品牌定位要产生一个"传递"与"被感知"的双向效应，否则就不是一个有效的定位。

我在正式开课前，为了建立案例样板，给很多学员事先做了详细的个人咨询。结果发现，80%以上的人首先在个人定位上就稀里糊涂的，没有过关。很多朋友也对我说，做了很久个人品牌，始终没有找准个人定位，很迷茫。这是个致命的问题，因为它意味着后面一切的工夫都将白花，那还做什么个人品牌呢？

前面说过，我们每一个人的特长、定位的属性、标签，其实就长在我们自己的身上，只是我们一直处在一种似是而非、模棱两可的状态，没有把它们精准地发掘出来，而这个发掘工作，其实是一个做减法的过程。所以"有效定位"放大器要发挥的作用，就是用我提炼出来的个人定位工具，帮你精准地发掘出自己身上那块独特的"宝藏"，然后将它有效地放大。

第一模块的第二个放大器，叫"强力符号"放大器。

简单地说，符号就是你对外界产生强力刺激的"信号源"。其实我们每个人身上都可以有很多独特的符号，只要我们有足够的意识、用对了方法，每个人都可以在"有效定位"的前提下，放大自己的个人品牌符号。不论是你的名字、你的形象，还是你的价值观，或者你正在做的事，所有这一切，都可以成为你鲜明独特的个人符号，并且对外界产生强烈的刺激。

例如我峰帅，小到我的发型、我的神态，大到我提出的一个个观点，以及我正在做的俯头帮这件事，其实都已经成为我的个人品牌符号，从而刺激外界对我产生认识、认可、认准，这就是"强力符号"放大器的作用。这个过程需要用到非常严谨而精确的营销知识和经验，而这正是我的强项所在。

第三个放大器，也是第二模块的第一个放大器，叫"表达利器"放大器。

其实说白了就是我们熟悉得不能再熟悉的——PPT。PPT作为日常表达的配套工具，使用的概率其实比过去大了很多，原因是：我们需要表达自己的机会，也比以往多了很多。但是我发现，不论在日常办公场合，还是在公众宣讲场合，绝大部分人对于PPT的认知，几乎仍然停留在20年前，认为它仅仅是一个Office软件而已。

但是从此刻开始请你相信：如果你要经营一个有效的个人品牌，PPT就是你表达的最佳"利器"，就是你的代言人。无论你在日常对内对外的会议中，还是在公众场合的演讲中，一个"有效的"PPT（请随时注意我的用词），将成为你个人品牌系统中极其重要的一件兵器、一个符号，就像你身上穿的一套衣服、一把佩剑。

举个最简单的例子：如果你看过我的现场演讲就会发现，凡是我出现的场合，我的PPT大概率会是全场最引人注目的，因为它是180°无死角的，而且它仿佛自己会说话（见图0-5、图0-6）。细心的你一定会察觉到：这可不是仅仅把文字放大那么简单，而是涉及一些非常简单、非常关键、非常有效的视觉营销原理。

所以，如何让你的PPT随时随地达到这种"自己会说话"的效果？如何让你的PPT在任何表达场合都起到"四两拨千斤"的作用？在放大个人品牌的过程中，究竟哪些PPT诀窍可以短平快地被你所掌握？这就是"表达利器"放大器要为你解决的痛点。

第四个放大器，也是第二模块的第二个放大器，叫"魔力演讲"放大器。

▶图0-5

▶图0-6

毫无疑问，表达力在今天已经变得无比重要，而且越来越重要。正如罗振宇说的："在未来，表达能力强的人，将占尽优势。"其实不用等到未来，现在就是。我经常说：任何一次讲话，不论是私聊还是公聊，本质上都是一次演讲，只是绝大多数人都把它给白白浪费了。

演讲的根本目的是什么？演讲的根本目的，不是展示你的口才，不是展示你的风采，也不是展示你的颜值。演讲唯一的本质目的，就是说服他人，让他人从认识你到认可你，再到认准你。很多朋友都知道，峰帅在28岁以前其实有严重的口吃——天生的。我在早期有一条视频内容里特地说过这件往事（见图0-7），但是很多人看完这条视频以后很难相信，他们说："峰帅，你明明就是一个演讲高手啊！怎么可能会口吃呢？"

事实上我从来都不曾自诩为一个演讲高手，我当年只是用了一些思维方法和训练方法，让自己的讲话无论在公众场合，还是在团队里面，都跟我自己的个人形象形成了完整的统一，从而让别人对我拥有一个清晰的认知，并且最大限度地被我的话语所打动。正如我每次参加一场活动，演讲完以后都会有几百个人来加我微信，来向我寻求咨询，或者跟我洽谈合作，这一切其实都是"魔力演讲"带来的效应。

那么演讲的"魔力"究竟是什么？它的训练方法到底是什么？我峰帅有什么样的独门诀窍？我会在这个放大器中，将自己多年来的训练逻辑和训练方法和盘托出。然后你会发现：其实每个人都可以根据自己的特长甚至弱点，形成属于自己风格的"魔力演讲"。

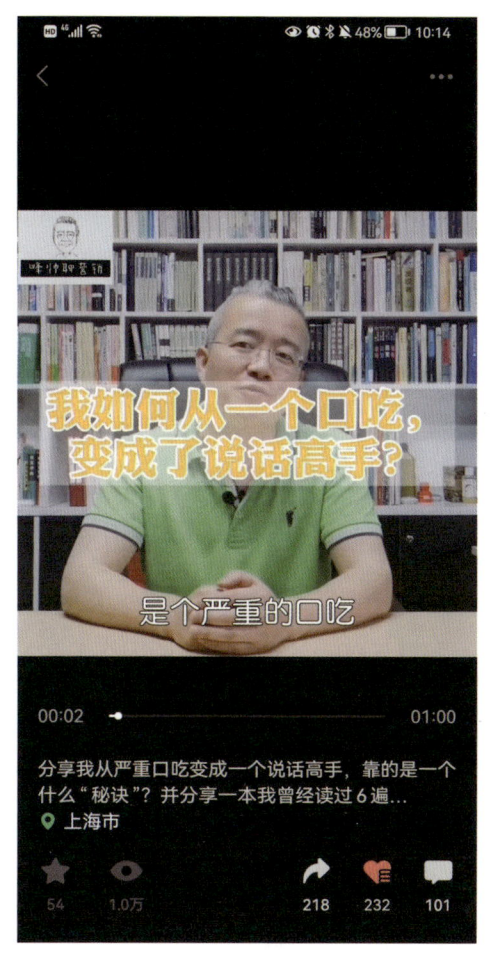

▶ 图0-7

第五个放大器，也是第二模块的第三个放大器，叫"金句思维"放大器。

什么是金句？顾名思义，就是像金子一样的句子。但是很多人从来没有意识到"金句"对于个人品牌到底有多重要。以我自己的经验来讲，我可以明确地说：如果讲话是一场魔术表演，金句就是真正意义上的"语言的魔术棒"。如果你要做好个人品牌，一定要打磨一根自己的魔术棒。

熟悉我的视频号的朋友应该有所了解，从 2020 年 7 月做视频号开始，我已经传播了很多金句和很多概念，但是请你千万注意：金句绝对不是文字游戏，更不是耍小聪明，甚至不是文采的体现，而是对你的核心认知、核心价值观的一种放大。

所以，金句思维就是对自己核心价值的充分认识和抓取！——如果你连自己的核心价值是什么都意识不到，又凭什么能做好自己的个人品牌呢？在这个四通八达的互联网世界，拥有了金句思维，你的很多语言会变成名言，而这种名言恰恰是你整个思维逻辑、整个价值观的浓缩体现。所以"金句思维"极其重要，也是我们在各种场合都需要反复操练，从而形成个人金句风格的重点打磨功课。

第六个放大器，也是第三模块的第一个放大器，叫"视频赋能"放大器。

毫无疑问，越来越多的人终于开始相信：现在已经是一个短视频尤其是视频号大行其道的天下，因为对于个人品牌而言，短视频窗口就是你的"超级名片"。它可以将你放大后的个人品牌，最大限度地展示给这个世界。所以无可争议的是：如果你想要以最快的速度放大个人品牌，就必须做好视频号这一短视频载体，其目的就是放大你的内容价值，因为你的个人品牌必须通过内容的输出，才能够呈现给他人、呈现给外界。

但是很可惜，很多人做了视频号以后，获得更多的并不是收益，而是焦虑，因为不知道该如何给自己的视频号进行准确的定位，不知道该如何做内容，也不知道该如何去界定自己视频号未来的走向。事实上我一直在各个场合不厌其烦地强调：做视频号最大的目的，是对你的生意持续赋能，它的终极目的有且只有一个——让你的生意越做越好。

那么到底该如何让你的视频号最好地对你的生意赋能？这里面的底层逻辑和科学路径、实操方法到底是什么？我会在这个放大器里，将我的心法完整地告诉你，从而让你清楚地了解如何笃定地做一个对生意持续赋能的视频号。

第七个放大器，也是第三模块的第二个放大器，叫"价值变现"放大器。

这是一堂直接讲变现、讲赚钱的课，但是我在很多地方公开说过一句话：唯有不断地成就他人，让他人充分获得了价值，最后才能成就我们自己。这句话我一直以来都无比相信，现在更加相信了。道理很简单：人和人之间早已不再是孤立的、走单行线的，而是彼此交织、走双行线的，每个互相连接的人，都是互为用户、互相反哺的。所以在今天，不论你在什么领域创业，不论你从事什么性质的工作，我们每个人都需要将自己的知识储备"高精度"地提取出来，赋能他人，从而反过来让我们自己获得利益。我想，这是把我们的价值变成"钱"的原理所在。

我们每个人都应该在自己的渠道内进行有效的价值输出，用我们的价值去成就他人，用我们的输出去补充他人的价值。唯有这样，才能让我们自己的能量得到最大的发挥，从而让我们的个人品牌价值得到最大的体现。但是价值变现不是信口开河，更不是"九块九捞流量"。在我这样一个长期研究营销战略的人看来，价值变现应当是一种长线投资，也是对个人品牌效应的持续叠加，所以它注定是有底层逻辑和输出心法的。正如我现在要分享给你的"个人品牌放大器"，它不也是基于我的逻辑和心法吗？那么这个逻辑和心法到底有哪些？我将在这个放大器里告诉你，让你学完以后也会在你的职业领域内，把自身的价值最大限度地变现。

第八个放大器，也是第四模块的第一个放大器，叫"私域资产"放大器。

事实上我在相当长的职业生涯里，并没有刻意地注重自己的私域养护。但是这一次，我的合伙人云姐在跟我一起做个人品牌复盘以及一起确立核心课纲的过程中，明确地对我提出来说："其实你就是一个私域养护的高手，这一部分内容一定要放进去！"这是什么原因呢？

我经常说，做私域的本质就是做"长期信赖感"，而长期信赖感恰恰是个人品牌的第一要素。

这里必须纠正一个误区：就像并非所有人都能成为网红一样，私域也绝不是你朋友圈里的人越多越好，而是有多少人能够真正地认识你、认可你、认准你，否则就不存在"转化率"这一说了。所以我们养护私域的目的，正是让我们所接触的人、所链接的对象、所巩固的用户群体，与我们形成接近于"忠贞不贰"的关系。

于是我顺着云姐的提醒，仔细复盘了一番：这么多年来，无论是对待大客户，还是对待粉丝，抑或是后来做"峰帅"个人品牌、经营俯头帮社群，我的确不期然而然地在私域养护上形成了自己的一些非常有效的方法，而这些方法中的很多逻辑，甚至跟现在主流的做法完全不同。所以借着这一次做课和写书的机会，我也将自己的私域养护心法做了一次全面的总结，从而让更多人也能够有效地扩大自己的私域。

第九个放大器，也是第四模块的第二个放大器，叫"生意闭环"放大器。

我相信，如果整套个人品牌方法论一路讲下来，我最后不讲生意，你一定会觉得很失望。幸好我从一开始就说：做一个有效的个人品牌，就是为了有效加速我们的生意。事实上一切品牌的培育，无论企业品牌、产品品牌还是个人品牌，最后都是为了通向你最关心的两个字——生意！

但是作为一个营销战略专家，我一直强调：生意的目的不是挣仨瓜俩枣，而是持续变现、持续变大现，也就是我们常说的"持续增长"。我也说过：即使再小的个体，也不但要有品牌，更要有战略，所以做个人品牌就是做个人变现战略。而这一切，都基于你对自己生意模式的深切体察，以及对生意闭环的构建和不断突破，其中包括我提出的交付闭环、价值闭环和盈利闭环。

所以在你放大个人品牌的整个过程中，你需要有 1.0 版、2.0 版、3.0 版甚至更高版本的变现计划和生意模式来与之相匹配。那么针对不同个体的生意属性和商业目的，究竟该如何将自己的个人品牌有效地嫁接到生意当中去，从而实现有效变现、持续变现、持续变大现？我们到底该如何思考，以及有哪些战略步骤和战术动作可以使用？这就是"生意闭环"放大器要为你解决的核心问题。

第十个放大器，也是最后一个放大器，叫"斜杠品牌"放大器。

这个名字听起来有点邪乎，却是我在做个人品牌的过程中最大的心得之一，也就是：扎根一公里深，能走十公里远。或者说，做个人品牌，最终应当基于生意而高于生意，你对自己的布局和管理，甚至有必要延伸到你老了以后。

这跟做一个好企业非常类似。如果你要真正经营好一个有效的、出色的个人品牌，除了在垂直层面一定要努力做到"唯一性"、让外界对你拥有一个无限接近于"独一无二"的认知，同时也要放大自己身上的"斜杠力"，从而让外界对你有一个更深刻、更全面、更立体的认识，也让自己拥有更多的自主权，而不是随风摇摆。这对于个人品牌而言太重要了，但是却被很多人轻易地忽视了。

其实我们每个人的先天加上后天，都有很多"斜杠"，只不过大多数人在痴迷于做一件事，或者在执迷于变现的过程中，忽略了自己还有其他技能和素养，而这些技能和素养，恰恰对我们的个人品牌和生意赋能都能起到极大的作用。

举一个我自己的例子：我本人是一个比较斜杠，并且越来越注重放大自身"斜杠力"的人。有一次我洽谈一个大客户，发现对方也热爱书法，于是就跟他聊很多书法上的事，然后我们就不由自主地建立了非常友好的关系，从而加速达成了生意上的协作。

20多年来，在我身上类似的情况还有很多，因为书法而促成生意只是诸多因素之一，我还因为热爱文学、热爱写作而促成过生意，还因为双方都喜欢收藏紫砂壶而促成过生意。现在看来，其实这里面的共性，都是因为我有意无意放大了自己的斜杠力，使得他人对我有了一个立体的认识，从而有意无意产生了一种"投其所好、被动成交"的效果。

所以在做个人品牌的过程中，除了持续放大你自己、放大你的生意，你还必须细水长流地经营自己身上的斜杠，然后做自己"360°的个人品牌的管家"。

好了，以上我为你介绍了一番《峰帅·个人品牌放大器》的前世今生和它整体独特的结构设计，并为你简单拆解了每一个"放大器"的核心内容，以及它们分别能够为你解决个人品牌中什么样的痛点。相信你也应该初步感受到了用营销思维来经营自己的个人品牌，究竟有着怎样的独特之处。

最后说说这本书或者这门课的两个重要特点。

第一个特点，是关于内容讲授模式的。

我在每一章里面，会先跟你讲心法，然后最重要的是我会告诉你具体的做法，但是这些做法都是基于我所设计的一系列原创应用工具的。这也是整门课程里最宝贵的财富，就像农民手上的镰刀、工人手里的扳手，有了工具才能更好地干活。所以简而言之，每一章的心法是用来让你知道"为什么要这么做"，而做法是用来让你知道"到底应该怎么做"。但是仅仅知道还不够，还必须用一系列的实操工具来保证你"会做"。

所以你现在知道这门课为什么叫"个人品牌放大器"了吗？这一个一个的工具，就是你的个人品牌在各个层面的"放大器"。它们有机地组合在一起，把你的个人品牌进行有效的放大。所以你越往后越会有这样一种体会：这套方法无时无刻不在向你输送一种营销思维。你甚至可以认为从现在开始，你我不但在一起学习如何有效地经营个人品牌、放大个人品牌，同时也在学习营销，并且学习的是我基于这么多年的职业经验萃取出来的，在做个人品牌的过程中行之有效、必须遵循的那些营销知识。

第二个特点，是关于作业的。

在每一章内容的后面，我都会像对待课程学员们一样，给你布置一份核心作业（翻到本书的最后一页，你可以马上领取读者专属的作业包），我很期待每一份作业你都会认真完成。有些作业很难，但是请相信：再难的作业也不会比经营好你的个人品牌这件事更难了。在我的课上，学员们有时候也会嚷嚷："峰帅，你给我们布置的这些作业太难了，每次都要死掉一堆脑细胞，很多问题我从来都没想过啊！"

你看，问题就在这里。很多人为什么一直想做好个人品牌，却一直都迷迷糊糊做不好呢？主要原因其实有两个：第一个是在这个人心躁动的时代里，他们可能已经丧失了"深度思考"的能力；第二个是在这个高速运转的环境中，他们可能已经丧失了"细腻行动"的能力。而基于我自身的经验，深度思考和细腻行动，可以说是做好个人品牌必备的能力。你要做一个万众瞩目的人、一个让别人认可和认准的人，就绝对不能在思考上浅尝辄止、在行动上草草了事。

事实上经营好个人品牌的关键并不是听课和读书，而是听课和读书之后深度地操练与实践。我希望我精心设计的这些作业，能成为你操练和实践的第一步。这一切都是为了"迫使"你在经营个人品牌的时候，只思考正确的事、只做有效的事。我能够确保的是，我在后面所说的一切都是我本人亲测有效的，我由衷地希望你也能将这些有效性给"做"出来。——不做，一切等于零。

所以我在打磨这门课的自始至终，都埋下了一个心愿：在告诉你如何经营个人品牌的同时，我不能只给你一条鱼，我得尽我最大的努力，帮你把"深度思考"和"细腻行动"这两种能力给逼出来。

我得尽力教会你如何去打鱼，甚至今后你也可以这样教会别人如何去打鱼。接下来，就让我们一起正式踏上这一趟风光无限的个人品牌之旅吧！

课前作业

在下方这张"课前自检表"里，纵栏对应 10 个放大器，我向你提出了 10 个核心问题；横栏供你自我评分。请你根据自身目前的个人品牌状况，在每一栏的评分处客观地打上分数，并在最后的自我评估栏里，写下你对于自己个人品牌的综合评估，包括你眼下看到的问题、认为需要重点打磨的块面，以及你需要深度掌握的"放大器"。当你走完整趟"个人品牌之旅"以后，再来跟现在比对一下，看看自己发生了什么样的神奇变化。祝你旅途愉快！

学员个人品牌——课前自检表

学员：　　　　　　　　　作业日期：　年　月　日

集训营	放大器	自检问题	自检评分			
			很弱(1~3分)	较弱(4~5分)	一般(6~7分)	优秀(8~9分)	卓越(10分)
定位与符号	有效定位	对自我品牌定位的行业属性是否具有充分而笃定的认知，且具明显的差异化优势？					
	强力符号	是否拥有明确的个人品牌符号或品牌符号方向，包括外在的及内在的？					
表达与影响	表达利器	个人宣讲PPT是否足够犀利，且具有显著个人特征？					
	魔力演讲	是否具有优秀的个人演讲能力，且具有显著个人特征？					
	金句思维	在自己专业领域内是否具有明确的价值观，且能总结出版具传播性的金句？					
内容与变现	视频赋能	个人视频号是否充分匹配个人品牌形象，且对生意具有明确的赋能方向？					
	价值变现	对自身职业经验是否具有系统化知识储备，并能形成可传授的课程？					
生意与管家	私域资产	在个人私域中是否具有强大的号召力，对朋友圈、社群和用户群三大私域资产的养护是否足够优秀？					
	生意闭环	对于个人五年、十年及终身的变现路径是否足够清晰和笃定，是否能够清晰地画出自己的生意闭环？					
	斜杠品牌	在主要专业外是否具有过人的技能和素养，且持续性保持较为专业的水准？是否明确了自己的终身斜杠事业？					

个人综合自我评估描述：

目 录 ▶

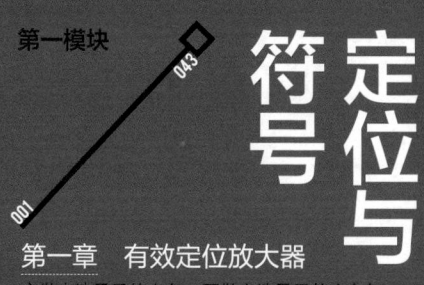

第一模块 定位与符号

001 — 043

第一章　有效定位放大器
宁做小池子里的大鱼，不做大池子里的小鱼！　003

第二章　强力符号放大器
把自己变成一碗红烧肉，"色香味"俱全！　025

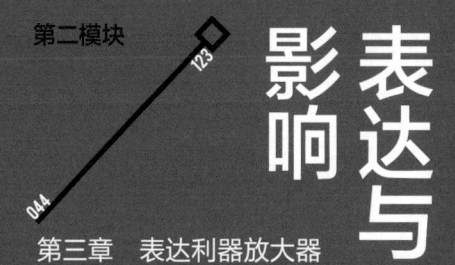

第二模块 表达与影响

044 — 123

第三章　表达利器放大器
PPT 就是你的"捧哏演员"！　045

第四章　魔力演讲放大器
演讲，是你销售你自己的最后一台"贩卖机"！　079

第五章　金句思维放大器
给语言插上翅膀，像名言一样飞翔！　107

目 录
// XXX //

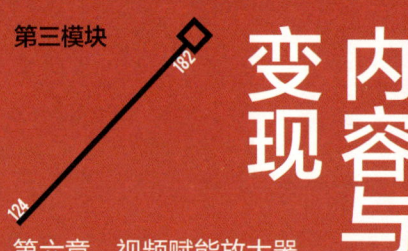

第三模块　内容与变现

第六章　视频赋能放大器
视频号不是钱，而是存钱罐！　125

第七章　价值变现放大器
你的价值一输出，就是一串糖葫芦！　153

第四模块　生意与管家

第八章　私域资产放大器
看好你院里那片鱼塘，别管你门前那条河流！　185

第九章　生意闭环放大器
搭一个舞台，我们一起唱好戏！　215

第十章　斜杠品牌放大器
人生不只有风起云涌，还有细水长流！　247

结 语
你的个人品牌行动日历　264

第 一 模 块

定位与符号

应用工具一：个人品牌定位墙角坐标

1/ 热爱程度

- 终身
- 十年
- 五年
- 比较
- 非常
- 专家

2/ 专业程度

- 级别
- 专业
- 比较
- 市场
- 刚需
- 较少

3/ 发力点

- 竞争
- 个性
- 优势

第一章
有效定位放大器

宁做小池子里的大鱼，不做大池子里的小鱼！

定位，是我们做一切产品品牌和企业品牌第一步要跨过去的坎，做个人品牌也不例外。

一说到定位，相信很多朋友一定会想到，美国有两位大师：一个叫艾·里斯，另一个叫杰克·特劳特。他俩共同写了一本书，可以说是经典中的经典，名字就叫《定位》。但是我们在这里不谈大师，也不讲读书，因为这是一门以落地实操为目标的课程，我们尽可能不去讲理论性、学术性的东西。

但究竟什么是个人品牌定位呢？

我用自己的语言解释一下：所谓个人品牌定位，就是你对自己有一个清晰明确的认知，与此同时，外界、他人对你也有一个同样清晰明确的认知。也就是说，你自己认识自己还不算，别人也要同样地认识你，并且你俩的这种认识是一致的。所以个人品牌的定位，事实上是你与外界"双向交互"形成的结果，这个结果我称之为"认知共识"。有了共识，才叫"有效的定位"，否则它就不是一个有效的定位，简单地说叫"自嗨"。

你大致可以感觉到，这里面带着严密的营销思维。这就是为什么我一直强调，在做个人品牌的过程中，营销思维的重要性以及必要性。

有不少朋友跟我说，他们读过一些关于个人品牌的书，学过一些个人品牌的课。但学了这个那个，最后好像没什么用。甚至在报名我这门课的时候，他们也难免有所疑问，询问课程助理说："峰帅这课到底能不能落地，到底有没有用啊？"

我不妨这么说：如果你听了一门关于个人品牌的课，或者读了一本关于个人品牌的书，最后却没什么用，原因就在于它讲了一大堆道理，最后却不能落地。而不能落地的原因又是什么呢？就是因为没有科学的、严密的，甚至简单的营销思维作为支撑。作为一个职业营销人，我认为做个人品牌和做产品品牌，基本上是一回事。你想，在这样一个人人都在创业、人人都在追求变现、人人都在做个人品牌的时代下，你作为一个个体，和一个产品有什么本质的区别吗？难道你的个人品牌不是一个产品品牌吗？

所以，做个人品牌和做产品品牌一样，必须符合最基本的营销规律，否则就会像我在开课之前所列举的那么多学员案例一样——有太多人对自己的个人品牌定位一片迷茫、无所适从。或者反过来，你也可能觉得自己有很多强项、很多擅长的事，所以当你在做个人品牌的时候，什么都想说、什么都想干，这就变成了另一种极端。

这里我举一个自己的例子。

2020年，当我开始重视个人品牌这样东西的时候，准备做视频号，于是组织公司团队开会，讨论"峰帅"的个人品牌定位，请大家把认为峰帅可以在视频号上呈现的内容类型都列出来，每个人提出自己的看法和建议。然后有意思的事情就来了：有人说，你创业多年，在管理上也有很多自己的看法，所以可以做一个讲创业和管理的号；有人说，你早年刚出道的时候，就是一个优秀的文案策划，经手的案例无数，还出版过文学畅销书，文案是你骨子里的强项，所以你应该做一个号叫"峰帅讲文案"；还有人说，你是一个书法爱好者，甚至是一个专业书法玩家，你的号应该叫"峰帅写书法"。更奇葩的是，云姐和策略总监老倪一致建议我，应该做一个号叫"峰帅搭讪学"。为什么呢？因为他们觉得，我虽然不喜欢社交和应酬，但不代表我不善于社交和应酬，说我其实很招人喜欢、很会维护私域，只要我愿意，我可以很懂社交，尤其懂得如何跟一个刚见面的人交流，这其实属于一种广义上的"搭讪"，所以他们认为我如果讲讲这个，肯定会有很大的用户需求量。

还有其他一些五花八门的建议，我就不多举例了。

你看到没有，从内容本身而言，他们说的这些建议其实都不错，都可以作为我的个人品牌定位，但是最后我为什么选择了"峰帅聊营销"呢？你可能会说，因为你做了20多年营销嘛，营销是你最大的专长，当然应该是"峰帅聊营销"。如果真的是这样，那个人品牌定位这件事就太简单了——你的职业是什么，定位就应该是什么。

这个例子我们先按下不表，后面我们再来回顾它。

总而言之，当你选择如何给自己定位的时候，就涉及一些非常基本的营销常识和营销规律，用我的话说：定位，其实就是让你站在一个最好的位置，使得别人能够清楚地看到你，同时你站在这个位置上，今后也能够更好地去走路。

你一定听过这么一句话：做正确的事情，比把事情做正确更重要。意思就是说，选择做什么事比怎么做事更重要。但事实上，我认为在个人品牌定位这件事上，"怎么做"才是更重要的，因为给自己定位是我们做个人品牌时第一件必须做正确的事。我们只有一个正确的方式，那就是做一个有效的定位！

什么是有效的定位？我们之前已经说过，就是你的定位让你的个人品牌今后能够对你的生意起到加速作用，并且有持续性的加速作用。请切记：这几乎是我们整套方法"核心中的核心"。

那么在我们经营个人品牌之前，应该如何做一个"有效的定位"？

我们说过，定位就是你和外界共同对你有一个统一的、清晰的认知，并且个人品牌是一个商业概念，所以做个人品牌和做产品品牌、企业品牌的道理是一模一样的。例如，产品需要做定位，个人也需要做定位，也就是这一章的核心内容；产品需要做一系列外界对它的认知符号，让外界去识别它，我们个人也需要做符号；产品需要做各种内容的生产和输出，让别人对它形成持续性的关注，个人更需要做内容；产品需要销售、需要变现，个人同样也需要销售、需要变现，正如现在满世界都在说变现、变现；此外，产品需要做功能迭代，个人也一样需要不断进化；产品需要做持续性的战略规划——三年之内怎么做、五年之内怎么做、十年之内又怎么做？像可口可乐、肯德基这些企业的产品，都规划了一百年了，而作为我们个人而言，五年之内、十年之内，乃至于一辈子，我们的个人品牌应该如何规划，也同样是需要面对的重大问题。

所以你看，全都是相通的。正因为如此，做个人品牌绝对不是，也不能是一件自嗨的事。你不可以由着性子去做，你必须符合商业规律，以及重要的营销规律。

下面我要告诉你这一章的"心法"，同时也是做个人品牌必须遵循的四个底层逻辑，我称之为个人品牌定位的"四股原力"——"原力觉醒"的"原力"（见图1-1）。

个人品牌定位的"四股原力"

- 第一股原力：要么做第一，要么做唯一
- 第二股原力：先挖一公里深，再走十公里远
- 第三股原力：让个人经典流行，把外界时尚淡化
- 第四股原力：以终为始，做透真实

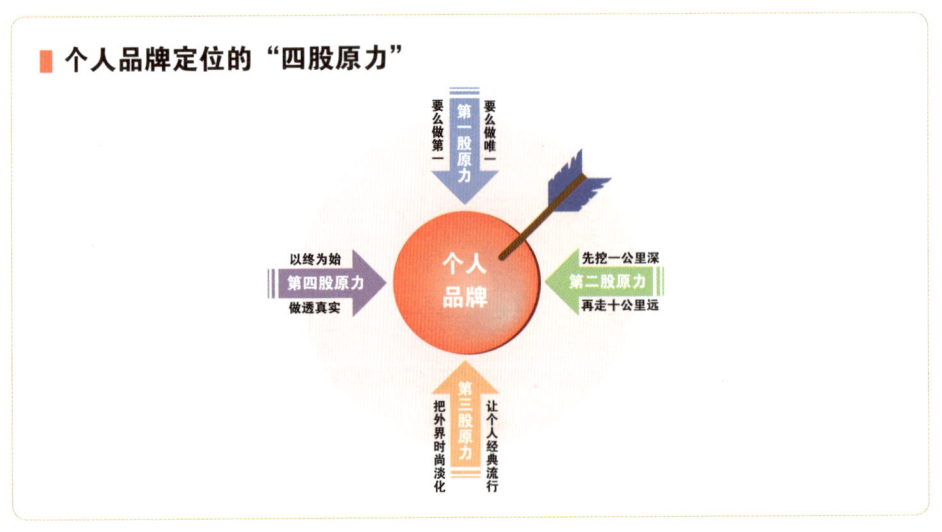

▶ 图1-1

▶ 第一股原力：要么做第一，要么做唯一

请记住：当我们在给自己的个人品牌做定位的时候，要下定一切决心，要么让自己成为第一，要么让自己成为唯一。

现在请你思考一下：在我们普通人的心里，什么叫"第一"？很多人会说，我把产品做到最好、服务做到最好，或者如果做个人品牌的话，我成了网红，

或者某个圈子里的圈红，这就是第一。在常规意义上这当然没错，但是在营销概念中的"第一"却不是这么回事，因为事实上天底下根本就不存在真正意义上的第一——今天你是第一，明天可能就换别人成为第一了。营销中讲的"第一"很神奇，它指的是"第一个进入人们的心里"的，或者说它是一种"心智"上的第一。

我打一些最简单的比方。

比如，一说到洗衣粉，大家都知道第一个做洗衣粉的牌子是汰渍，但是汰渍的市场占有率未必是第一，它只是让你感觉它是第一。再比如，说到创可贴，你首先想到的是邦迪；说到退烧药，你首先想到的是泰诺；说到剃须刀，你首先想到的是吉列，等等。

这些说的都是产品品牌，我们再说回到人的品牌。比如我问你，中国历史上书法写得最好的人是谁？你肯定想到书圣王羲之。杂文写得最好的人是谁？中学时就知道，鲁迅。诗写得最多的人是谁？李白和杜甫。所以你看，和产品一样，当我们说"第一"的时候，脑子里反映出来的就是这些人。但事实上，我们经常说"文无第一，武无第二"，王羲之的书法怎么可能是古往今来写得最好的呢？鲁迅的杂文怎么可能是最好的呢？他甚至有很多语句都是不怎么通顺的。李白和杜甫写的诗当然不是最多的，中国历史上写诗最多的人，其实是乾隆皇帝。还有，一讲到世界首富，我脑子里至今还是第一时间跳出来比尔·盖茨的名字，其实他早就不是世界首富了。

但问题是，你为什么仍然首先想到这些人呢？因为他们都是在某一个领域、通过某种方式"第一个"走进你心里的人。这一点人和动物不一样，当你的心智被这样一个人占领以后，后面的人即便比他做得更好，也很难抢走这个位子了。

比如，我们说几个网红。李子柒，作为一个草根、一个农村姑娘，当她成为乡村古典美的代名词以后，别人再用同样的方式做得比她更好，都没法变成李子柒第二。Papi 酱也是一样，你即便比她更好看，讲那些搞怪的段子比她讲得更好，也无法取代她，哪怕她现在已经没那么火了。为什么呢？因为你心里早就被李子柒和 Papi 酱占据了这个位子。李佳琦、罗永浩也是一样，他们各自占领了某一块领地上带货主播的"第一"。

你发现没有,"心里的第一"这个概念,有点像初恋,并不是说我们现在的妻子或者丈夫不好,而是因为初恋是第一个走进你心里的那个异性,在很多层面你很难忘掉。所以请注意:我们做个人品牌也同样会面临市场竞争,但是<u>所谓的市场竞争,其实更多是一种认知上的竞争,也就是说,看谁更能掌控用户的大脑、用户的心智</u>。听起来是不是有点科幻?事实上的确如此,只有掌握了人们的大脑和心智,你才能真正掌控这一部分市场。

这就是为什么我们在视频号上会看到那么多的"第一人",其实他们潜意识里就是为了抢占心智上的第一,试图掌控人们的大脑。但是很可惜,我们看到的很多"第一人"都形同虚设,自己叫叫而已,真正要做第一、走进人们心里,可是一套系统化工程。

那么问题来了:既然做第一这么重要,如果你做不了第一,做第二、第三、第四、第N就没前途没希望了吗?当然不是。其实对于做个人品牌而言,根本不在于你做的是第几,而是你在你的池子里面,做的是不是"唯一"。

从一开始我们就说了,90%以上的人肯定成不了网红、做不了头部,但是我们成为唯一,却是一个大概率事件,因为你大可在一个细分赛道、细分领域里面做出唯一性。而做细分赛道的目的和本质是什么?是让自己成为一个"新品类",一个接近于没有对手的新品类。因此,与其说是做个人品牌,更准确的定义其实应该是做"个人新品类"。当我们做好了一个"个人新品类"的时候,我们的个人品牌也就自然而然出来了。

这样一来,你就会看到非常重要的一点:做好个人品牌不是去跟别人分一杯羹,不是去舀别人碗里的汤,而是做好自己的蛋糕,把自己确定的这摊事做透做精。

我们去看很多成功的产品,其实都是这样的思路。比如广东凉茶王老吉,在它出来以前,说到饮料,我们脑子里只有可乐、雪碧、矿泉水、冰红茶等。但王老吉这样一个地域性的小品牌,硬是通过一个非常细分、非常生猛的营销手段,慢慢占据了全国的火锅店,慢慢走进了人们心里。等你反应过来,它几乎已经成为中国唯一的凉茶品牌了。当然后来它跟加多宝打仗,那是另一码事了。

真功夫快餐也是一样。大家都在做煮的、炸的、炖的、煲的，它不跟你们抢，来了一个蒸饭，说蒸出来的快餐更有营养，最后慢慢变成了独角兽。

还有我们的城市里充斥着的各种广告电子屏，你是否还记得首先被电子屏占领的是什么地方？是楼宇广告电子屏，也就是分众传媒。当分众传媒把各个城市的大楼里都装上了电子屏以后，大家才发现原来还可以这么玩！于是大家都开始抢占自己的电子屏细分赛道，比如公交车车厢里、地铁车厢里，甚至很多餐厅的餐桌上，都安上了一个个小Pad（平板电脑），上面可以投放广告。总之只要是一类公共空间，就有人用某一种电子屏去垄断它，试图成为其中的"唯一"，直到这个世界再也没有公共空间可以安放电子屏。

我们讲回到人物。给你举一个好玩的例子：我们都知道，李小龙、成龙、李连杰、甄子丹这四个人是功夫巨星，但是他们为什么在功夫片领域都能成为各自时代的领军人物呢？

如果用营销思维去分析，你会发现虽然他们都是一个领域的，但是都有自己非常明显的唯一性：李小龙腿踢得高，声音叫得响；他死了以后，成龙作为接班人，就不能再走这样的路线，于是成龙腿踢得很低，动作像杂耍；李连杰就像北京四合院，风格很传统、很唯美，因为他是国家运动员出身；而甄子丹的打斗风格最洋气、最接近实战。相反，同样是拍功夫片，有些人就显得有点尴尬，一直就没有特别火，为什么呢？因为他们都没有抢到一条明显的细分赛道，确立一种属于自己的风格。而在很大程度上，当你在一条细分赛道成为唯一的时候，基本上离一个成功的个人品牌已经不远了。

比如，那么多视频号基本都是真人出镜的，当"一禅小和尚"出来的时候，它应该是当时唯独一个卡通形象的IP，所以它火了。再比如，有一个视频号主叫"玩皮的亭子"，她是做包包改造的，就是把别人的一个破包包，或者用旧的包包，或者不喜欢的包包，进行重新改造，变成一款焕然一新的包包，她当时应该是唯独一个做皮具改造的号主，所以也成了大V。还有一个农民工，他通过视频号在工地上跳霹雳舞，也成功地引起了人们的关注。

所以你看到没有，当我们在给自己做定位的时候，不怕这个定位小，就怕没有把这个定位给做透。这就是我们做个人品牌必须深深放在心里的第一股原力：要么做第一，要么做唯一。

▶ 第二股原力：先挖一公里深，再走十公里远

"一公里深"很好理解，就是我们经常讲的垂直、聚焦，或者说"一针捅破天"。问题在于，什么是聚焦呢？有人说，聚焦当然就是在很长一段时间里，我只专注于做一件事、做一份工作、做一个角色。这么说当然也没错，但是当我们把它放在经营品牌上的时候，无论是个人品牌还是产品品牌，**聚焦的本质其实是把我们自己跟一个"专用词"画上等号。**

比如说到龙井，你首先想到的当然是西湖龙井。但实际上中国有四大著名的龙井，西湖龙井只是其中之一而已。那你为什么会觉得龙井就是西湖龙井呢？就是因为西湖龙井在你心里把自己跟龙井画上了一个等号。

比如说到叮咚买菜，你会想到"29分钟到家"。其实网上买菜和送菜到家都没什么稀罕，它厉害就厉害在把自己跟"29分钟到家"画上了一个等号，当它在这个概念上做了聚焦以后，叮咚买菜此后要做的一切事，其实都为了匹配如何做到29分钟送菜到家，如果做不到，就变成扯淡了。

再比如我峰帅，你觉得峰帅把自己跟什么词画上了一个等号？当然是"营销"——"峰帅聊营销"嘛。其实不仅如此，2021年以来我还在做另一件事，争取把这件事跟另外一个词也画上一个等号，那就是：个人品牌不是用来塑造的、不是用来建立的、不是用来打造的，而是用来"放大"的。我希望未来有越来越多的人，当说起个人品牌的时候，能够想起峰帅提出的"放大"这个词。

所以，当我们要把一件事做一公里深，把它做精、做透、做聚焦的时候，本质上就是要给自己定制这样一个专用词。而且这个词一定要简单，要突出我们的个人优势或者属性。"29分钟到家"也好，"聊营销"也好，"放大"也好，这些词都是自带优势、自带属性的，这叫"先抢人心，再抢市场"。当你先用一个词占据了人心，那么人们以后看到这个词，就会自动联想到你的个人品牌，这个道理和做"第一"是有点类似的。但是当你要占领一个词的

时候，动作一定要尽可能迅速，宜早不宜晚。这就是为什么我们经常会看到有些人"一夜爆红"，因为迅速占领了人们的心智。

此外非常重要的一点是：正因为你要做聚焦，要做一公里深，这个时候你也必须勇于牺牲一些东西。牺牲什么？牺牲欲望，就是像我们有些学员，在给自己定位的时候什么都想说、什么都想做的那种欲望。因为我们每个人其实都有 N 种兴趣和技能，我们当然希望尽可能多地展示自己，包括我峰帅也是一样。但事实上我最终主力展现出来的就两样东西：一样是营销，另一样是写作。而且这两样东西在本质上是互补的，说到底仍然是一件事。我有很多其他兴趣和技能并没有去做太多宣扬。

其实当你在做产品的时候也一样，因为你要做垂直、做聚焦、做一公里深，你也必须牺牲掉一些产品线，牺牲掉一些你非常想占领的用户群体。——先做好眼前这群人吧，不要再去贪恋其他人群了。

还有我们经常说，要不断地创新和变化，但是请千万记住：过多的创新和变化，往往是做个人品牌的死敌，因为它会削弱你的品牌形象在用户心中扎根。例如峰帅这个个人品牌，从第一天讲营销开始就没有变过，到现在为止依然还是在讲营销、营销、营销，即便现在有时候讲个人品牌，依然在强调"用营销思维"来做个人品牌。我不会轻易地把这个"一公里深"做废掉。

我们再来看"十公里远"。所谓十公里，指的就是你给自己定位做的这件事一定要具有足够的宽广度、足够的包容性、足够的拓展力。比如，我当初的个人品牌定位如果是"峰帅聊文案"，在专业层面上我当然也可以聊，但是聊来聊去也只能在文案里打转，不像营销，营销的范围太广了，它所能包容的人群也太多了。所以，当你给自己定位的这件事既聚焦又宽广的时候，你就为日后的更新迭代留足了后路。还是拿我自己来举例：如果我从一开始就讲文案，今天突然冒出来写一本关于个人品牌的书，多少会有些突兀，因为它的跳跃性有点大；但是我原本就讲营销，现在用营销思维来讲个人品牌，就不会有任何违和感，因为它们是一脉相承的。于是我在内容的输出上就有了更多可以迭代的空间，在应对市场的变化和竞争对手的举动时也有了更多的可能性去建立我的护城河，就像哪吒的身体上生出了三头六臂。所以当我们给自己做个人品牌定位时，在宽与窄、多与少的抉择上，一定要遵循这个道理。

▶ 第三股原力：把外界时尚淡化，让个人经典流行

这一点看起来似乎有些晦涩，什么意思呢？

我们先说时尚。时尚指的是一个阶段里流行的一些事物、工具、理念，等等。比如视频号、全民直播，以及"快乐至上""女士优先"这些观念，其实都是一个特定时代所流行的东西。

但是问题来了：当我们过于关注时尚、跟风时尚的时候，我们事实上在很大程度上是被时尚拖着走、拽着走的，这时候我们就成了时尚的工具，于是我们所谓的个人品牌定位一定不可能长久。

举个简单的例子。很多人现在把自己定位成直播导师、视频号导师，像这样的个人品牌定位一定不会持久，今后一定得变，为什么？因为直播和视频号这些流行的工具本身都在随着时代而变化，当你把自己的个人品牌寄生在它们身上时，你怎么可能不变呢？例如我们这些第一代做视频号的人，有很多人的流量已经不行了。其实我很早就坚决地提出：你的思路一定要清楚，在视频号"变天"之前，你一定要确立好自己的生意模式，一定要把自己的这条路跑通，这样即便有一天你的流量是零，也不用为之焦虑，因为你的商业闭环已经画出来了，外界再怎么变，也奈何不了你。

这个道理非常重要，<mark>当一种时尚兴起的时候，你一方面要重视它，另一方面要淡化它，非但不要被它左右，还要努力让自己的某些东西成为可以流行的经典，哪怕只在一个小范围内局部流行。</mark>简单地说，当你给自己定位做一件事之前，一定要清楚自己的使命、价值观和生意模式分别是什么。

第一，确立自己的核心使命。

你可能会说："我就是一个普通的小创业者，'使命'这个词对我来说太大了吧？"事实上，你做任何一件事，骨子里一定是有某种使命的，不论你做健康产业，还是做房地产业，即使你是一个开货车的，你也一定会面对这

个行业内的某一些痛点，或者说某一些问题，而这些痛点和问题，就是你使命的来源。你做这件事的本质，就是在某种程度上解决某个痛点和问题。例如我峰帅讲"个人品牌放大器"这门课，不就是为了解决很多普通创业者不知道该如何经营个人品牌这个痛点吗？

第二，当你选择做这件事的时候，一定要明确你的价值观到底是什么。

价值观，我们说得更通俗一点，其实就是你的态度和原则。如果你做这件事连自己的态度和原则都没有，那么你仅仅是在谋生、在填饱肚子，还谈什么个人品牌呢？而当你带着一种自己的价值观去做事的时候，你所赋予这件事的意义和能量一定是不一样的。比如同样是讲营销，我讲的很多内容听起来都是"反潮流"的，但是这种反潮流，很多时候恰恰是常识，这里面反映出来的就是我的价值观。

第三，你必须削尖脑袋搞清楚，你做这件事的生意模式到底是什么。

事实上无论你选择任何个人定位、做任何事情，一定有很多人都在跟你做同样的事情，那么这时候你做这件事情的模式跟别人有什么微妙的区别呢？只有当你在生意的做法上跟别人有了微妙的区别，再加上你的核心使命和价值观，你才不会被外界时尚潮流拖着走，而是反过来——你会让这个时代所产生的新工具、新事物真正为你所用，从而成就你的个人品牌，并影响到你的圈层，让你身上的某些东西成为流行在他人中间的经典。

所以，我们在做个人品牌的过程中，最重要的是努力让自己成为池子里的一种经典，而不是任由自己被潮流拖着走。这基于我们对自己做的这件事必须拥有充分的自信，以及对未来大趋势和大需求的某种预测。当你发现未来的大趋势、大需求、大走向就应当是这个样子的，你就敢一往无前地倡导你自己的东西。例如，你坚信"利他主义"没有错，它就是未来的一个大趋势，那么你就可以坚定不移地把利他主义做到极致。又例如，我曾经提出做生意最重要的不是现金流，而是生意模式的"闭环力"，那我就这样坚定不移地把它提倡到底。再例如，倡导"爱"有没有错？倡导"诚信"有没有错？现在大部分人讲课其实倡导的是"轻交付"，而我开设这门课追求的却是"重交付"，这有没有错？如果我坚信没有错，那就坚定不移地提倡到底，并让这个观念影响更多做知识付费服务的人。

▶ 第四股原力：以终为始，做透真实

"以终为始"这个词你一定经常听到，但是我之所以把它称为个人品牌的原力之一，是因为里面包含了两层重要含义。

第一层重要含义，是"目标导向"。

既然是以终为始，这个"终"当然就是你的终极目标，那么我们做任何一件事，一定是目标导向而不是结果导向的。虽然我们经常说"拿结果"，但那其实指的是一个小范围、小阶段、小目标，更重要的是，你还得有一个明确的终极目标。有了目标以后，你就像航行在大海中的一艘船，可能偶尔有颠簸，但是航向绝对不会偏。这是我们做个人品牌最重要的一点：可以慢，但不可以错，不能走着走着就南辕北辙了。

第二层重要含义，是"长线主义"。

我经常说，做个人品牌要"放长线，钓大鱼"。我平时在跟学员们交流时也一直在反复强调：不存在短期的个人品牌，只存在长期的个人品牌。所以，做个人品牌不能贪图一时之快，或者为了解决一时之困，否则你会吃下很多恶果。

有一个很有意思的问题：在生活中，我们时常会看到商家在搞促销活动，例如打折、买赠等，那么请问，你觉得促销到底是增加了销量，还是阻碍了销量呢？如果我不这么问，你多数会说："当然是增加销量啦！促销促销，促进销售嘛！"

真实的情况是：促销在短期内看起来是增加销量的，但是当你把它拉远，放在一个更长的时间线里去看的时候，绝对是阻碍销量的。也就是说，你的促销做得越多，你的销量就会越低。很奇怪，这是什么道理？道理很简单，就是当你反复做促销、一直做促销，就意味着你在暗示消费者：你在放出原价的时候，那个原价是不正常的。于是只要你的原价一出来，消费者就会自动等你降价："哎呀，现在不要买，等双十一吧，或者等它搞促销的时候再买！"所以千万不要总去搞什么早鸟价、限时 0 元这种事，这也是我现在

越来越不提倡免费服务和长期降价促销的一个根本原因。

那么反过来讲，正确的、健康的思维应该是什么呢？正确的思维是：通过时间的累积，做高自己的客单价。

我们经营个人品牌是一样的，为了让个人品牌更好地促进生意，也应当通过时间的累积，把我们自身的客单价慢慢做高。例如你原先是500元一小时的咨询费，一定要通过慢慢增加你交付的附加值，把咨询费提高到5000元，乃至50 000元一小时。这也就是为什么我要给我们的学员茶农丽丽提建议，我说你们村的龙井茶无论怎么卖，也就只能卖两三百元钱一斤这点客单价了，因为只有这点量，你都已经卖光了，还想怎么卖得更好呢？你现在最应该做的，就是想办法提高茶叶的附加值，从而提高它的客单价。当你把目标锁定在"提高茶叶客单价"的时候，你的整个世界都会改变——你要寻找的合作加工厂和礼盒制造商、你的销售模式甚至你本人的形象都需要跟着升级——一切都为了匹配你高客单价的产品。

以上就是我们在做个人品牌时"以终为始"所蕴含的非常重要的两个概念，一定要把自己放在"目标导向"和"长线主义"的维度里，去看待后面所有的事。

我们再来看，什么叫"做透真实"呢？

我们既然要做一个终身个人品牌，那就不可能永远做一个所谓的"人设"。西方有句话说得好："你可以欺骗所有人于一时（世上那么多人，你骗他们一次很容易），也可以欺骗某一群人于一世（这群人很傻很单纯，你一辈子都在骗他们），但是你不可能欺骗所有人于一世。"为什么？因为在众目睽睽之下，尤其在这个透明的互联网时代，你早晚会人设崩塌。

而当我们做个人品牌时，我们要面对的，理论上就是"所有人"。这时候如果你一定要讲人设，那么你唯一能建立的一种人设就是：真实的你、真实的你、绝对真实的你，因为你必须树立在用户心中绝对的信赖感。切记：真实，是做个人品牌唯一的人设。

只有当我们抱定这样一种正向的价值观和市场观去看待这个问题的时候，我们才能不被自己所谓的不自信和所谓的弱点、劣势等等看似负面的因素所困扰。就好像我们的几位学员——做理财的葛彩霞、做美业的苏晓薇、做保险的叶培发——我一开始给他们做咨询诊断的时候，发现他们都非常不自信，觉得自己什么也不会、什么也不是，因为都是行业内的新手。但是，新手是毛病吗？新手充老手才是毛病。只管承认自己的不足甚至弱点就行了。因为你人品很靠谱，所以你可以做一个被用户信赖的伙伴，和用户一起跑。——为什么一定要假装成一个导师，貌似很厉害的样子呢？最后如果呈现出来的结果根本撑不起这样一个导师的"人设"，那就变成伤天害理了。

这就是我们做好个人品牌的第四股原力，同时也是我们的一条底线：以终为始，做透真实。

讲完了"四股原力"，现在我们回过头来看，当初我为什么会把自己定位成"峰帅聊营销"？

真实的原因并不仅仅因为我本身就是做营销的，而是"峰帅聊营销"这个定位恰恰集合了四股原力：

第一，我要做第一个以讲故事的方式来聊营销的视频号主。我不敢说自己是唯一的一个，但当时应该是第一个。

第二，营销是一个足够垂直，同时又足够宽广的范畴。而其他领域我虽然也能聊得很好，但是走不了太远。

第三，我在营销领域基于 21 年的经验积累，能够提出一些含金量非常高的价值观、理念和心法，影响甚至帮助到很多人，从而形成属于我的经典，并且很有可能让它流行。但是在其他领域，我做不到这一点。

第四，我一直在努力把我正在做的所有事情融合成一件事，就是做一个终生的营销专家，这才是一个以终为始的、绝对真实的峰帅。而在其他事情上，我并没有这样的信心。

所以，在"峰帅聊营销"这个看似简单的定位背后，其实暗含了很多营销思维，我只是用"四股原力"将它们打了个包。

你或许会说："这'四股原力'听着都很有道理，但问题是我之前也没好好学过营销，现在该如何把它们用在个人品牌定位中去呢？"

接下来，我们就继续深入地探讨一下，如何将营销思维转化成个人品牌思维。你会发现，事情会变得越来越简单。我们前面所强调的"四股原力"，其实是支撑我们做个人品牌的"内力"，而不是招数，正如我们身体里面的骨骼——我们是靠完整的骨骼站立起来行走的，但是你并不会没事就把骨骼露出来给人看。

简而言之，我们的个人品牌定位是由两个因素组成的。

一个因素叫"行业属性定位"，也就是你喜欢的事或者你擅长的事，它所处的行业到底是什么属性的。例如，我处于营销行业、你处于健身行业、她处于母婴行业，等等。行业属性这个因素决定了你将"成为谁"。

很多时候，我们误以为这就是我们的个人品牌定位，其实远远不够。例如我有一个学员叫晓樱，她是多年的华为产品代理商。于是，她把自己的个人品牌就定位在这里，让用户知道"我是华为产品代理商"。我在为她做咨询诊断时说："你这定位定了半天，是在给华为做嫁衣裳啊！"实际上这还不算个人品牌定位，因为缺了另一个重要因素，我称之为"个人发力点"。

换句话说，既然是个人品牌定位，只有行业属性定位当然是不够的，还得基于自身的个性优势、市场的竞争情况，以及用户的需求程度，判定自己可以从什么地方发力。比如说吴京，他出道那么多年也没怎么大火，这几年突然变成动作片一哥甚至国内票房一哥了，原因就在于他找到了"爱国战争题材"这个发力点。个人发力点这个因素决定了你将成为怎样一个"不一样的你"。

所以说，行业属性定位加上个人发力点，才是一个完整的个人品牌定位。

如果再深入一层，所谓行业属性定位，其实也得一分为二来看，用一个公式表示就是：

行业属性定位 = 你的热爱程度 × 你的专业程度

也就是说，你做个人品牌定位时所设定的这个行业，通常是你非常热爱的领域，所以你会根据你的热爱程度来判定它。例如就我峰帅而言，理论上我可能会根据我的热爱程度，选择书法或者写作作为自己的行业属性定位。但与此同时，还有另一个非常重要的判定依据：我可能也会兼顾我的专业程度，也就是我会对自己在这个领域中所能达到的水平做一个评估，从而判定书法或者写作是否足以作为我的行业属性定位。

再来深入地看一看个人发力点。个人发力点除了决定你能做得跟别人有什么不一样，其实还从客观因素上决定了你在一件事情上能否"一直做下去"。

这里所谓的客观因素，无外乎有三个：

第一是个人性格优势。如果你的性格特别适合做这件事，例如有的人特别喜欢社交，有的人特别喜欢创作，有的人特别喜欢行走，那么你在做与此相关领域的事情时，就相对能够做得更久一些。

第二是竞争对手的因素。通常情况下，你在一个竞争对手很少的蓝海领域内做事，也会做得相对比较久一些，因为你会做得比较轻松。

第三是市场的刚需程度。很简单，也就是你做的这件事，市场到底需不需要？是不是天天需要？是不是男女老少都需要？是不是一辈子都需要？等等。例如我讲"个人品牌放大器"这门课，理论上来说，所有创业者都有可能是我的潜在用户。总之，这件事情越刚需，你就可能做得越长久。但是这种所谓的刚需，有时候是本来就已经存在了，比如我们生来就必须喝水、吃饭、睡觉。而有时候这种刚需是被你引领出来、激发出来的，比如我经常说，智能手机原本并不是刚需，本质上是因为乔布斯激发了人们的惰性，而智能手机能够在很大程度上满足人们的这种惰性，于是就成为我们离不开的刚需了。

所以，当我们在给自己做个人品牌定位时，不但要考虑我们所处的行业，还得反观自己的内心，以及深刻思考市场和用户的情况。

基于以上所讲的种种因素和原则，下面我将正式给出一个做个人品牌有效定位的原创应用工具，这也是我们整门课程的第一个放大器（见图1-2）。

这张坐标图很像一个墙角，为了便于记忆，我就称之为"个人品牌定位墙角坐标"。

定位，在很大程度上就是做减法。把自己逼到一个墙角里去做决策，正是给自己做一个最有效的减法。很多人在个人品牌定位上东游西荡、左右徘徊，原因就在于无用的干扰信息太多，一味地给自己做加法。而有了这样一

■ 应用工具一：个人品牌定位墙角坐标

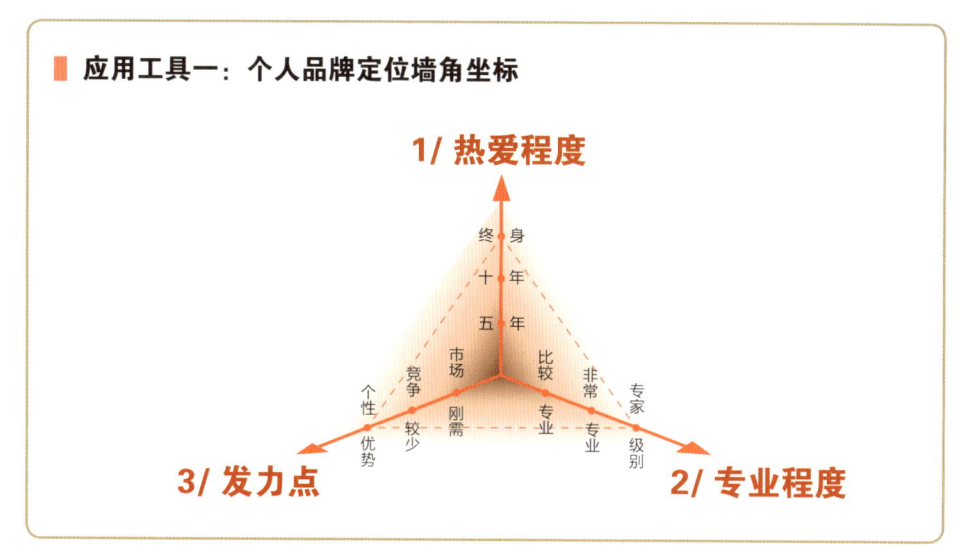

```
           1/ 热爱程度
              ↑
             终身
              ·
             十年
              ·
             五年
              ·
   市场  ·  比较
  竞争      非常   专家
个性      ·  专业
 优势  较少 刚需 专业  级别
 ↙                    ↘
3/ 发力点           2/ 专业程度
```

▶ 图1-2

个墙角坐标以后，你会发现，原本让你感到非常复杂、非常纠结的个人品牌定位问题，顿时变得无比明朗。这个墙角坐标作为个人品牌定位的核心工具，看起来很简单，却穷尽了我们需要思考的所有问题。

▶ 第一根轴：热爱轴

我在做个人品牌咨询的时候，不论对谁，我一定会有一个灵魂拷问：

"有什么事情是你愿意干十年以上的？"

所谓愿意干十年以上，指的是即便这件事暂时让你不赚钱，即便有很多人，包括你的家人都在反对你做这件事，你依然热爱到愿意为它干十年以上。在这根"热爱轴"里，我根据热爱程度把它分成了三档：第一档，是你愿意为这件事干五年；第二档，是你愿意为它干十年；第三档，是你愿意为它干一辈子。比如在书法和写作这两件事上，我是真的愿意为它干到寿终正寝，完全跟钱没有关系，纯粹就是热爱。

但是据我所知，的确有很多人说真的找不出有哪件事情，让他们热爱到愿意义无反顾地干五年、十年，甚至一辈子，怎么办呢？

▶ 第二根轴：专业轴

这时候我会紧跟着问第二个问题：

"你先别管自己热爱不热爱、喜欢不喜欢，你觉得自己有哪些事是做得比较专业的？"

我也把它分成了三档：第一档，是比较专业，自己觉得还行；第二档，是非常专业，跟80%以上的人比起来，你基本上是属于专业级的；第三档，是专家级别，也就是说你在这件事上基本处在这个领域的金字塔尖部位，已经非常牛了。

这样一来，当我们将这两根坐标轴一比对，我们评判自己正在做的事，或者到底应该从事什么行业，在定位思考上就没那么复杂了。事实也的确如此，人这一辈子，上天分配给你的事，其实就那么几样，我们之所以纠结，是因为感性和理性一直在打架，你不知道该拉谁。而这两根坐标轴，一根管感性，一根管理性，分别用几个简单的参数，帮你梳理得清清楚楚。

但是我们前面说了，光有这两根轴，只能判定我们的行业属性，还不足以确立个人品牌定位，所以我们还得有第三根特别重要的坐标轴，叫"发力轴"。

▶ 第三根轴：发力轴

我们用这根轴来检测前面所说的：你的个性到底有什么优势？例如你是一个开放型的人，或者是一个内敛稳重型的人，等等。而当你看清了自己的个性优势，往往很容易找到自己的发力点。甚至我经常说，即便你有一种自卑的性格，当你在从事某一个领域的时候，可能反而会变成一种优势，因为自卑的近义词其实是沉稳和靠谱，这会让你变得更具有信赖感。与此同时，这根轴还要迫使你去检验市场的竞争情况。如果你做的这件事竞争非常少，你就可以大胆思考如何在这个层面去发力、去做更大的文章。最后，这根轴还要让你去考量目标用户的刚需程度到底有多大。

这里需要提醒一点：我们以往在定位的时候，总是习惯于把"刚需性"作为要不要做这件事的第一衡量标准，实际上我认为这是不对的，因为在目前的环境下，市场越刚需，往往意味着它的竞争会越激烈，这时候你会把自己迅速地置身于红海。例如现在的直播带货、知识付费这些领域，看起来都是刚需，但是当你挤破脑袋闯进去的时候，会发现它反而不是刚需了，因为用户的可选择性实在太多了，你真的能在这个层面发多大的力吗？这是需要慎重考虑的。

所以当你对照这套墙角坐标来为自己确立个人品牌定位的时候，原则上你只需要按照三根坐标轴的排序，分别问自己三个问题，并把问题的答案分别写下来。然后你会发现，之前一切的定位困扰和心理纠结，其实都没有逃出这三个问题。

第一个问题是：我最热爱的三件事是什么？按照你能够坚持做下去的时间跨度，从终生热爱，到十年热爱，到五年热爱，把它们分别列出来。根据我的咨询经验，你在这根轴上最多也就只能挤出区区两三件事，绝大多数你原本以为你所热爱的事，充其量只不过是小兴趣而已，根本上不了桌。

但是你可能会疑惑：这件事能不能赚钱呢？它到底值不值得我干呢？所以你还必须问自己第二个问题。

如果说第一个问题是你跟自己比，那么第二个问题就是跟外界比、跟他人比了：我最擅长的三件事是什么？按照你已经达到或者可以达到的专业程度来排序，把它们分别列出来。你会发现其实也没那么多，原本你以为自己这个也能干、那个也能干，但是当你用专业标准去衡量的时候，最多也就那么两三件事，大部分都是三脚猫功夫，也根本上不了桌。

于是，当你对照这两根轴回答了这两个问题以后，很大程度上你其实大概率已经知道自己可能应该在哪个领域去做个人品牌定位了。

但是根据第三根轴，你还得进一步问自己第三个问题：我应该在哪个层面去发力，去做得跟别人不一样？是在你的性格层面、市场竞争层面，还是用户刚需层面？比如我自己很擅长做销售，但是我的性格非常不爱社交，实在不适合做销售，甚至还不愿意打破这种不适合，那么做销售显然没法成为我个人品牌定位的首选。

那么当你认真问过自己以上三个问题以后，你的个人品牌定位首先应该是什么呢？

答案是，每根坐标轴最靠近箭头的那个点。也就是你愿意为它做一辈子，并且你已经达到了专家级别，同时你的性格还非常适合去做的这件事。

当你把这三个点连接起来，就形成了你个人品牌定位的一个"终极面"。

请注意：个人品牌定位最终形成的是一个面，而不是一个点。因为你在定位以后，还需要在这个面上考虑其他很多的事，包括后面章节会继续讲到的如何给自己做品牌符号、如何做价值输出、如何做变现规划等，从而让他人更好地认知你，而你自己也能够将这条路走得更加稳妥。

但事实上，很多时候这样的定位是一种理想化状态，那么退而求其次，你至少应该选择愿意为它干十年，同时你还做得非常专业，并且它的市场竞争还不是那么激烈的这件事，作为你的个人品牌定位。这样一来，在同一个墙角坐标里，你的定位就变成了另一种组合。

如果再退而求其次，你至少得选择一件可以干五年的事，同时这件事你做得还是比较专业的。最关键的是，这件事很刚需，你可以有很大的发挥空间。至于五年以后的事，只能边走边看了，能够先好好干上五年、十年、二十年应该也不是太大的问题了吧？这样一来，又成了另一种定位组合。

你应该已经体会到了，"墙角坐标"里这三根小小的轴，其实恰恰就是"四股原力"所支撑起来的三个核心定位因素，简而言之就是：

你对一件事情的热爱程度，决定了你能否做得很久；你在这件事情上的专业程度，决定了你能否做得比别人更好；而你的发力点，决定了你在这件事情上能否走得很远很远。

我们说过，个人品牌并不是外界额外添加给我们的东西，我们每个人的宝藏，其实一直都长在我们自己身上，只是被一些乱七八糟的迷雾遮盖住了，以至于我们很久以来一直看不清楚。而我给出的这套"墙角坐标"，就是为了让我们在确立个人品牌定位的时候，直接无视各种没用的干扰信息，帮我们精准地锁定一些关键参数，然后把我们最终应该确立的有效定位，独立地放大出来。

毕竟个人品牌的经营是一件终身大事，所以我们必须用最明确、最简洁、最核心的工具，把我们身上的宝藏挖出来，从而让自己变成一条小池子里的大鱼，而不做一条大池子里的小鱼苗。基于这样的定位去做自己的个人品牌，我们每个人都可以做得越来越扎实，做到五年不后悔、十年不后悔、终生不后悔。

此外，我还要特别地跟你强调一个营销中的定律，叫"二元定律"。也就是凡事有正必有反，当你把自己放在一个二元的世界中，你会惊喜地发现，你的劣势常常会演变成优势，不足会变成真诚，柔弱会变成信赖，即便你是第二，也可能做得像第一。

例如我的学员艺芸，她是一位国际认证的整理师。但是在"整理"这个领域有一个早已深入人心的概念，就是日本山下英子提出的"断舍离"。据我所知，很多人其实并没有那么理解整理师究竟是干吗的，却或多或少知道"断舍离"是什么意思。于是我就为艺芸写了一句个人品牌口号，叫"要么断舍离，要么艺芸整理"，把"艺芸整理"直接摆在了"断舍离"的对立面。这样一来，她的潜在用户一看就心领神会了。这就是我对"二元定律"的一个应用。

在实际商业中，这样的例子非常多：当你想做一件事，或者想做一个产品，你发现前面已经站着一位、两位、三位绝顶高手了，但是哪怕有人已经抢占了第一，对你来说依然有机会。

比如我们经常说的可口可乐和百事可乐。可口可乐已经成了经典老牌可乐的代表，那么后起之秀百事可乐怎么办呢？它就打了一个旗号，叫"新一代的选择"，意思就是：你做你的老牌吧，我站在你的反面，做年轻人的市场。

同样地，当年很多人在穿乔丹这个"老牌"的时候，李宁出来了。它的定位是"90后"，于是赢得了很多年轻人的青睐，那时候"90后"也是年青的一代。

再例如，俯头帮营销平台的口号叫"俯首甘为营销人，赋能中小企业主"（见图1-3）。很多人一开始觉得

▶图1-3

奇怪：别人都宣扬自己服务大企业、巨头企业、世界 500 强企业，你怎么反而做中小企业呢？其实这也叫站在别人的对立面，跟所有同行形成区隔。

包括我们这门课，平常大家听到的都是如何"打造"个人品牌，但是我们说个人品牌不需要打造，只需要"放大"就可以了。

所以你应该能够领会到，"二元定律"暗藏玄机，就是当你站在别人的对立面时，相当于无形中在暗示用户："那些对手其实都是不太好的，最起码是做得不太够的，我这样才是更合理的。"

所以我把这个定律特别地拎出来跟你分享，希望你在做个人品牌定位时，尤其是在"我到底应该如何发力，如何做得跟他们不一样"这个问题的思考过程中，时不时地拿出来看一看，而不是总想着要去超越某一个人。

有时候我们是没法超越别人的，有时候也不需要去超越别人，只需要站在他的对立面去做个人品牌，依然可以做出自己的市场来。

核心内容回顾

本章主要讲个人品牌的"有效定位"。在这一章里，我为你拆解了四股"原力"，这四股原力是我从 21 年的营销生涯中萃取出来，并且是对做个人品牌最重要的四大支撑点：第一，你要么做第一，要么做唯一；第二，你一定要先扎根一公里深，再去走十公里远；第三，不要随波逐流，不要过于注重外界的时尚，而是要把自己的使命、价值观和生意模式牢牢确立，努力变成局部流行甚至是大流行的一种经典；第四，你要始终围绕你的终极目标去制定一切动作，并且不要有任何的虚假，你要把自己的真实面放大、放大，放大到足以让外界对你信赖的程度。基于这四大原力的支撑，我给了你一套在界定个人品牌定位时非常有效的"墙角坐标"：我们用了三根坐标轴，摒弃一切无用的信息和无谓的纠结，自己对自己追问出我们在个人品牌定位上到底应该站在怎样一个位置，从而既让别人清晰地看到我们，也让我们的个人品牌之路可以更加好走。

第二章
强力符号放大器

把自己变成一碗红烧肉,"色香味"俱全!

这一章我们将走进一个有趣的、五彩缤纷的个人品牌符号世界。

但是红烧肉跟个人品牌符号又有什么关系呢?

你想一想,红烧肉给你一种什么感觉?一只青花大碗,盛着满满的、香喷喷的红烧肉。你是不是一看到它,甚至一想到它就饿了?

说到符号,我相信它和定位一样,让你感觉到既无比熟悉又一知半解。而当我们说到个人品牌符号,很多时候也只停留在一个非常浅层的认识,比如一个人的发型、习惯性的着装,一个人的名字、标志性动作,等等。我在讲这一节课之前,喜欢让学员们做一个小小的朋友圈测试,让大家在各自的朋友圈问一个问题:"你们是通过我身上什么样的个人符号来认识我、认可我,最后认准我的?"然后大多数人得到的反馈都是稀里糊涂、似是而非的,收集上来的答案也根本不是符号,都只是一种"感觉"而已。这恰恰说明了两点:

第一,你朋友圈里的好友对于符号的认识,本身就是不清楚的。

第二,也许你根本就还没有形成自己的个人品牌符号,所以你朋友圈里的好友没法说出你明确的个人符号。

这就是为什么我们反复强调,一定要用营销思维来看、来做我们的个人品牌以及个人品牌符号,因为营销的底层学科其实就是心理学和符号学。由于个人职业的原因,我本人对于符号学一直以来都抱有非常浓厚的兴趣,借着这一

应用工具二：个人品牌符号靶

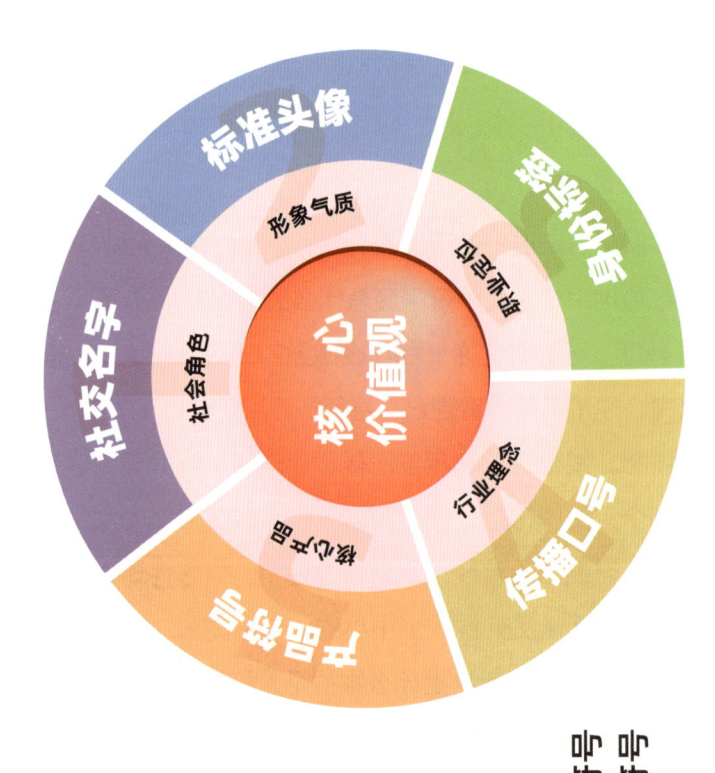

- 标准头像（形象气质）
- 独特外号（公众形象）
- 传播口号（行业理念）
- 礼品符号（核心信念）
- 社交名字（社会角色）
- 核心价值观

内在符号：原力属性符号
外在符号：社交属性符号

次机会，正好顺便跟你讲一些关于符号的重要知识，尤其是符号对于我们放大个人品牌所起到的实质性的意义和帮助到底在哪里。

关于什么是符号，世界上有很多专家都有非常系统、非常深入的研究，比如法国的罗兰·巴尔特、瑞士的索绪尔，还有中国当代的一些学者等。我们说过，这门课不讲枯燥的理论和学术，只讲心法和实操。但是我们有必要正确地认识符号对于我们个人品牌而言的本质到底是什么，以及到底有怎样的作用。

事实上当我们放眼望去，整个世界都是由一个个符号构成的，人类的整个发展历史，也是跟符号密不可分的。假如没有符号这种东西，我们对整个世界的认知会很混乱，或者说会不那么清晰。

你现在想一想，无论古今中外，你脑子里有深刻印象的著名符号有哪些？我能想到的，比如太极八卦图、医院的红色十字架、药房的绿色十字架，这些都是符号。还有各个国家长得不一样的国旗、很多企业和产品的 logo（标志），这些也都是符号。这些符号组成了我们对于这个世界、对于整个人类历史的连贯性认知和理解。

但是你有没有发现，当你想起这些符号的时候，其实已经不知不觉走进了一个误区：你心里会自动地把符号等同于视觉符号，也就是那些眼睛能够看到的符号。事实上符号是一个"五觉"的世界：我们的视觉——眼睛看见的、听觉——耳朵听见的、味觉——舌头尝到的、嗅觉——鼻子闻到的，还有触觉——身体触摸到的。所谓"眼耳口鼻身"这五觉所接触到的事物，都可以成为符号。

视觉符号我们上面已经说过了。

那么你有印象的听觉符号有哪些？

比如英特尔，它每一条视频广告或者音频广告播完以后都会有一个音乐"灯，等灯等灯"，你一听到这个声音，就知道是英特尔的广告。当我们去便利店的时候，店门一打开也会有一段标志性的音乐，如果你留意一下还会发现，不同的便利店，它们的开门音乐是不一样的。还有我们从小到大一直看的《新闻联播》，节目开始的时候，片头也有一段 30 多年不变的音乐。我们上学的时候，早上一听到操场上的那首音乐响起，就知道广播体操要开始了。如果你家里有娃，当你打开电视里的动画片，片头音乐一响起，你家娃就会立马知道这个是《汪汪队》、那个是《熊出没》，从来不会搞错，就跟我们小时候看《变形金刚》《猫和老鼠》一样，那种声音在我们脑子里是根深蒂固的。而且不光是人类，即便是动物，比如我们家里养的小狗小猫或者鸡鸭鹅，当我们在呼唤它们的时候，都会使用一种特定的声音，而且这种声音全世界都差不多。所有这些，都形成了人类历史上或者我们生活中特定的听觉符号。

那么你记忆中的味觉符号有哪些？

比如当你吃过老干妈以后，你再去吃其他豆豉类辣酱，就会不由自主地用老干妈的味道去衡量这款豆豉味的辣酱味道是不是正宗。包括吃桂林米粉也一样，如果你吃惯了桂林米粉，也会用它的那种口味，去衡量别人家的米粉是不是好吃，或者是不是正宗。我们知道，有一种职业叫品酒师，无论什么口味、什么年份的葡萄酒，他一尝就知道了，因为对他的舌头来说，这些葡萄酒早已形成了味觉记忆或者味觉符号。

我们再来说嗅觉符号，你的鼻子会记得哪些符号呢？

我经常举的一个例子是，当你去住五星级酒店，你会发现这些酒店最擅长用嗅觉的味道来让你记住它，让你感知到一种入住的氛围，而且不同的酒店味道是不太一样的。比如香格里拉和丽思卡尔顿，它们的气味就有很大差别，无论你喜欢闻或者不喜欢闻，那种味道就是它的嗅觉符号。再比如我们去迪士尼乐园的时候，乐园里也有一种非常受孩子们喜欢的嗅觉符号，有一种梦幻的味道。

最后我们再来看触觉符号。

这个比较微妙：我们说的触觉符号，其实指的不一定是你真的要用手去摸，或者用脚去踩，而是你手摸或脚踩的这种"体感"在你大脑里形成的某种印象、某种认知。比如有一些汽车座椅实际上并不是真皮的，但是它一定要仿制成真皮的样子，为什么呢？因为它必须给你一种"是真皮"的感觉，那样才显得高级和舒适。同样，我们家里的地板有实木的、有复合材料的，但即便是复合地板，它也会做成实木地板的样子。包括我们的办公家具，有些桌子是木纹贴面的，因为它要给你一种感觉：这个木纹桌面的触感是很棒的，比不是木纹的要棒。再比如女生买衣服，习惯用手去触摸面料，看看这件衣服是不是麻的、那件是不是绸的，或者是不是真丝的，因为对于衣服款式的评判只是感性层面的，她只有摸了以后，才会对这件衣服有一个理性的评判，决定到底值不值得买。

你现在知道了，我们整个世界是由符号组成的，而这个符号组成的世界，其实是一个"五味调和"的符号系统，视觉、听觉、味觉、嗅觉、触觉全都有。所以我们讲的"符号"，并非只有视觉符号。

那么我们就把这个世界拆解一下看看，来一趟"五觉符号之旅"。

我们先讲国家的符号。

你可以对照一下自己目前所在的国家，或者你所熟悉的国家，想一想：你是通过怎么样的一些符号系统来认识一个国家的？第一，每个国家有不同的文字，文字是一个国家的符号；同时，每个国家有不同的语言，有不同的国旗，还有不同的国歌；每个国家还有各自不同的服装、不同的钞票或者钱币。此外，非常重要的一点是：不同的国家有不同的信仰。在不同的国度里，人们特定的手势是不一样的，比如同样是召唤你过来，中国人招手是手心向下的，但老外是手心向上的；还有某些特定的行为，也形成了一个国家的符号，比如中国人讲究"孝道"，这个孝道就成为我们中国人的一种行为符号。

我们再来看企业的符号。

你也可以对照一下自己的公司，或者你曾经工作过的企业，它们有哪些符号呢？首先它当然一定有一个公司名字，然后这个公司会有一个自己的 logo，再加上一句 slogan（口号）；绝大部分企业都有自己的标准色彩，有的是红色，有的是蓝色，有的是黄色，同时会有自己的工作制服，以及我们经常看到公司的文化墙上会写上自己的使命、愿景、价值观；还有很多企业会有自己的司歌，每周开晨会大家都要唱同一首歌。如果这家公司是一个连锁店，例如快餐行业、家居行业、美容行业等等，我们还可以通过它的门头进行识别。比如说宜家，当你远远看到一面紫色的墙，你甚至都不用去看那个 logo，就知道那是宜家。这就是我们通过企业的符号系统，对它进行的基本认知。

那么请问：你觉得对于一个公司来讲，最重要的符号是什么呢？

这个问题我问过很多人，有人说当然是自己的产品，有人说当然是公司的名字或者 logo，所以我们才需要注册。其实在今天，甚至在未来，一个公司最重要的符号，永远是自己的创始人或者接班人。比如格力的董明珠、西贝莜面村的贾国龙、阿里的马云、小米的雷军，包括俯头帮的峰帅，当然还有你——你就是你们公司最重要的符号。为什么呢？因为创始人是一家公司所有品牌资产里唯一不可取代的资产，同时，当我们把所有品牌资产都用尽了以后，公司的创始人也是最后一把撒手锏。这就是为什么我们一定要经营好个人品牌的重要原因。在格力的整个发展过程中，董明珠是在企业进行品牌大升级的时候开始经常对外亮相的。西贝的贾国龙过去从来都不抛头露脸，但是自从新冠肺炎疫情开始，他也走到前台来了，广告上经常会看到某一道菜是贾国龙推荐，后来索性又推出了贾国龙私房菜。

所有这些行为都说明，不论企业是大还是小，创始人的个人品牌才是企业最大的利器。

看过了企业，我们再来看一个企业的产品符号。

你手上如果有自己的产品，或者想想你每天都在使用的产品，例如牙膏、肥皂、化妆品、包包，你每天开的汽车、喝的矿泉水等等，你可以对照着看一下：它们是不是首先也有一个自己的名字？然后有一个自己的logo，有一句自己的slogan，比如那么多的汽车，我们需要通过不同的车标来分辨它们是哪个品牌的。不同的产品有不同的包装，有些产品甚至它的形状就是它的符号，比如我们都知道的宝路薄荷糖，广告语为"有个圈的薄荷糖"，你一看到这个圈，就知道这个薄荷糖是宝路的，以至于它已经对这个圈申请了专利保护。此外有很多产品会通过自己的专属颜色与别人形成区分，还有些产品本身就有很多不同的口味，比如统一方便面，最多的时候曾经有一百多种口味，但是它的经典款我们一吃就能吃出来是统一的。

有一种比较特殊的情况：有些产品还可以通过策划一种特别的活动，以形成强有力的认知度。比如，交通银行信用卡很多年前就推出了一个主题消费活动，叫"最红星期五"，现在已经成为它的一个符号性的活动。再比如，前面说到的西贝很多年前也推出了一个情人节活动，叫"亲个嘴，打个折"，每年都做，现在也成了它符号性的活动。当然还有你最熟悉的淘宝"双11"，也是通过在特定的时间举办"时点性"的活动，从而形成人们心里的一个记忆符号。

那么请问：你认为对于一个产品而言，最重要的符号又是什么呢？

答案是，产品本身就是一个产品最重要的符号。比如我们前面说到的宝路薄荷糖，那个圈就是它最大的符号。再比如可口可乐，那只教科书级的曲线玻璃瓶，与其说它是可口可乐的包装，不如说它就是产品本身。即便是罐装的可口可乐，它也要把这只曲线瓶的图案印在易拉罐上，这说明它已经是可口可乐最重要的符号了。

问你一个有趣的问题：你认为对于汽车而言，最重要的符号又是什么呢？

很多人第一时间一定会说："当然是 logo 啦！"

其实并不是。汽车最重要的符号，是它的尾灯。你可以仔细观察一下，不同的汽车品牌，它的尾灯造型是绝对不一样的，而事实上最让汽车设计师头大的一个环节，就是设计尾灯，尤其是当这款车型要迭代的时候，尾灯的设计既要保证安全性和功能性，又要保证跟一切其他品牌形成绝对的区隔。这是非常难做到的一件事，因为几乎所有的尾灯造型都快要被用绝了。当然也有人说汽车的车头才是最重要的符号，因为不同品牌的汽车，车头的造型也是不一样的。

那为什么不是车标呢？因为对于汽车而言，距离远了，车标就看不清楚了，比如在高速公路上，它的识别度就非常低。我们可以很轻易地通过汽车的尾灯，或者通过迎面而来的一个车头辨识出这是一辆什么品牌的车，但这时候车标你可能根本还没看到。

到这里为止，我们从国家说到企业，又说到产品，你应该基本了解了到底什么是符号。

所谓符号，就是把许许多多无形的信息进行浓缩、浓缩、浓缩，从而变成非常具象化，并且对你产生强烈刺激的一些感知系统。

所以符号具有超强的"信息打包功能"以及"信息携带功能"——它先把 N 多信息打一个包，然后携带到你的脑子里去。

比如我们看到一个瓶子，无论这个瓶子是什么颜色、什么形状的，如果它上面画了一个骷髅的符号，你立刻就知道里面装的是有毒物品，不能轻易去碰它！因为这个骷髅已经把"有毒""有危险""碰了可能会出问题"这些信息，打包、携带到你脑子里去了。

再比如我们在学车的时候，一定要学习交规，交规里有非常多的交通标志，其中每一个标志都是对一些特定信息的打包和携带。

所以我们如果要创造和使用一个符号，它将会是这样一个过程：

首先要把我们需要的信息进行打包和编码，然后就出现了一个符号。接着，当这个符号传递到人们大脑中被感知到了以后，人们的大脑再对这个符号进行"解码"。所以根据符号学理论，一个符号的创造和使用，简单地说就是从"编码"到"解码"的过程。

那么这个过程是为了产生什么作用呢？请记住：这个过程就是为了影响和控制你的大脑。

是不是觉得很神奇？一个符号居然能够起到控制你大脑的作用！没错，能控制你的大脑，才是一个有效的符号。

所以，一个有效的符号，事实上有三个标准：

第一，你创造的这个符号一定是大家都认识的。如果我认识、你不认识，这就不叫符号，叫密码、叫暗号。所以，大家都认识是一个最低配置，这叫"共识"。

第二，大家不但都认识这个符号，还能产生同一种感知。我认识这个符号，知道它代表有毒，并且你也认为它代表有毒、他也认为它代表有毒，这叫"共情"。不能是我看到这个符号认为它代表哭，你认为它代表笑，这也不是一个有效的符号。

第三，一个有效的符号最重要的一个功能是，大家看到这个符号以后，都会采取同一个行动。比如开车时看到马路上的一个掉头标识，大家都会掉头，而不是向左拐弯，这叫"共举"。

有效的符号，让所有人都对它产生"共识→共情→共举"的情绪过程。

那么如果用"共识→共情→共举"这个标准来衡量，你认为全世界最成功的一个符号是什么呢？我猜你心里一定会跳出来很多答案。其实全世界最成功的符号，就是红绿灯。因为红绿灯只用了三个颜色，就让全世界人民产生了同一种认识和行动：红灯停，绿灯行，黄灯准备！没有任何人会乱套，连小孩都知道。所以人类历史上有好几次，政府想去调整红绿灯机制，结果都发生了很大的交通混乱，因为红绿灯已经把符号的有效性做到了极致。事实上这就是我们的参照物，是我们做个人品牌符号的最高对标。

下面我们将正式进入个人品牌符号放大的心法。

首先我们得说明一个问题：事实上，当我们说到个人品牌符号的时候，跟之前一样，我们也仅仅以为就是眼睛能看到的那些符号，比如你的名字、你的头像、你的发型和衣服、你的一举一动。但是个人品牌符号跟国家符号、企业符号、产品符号有一个很大的区别：人是一个活生生的物体，他是有七情六欲的。因此，一个人的个人品牌符号，其实分为"外在符号"和"内在符号"，我称之为"双重符号系统"（见图2-1）。

个人品牌的双重符号系统

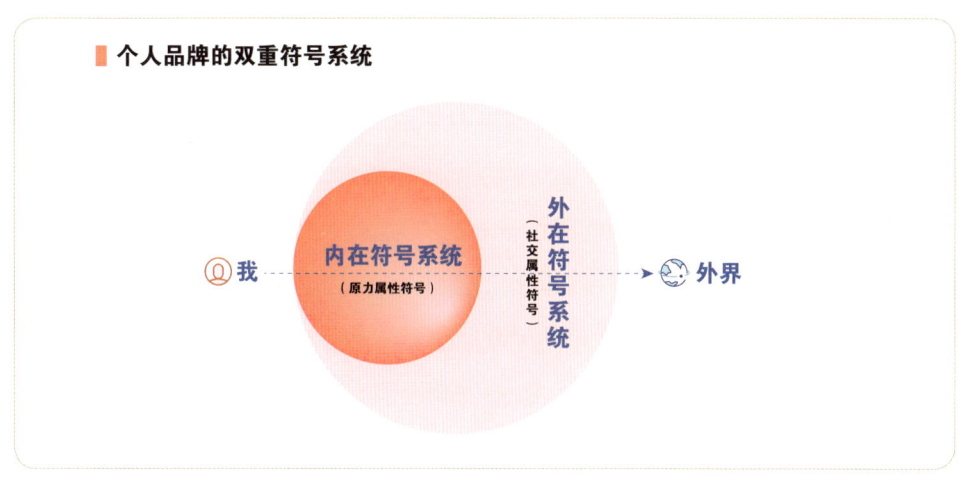

我 ┄┄ 内在符号系统（原力属性符号） → 外在符号系统（社交属性符号） → 外界

▶ 图2-1

在上一章里我们说过，做好个人品牌，就是让自己与外界发生有效的连通，从而达到让外界来认识你、认可你、认准你这样一个效果。所以通过图2-1可以看到，你站在一个位置上，外面是一个大大的世界，当你确立了自己的个人品牌定位以后，事实上还需要进一步确立你的"内在符号系统"，更准确地说，叫"原力属性符号"。上一章所说的"四股原力"会让你形成自己的使命、核心价值观、终极目标，以及你在社会上究竟是怎样的一个角色。而这些都是你最本质的内在符号，你可以简单地把它们理解为是你个人品牌里的一股"气"、一股"劲儿"，或者说是你个人品牌的一副"骨架"。有了这样一套原力符号系统以后，才能"催生"出你的一系列外在符号，例如你的名字、头像、行动等等。而这些外在符号就是让你用来社交的，所以我又称之为"社交属性符号"。

这就是我们的个人品牌符号跟企业品牌符号、产品品牌符号大不一样的地方，我们是通过内在符号系统催生出外在符号系统，进而与外界产生社交、发生连通的。反过来看，外界是通过你外在的社交属性符号来感知你的内在符号，从而来识别你和了解你的。

所以你如果只有一身外在符号是不够的。我们在讲个人品牌定位的时候说过，做个人品牌就是为了让别人更清晰地"看到你"，看到你什么呢？其实看到的就是你一系列完整的符号系统。而我们一直强调的"放大你的个人品牌"，其实放大的也应当是你里里外外一套完整的个人符号系统。只有这样，外界才能真正地认识你、认可你、认准你。

于是我们必须让我们的内在符号和外在符号共同发挥有效的作用，让它们达到对外界"共识→共情→共举"的效果。换句话说，必须让外界通过你的一整套个人符号，认识的是同一个你、认可的是同一个你、认准的也是同一个你。如果他们通过你的外在符号，想到的是另一个人，例如说到峰帅的白发，想到的却是周星驰，那说明你的外在符号是有问题的。或者反过来，他们通过你的价值观一识别，想到的也是另一个人，那说明你的内在符号也是有问题的。

所以我们放大个人品牌符号，是一个非常严谨、非常严密的过程。

那么当我们确立了个人品牌定位以后，到底应该如何去放大我们的个人品牌符号呢？下面我要给到你的是整门课程的第二套应用工具，叫"个人品牌符号靶"（见图2-2）。

这张工具图很像一块射击的靶子，从图里你可以看到：事实上，当我们在创造自己的个人品牌符号时，最重要的并不是急着去建立我们的外在符号系统，也就是我们所说的社交符号，而是先要把我们的内在符号一个一个萃取出来、逐个敲定。这就好比你如果要练肌肉，一定首先得确保你的筋骨是强健的，如果你连筋骨都没有练好，就来练肌肉，那只会伤了身体，适得其反。

我们就根据这个"符号靶"，一起来详细拆解一下我们究竟应该如何确立自己的内在符号系统和外在符号系统。在拆解过程中，我会尽可能以我自己为例，使我讲的内容好懂、好记、好用，因为我本人取得的这点经验和结果，就是我们整个课程的原型和蓝本。

应用工具二：个人品牌符号靶

（图中内容：核心价值观 / 社会角色 / 形象气质 / 职业定位 / 行业理念 / 核心产品；外圈：社交名字、标准头像、身份标签、传播口号、产品符号）

内在符号：原力属性符号
外在符号：社交属性符号

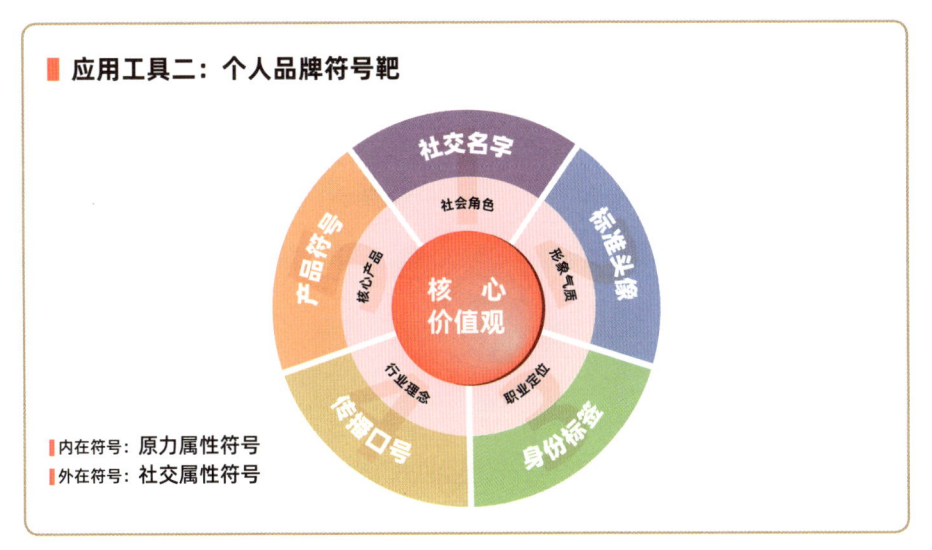

▶ 图 2-2

首先必须明确一个问题：我们一直说外在符号是由内在符号催生出来的，那么我们的内在符号，也就是原力属性符号，又是从哪儿来的呢？请务必注意：我们的内在符号，是由我们的核心价值观催生出来的。所以，当你要放大自己的个人品牌符号时，第一件事就是：一定要在你个人品牌定位的基础上，明确你的核心价值观。这也是我在讲定位时着重强调的，你一定要确立你的核心价值观，也就是你的态度和原则。

如何确立呢？你得用一句话或者一个词，毫不含糊地说出你的核心价值观。

比如就我而言，我的定位是"终生营销专家"，并且我从做个人品牌开始，就提出了我的核心价值观，现在许多人或多或少都受了它的影响，那就是"长线主义"和"保底思维"，这两个词几乎已经被我占用了，而且你一听就明白什么意思。

当你拥有了笃定的价值观以后，基于这样的价值观，你要确定五个原力属性符号。

▶ 社会角色符号

也就是说，在这个社会上，你到底是为什么而生的？在这个社会上，你到底要扮演一个什么样的角色？你的站位到底是什么？你的使命到底是什么？你也必须用一句话来表述清楚。

还是以我为例：我的社会角色是一个导师型、统帅型的职业营销人，我给自己设定的角色，说得不谦虚一点，就是上帝派来解决营销领域中存在的各种弊病、各种误区的。当我确立了这样一个社会角色以后，也就意味着后面一揽子事情都要跟这个角色紧密相关。

▶ 形象气质符号

毫无疑问，你的形象气质符号一定要匹配你的社会角色符号。比如，基于我的社会角色符号，我就应该是一个儒雅的、率真的、有趣有料的形象，而不应该是一个嬉皮士的、邋里邋遢的形象，因为毕竟我要参加各种商务活动、开展各种商务合作。所以和我一样，你的形象气质符号，也应该用几个关键词来表述得清清楚楚。

▶ 职业定位符号

这个符号听起来很耳熟！没错，你之前费了那么多脑子，最后终于确立了自己的个人品牌定位，而作为一个终生定位，这个定位本身就是你的一大原力符号、内在符号。比如，我的个人品牌定位是终生营销专家，再加上一个作家，这既是我个人品牌的定位，同时也是我标志性的职业定位。所以我曾经强调：用一句话把你的个人定位说清楚。因为只有你用最简洁的语言把自己的职业符号说清楚，外界才能一目了然地看清楚。

▶ 行业理念符号

也就是说，在你的职业定位之下，你对这个行业的核心观点或者基本看法是什么？并且这个观点和看法，是带有你的独特使命的。

千万注意：这个"行业理念"跟我们最开始要确立的"核心价值观"听起

来有点相似，其实不是一回事。如果说你的核心价值观是宏观层面、哲学层面的，那么你的行业理念就属于落地层面、实操层面的。

比如我所在的营销行业，在眼下这样一个时代，我对它的核心理念、核心看法是：每一个垂直领域都应该建立一个"赋能闭环"、一个共同进退的平台，唯有这样，才能真正突破中小微企业的发展困境。这是我的一个商业观点，同时也是我创立俯头帮营销平台的根源所在。

再比如我提出过一个观点：在后互联网环境下，要"众人赋能众人"。就好比俯头帮，未来必须汇聚起无数职业营销人，共同来赋能中小微企业创业者，我认为这是当代创业环境下的一个大趋势，唯有这样才能真正做到所谓的"抱团取暖"。

诸如这样的观点，我在线上线下很多场合都公开分享过很多次，其实都一样，所以也就成了我的行业理念符号。

▶ 核心产品符号

你或许会觉得奇怪：明明是在说个人品牌符号，怎么突然出来一个产品符号？没错，这个核心产品符号，跟你的个人品牌息息相关。我一再说过，个人品牌是个商业概念，说到底你最后还是得卖产品。所以脱离了核心产品的个人品牌，不叫个人品牌，因为它与商业无关了。比如，说到峰帅的核心产品，自从我做个人品牌以来，很多人耳熟能详的就是"俯头帮"了，以及我背后还有一个营销咨询公司。如果说到课程，那么"个人品牌放大器"这门课程也可以算是我的一个核心产品。但是如果只说一个核心产品，那只能是俯头帮营销平台了。所以，俯头帮就是我个人品牌的一部分，我也是俯头帮的一部分，两者之间密不可分，相辅相成。

当你这样一个一个仔细敲定以上五大内在符号，确立了你的原力属性符号系统以后，你才能自然地催生出一套健全的、精准的，并且是有效的外在符号系统，也就是社交属性符号，这时候你与外界的连通以及产生的个人品牌符号，才具有终生价值，否则你所建立的那些肉眼可见的个人品牌符号，貌似很漂亮、很犀利，其实都是无本之木。而相反，只有当你拥有了这样一整套从内到外的符号体系，你的个人品牌符号才具有实质性的价值和意义，你才能够大胆地向外界去无限放大这些符号。

下面还是以峰帅为例来看一看，一套完整的、经得起考验的社交属性符号，是如何催生出来的。

第一，当我确立了我的社会角色是一个统帅型的营销专家以后，我才敲定了自己的"社交名字"——峰帅。这个名字作为一个社交符号，其实早已盖过了我的本名。

第二，当我确立了我的形象气质应该是儒雅的、率真的、有趣有料的以后，我才有了现在的标准头像——10元钱的灰色T恤，右手挠后脑勺，看上去有点雅痞雅痞的，但是好像又有点成熟、亲和、比较可信赖的样子。我经常开玩笑说，这张头像我会先用80年再说，即便我以后变成秃头了，我还是会用这张头像。

第三，当我确立了我的职业定位是一个终生营销专家以及作家以后，我也就有了明确的"身份标签"。我在视频号上的个人简介就是"21年营销专家、作家"，这里我刻意加了一个"21年"，而且以后每年都会加一年，变成"22年""23年""24年"……为什么呢？因为营销专家有很多，我加了一个年份，就像陈年老酒一样，在人们心里钉上了一根"语言钉子"，让人看了以后很难忘掉。

第四，当我在营销领域提出了自己的行业理念以后，我给自己定制了一句传播口号。熟悉我视频号的人都知道，我在很多视频后面经常会说一句话，叫"关注峰帅，营销不败"，后来改成了"走近峰帅，营销不败"。最开始我说出这句口号的时候，有几个黑粉怼我，说我太不要脸了："关注你，营销就能不败了吗？"我说，对啊，我说的是"不败"，并没有说"必胜"啊！现在的主流可都是说"必胜"的，比如关注他很快就能涨粉，流量也能上来，变现更不是问题。这些关键业绩指标（KPI），我作为一个职业营销人是绝对不敢轻易承诺的。

所以我的这句个人品牌口号，事实上跟我的核心价值观——"长线主义""保底思维"，也是密切相关的。换句话说，我不可能说出一句违背自己价值观和行业理念的口号。

除了这句口号，你甚至可以认为，俯头帮的那句口号，"俯首甘为营销人，赋能中小企业主",同时也是我的个人传播口号,因为我的职业本来就是营销人,而我的行业观点就是要"众人赋能众人"。

最后,当我确立了自己的核心产品以后,也就催生了我的产品符号——那只带有"俯头帮"三个字的牛头以及口号,并且在我个人品牌的放大过程中,我的产品符号始终跟我紧紧捆绑在一起,让人们见我如见它、见它如见我。

通过以上拆解,你应该已经明白:我们在做个人品牌时,身上这一系列的"外在符号",没有一个不是由"内在符号"自然而然催生出来的,并非凭空拍脑袋想出来的。所以以下三个非常重要的信息点,我有必要再次强调:

第一,你所有的社交属性符号,也就是外在符号,都来源于你的原力属性符号;

第二,你所有的个人品牌符号,无论是内在符号还是外在符号,都必须指向你的核心价值观,否则你所有的符号都将没有向心力;

第三,你所有的个人品牌符号,从一开始都要服务于你的最终目标。也就是说,你所提炼的这一系列符号,不是给别人看着玩的,因为它们都是你的个人品牌符号,而做个人品牌的最终目的就是让别人认识你、认可你、认准你,所以你的符号也必须从一开始就服务于这一最终目标,不能乱提炼,不能乱改动,更不能乱解释。

但是,你的符号最终对你的个人品牌所产生的效果,其实是一个递进的状态(见图2-3),通过这张阶梯图可以看到:

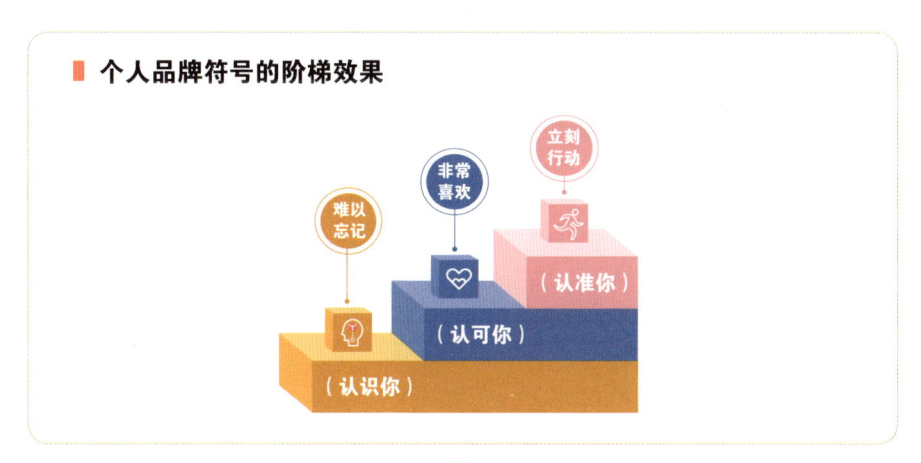

■ 个人品牌符号的阶梯效果

难以忘记(认识你)→ 非常喜欢(认可你)→ 立刻行动(认准你)

▶ 图 2-3

第一个阶梯代表你的个人品牌符号能够让外界"认识你",也就是让人看到你的某个符号以后难以忘怀。例如"峰帅"这个名字,无论从读音、字形还是含义上,都让人看了以后很难忘记。

第二个阶梯代表的是"认可你",也就是说,这个符号不但让人难以忘怀,还让人非常喜欢它、愿意亲近它。比如峰帅那个傻乎乎的头像,不但上面的动作容易识别,很多人看了以后还觉得比较和蔼可亲,于是就增加了主动点开链接的概率,而假如我弄一个西装革履的头像,未必能有这样的效果。再比如俯头帮的红色牛头标识,也很容易识别,并且在设计的时候我故意把它做成有点低调的"牛气冲天"的感觉,于是比较讨喜。

第三个阶梯代表的是"认准你",也就是当别人认识了你这个符号以后,不但喜欢它,还想赶紧行动。比如李佳琦,他的标志性符号不是口红,而是他那个非常个性化的听觉符号:"买它!"当你听到这两个字,内心会不由自主地冒出一种真的想去买它的本能。再比如,峰帅的那句口号:"走近峰帅,营销不败!"当我在视频上反复强调它的时候,事实上也是在反复地提醒你:走近我以后,我不能保证你的营销必胜,但是你至少不会败。于是很多在营销方面遇到问题的人,真的会来关注我、走近我、咨询我,以求得"不败"。

所以我要再次强调:一套有效的个人品牌符号,一定是能够让人有共识、有共情、有共举的,并且不仅仅是让人记住、让人喜欢,更重要的是让人有一种"立刻行动"的冲动。换句话说,有效的个人品牌符号,自带一种"指令性"的因素,它对外界能够产生强烈的"召唤性"。

所以你需要不断反思:你的个人品牌符号是否具备这种"召唤性"?

说完了个人品牌符号的阶梯效果,我们再来反观"符号靶",还会发现另一个非常重要的信息:

个人品牌符号 ≈ 文字符号系统 + 图形符号系统

也就是说,无论是哪一种感官层面的个人符号,最终不是文字就是图形。例如,我们的核心价值观、名字、身份标签和口号,它们其实都属于文字符号系统。而我们的头像和产品符号，都属于图形符号系统。这两种形态的符号系统，最终在人们心中就分别形成了我们常说的"语言钉子"和"视觉锤"。

什么是语言钉子？

就是一句话或者一个词，像一根钉子一样钉进了人的大脑和心中，让人永生难忘。

什么是视觉锤呢？

这是定位大师艾·里斯的女儿劳拉·里斯提出来的一个概念。有一年，她来到中国的陆家嘴，发现竟然有那么多的沿街店铺都是用文字来做招牌的，很少有让她看一眼就能记住的图形符号，只有一两家是用图形符号来做招牌的。这种能够让人看了就深深记住的图形符号，劳拉·里斯把它叫作"视觉锤"。

但是从那以后，我们就有了一个普遍的误区，认为打造视觉符号就等于打造视觉锤。这其实大错特错。你想，锤子是用来干吗的？当然是用来钉钉子的。所以请切记：我们在设计个人品牌符号时，如果没有核心价值观、名字和口号这些文字性的"语言钉子"，视觉锤是没有任何用处的。也就是说，如果你没有一句深入骨髓的核心价值观、没有一句非常明确的行业理念、没有一句立意鲜明的口号，即便你的头像拍得再好、你的产品 logo 设计得再好，这些视觉锤都是发挥不了作用的，因为这把"锤子"不知道应该把什么钉子钉到人们的心中。在这样的情况下，即便你的视觉符号做得再漂亮、再犀利，你的个人品牌仍然没法深入人心，因为你拥有的只是一把把"空锤子"。

所以我曾经提出过八个字：概念占位，先声夺人。你首先要提炼出一根语言钉子，然后再设计一把锤子，将这根语言钉子钉进人们的心中。比如，我为了表达一种观念或者说明一个问题，经常会提炼出一个原创性的词，我把这些专属词、专属概念牢牢地绑定在我身上，这个动作我称之为"概念占位"，然后我再想办法用锤子把这些词、这些概念钉进观众的大脑中。这是我在放大个人品牌的过程中惯用的一个技术性手段，也是你必须引起重视的一个信息点。

所以现在我们不妨再回到这一章开始的那个朋友圈调研话题：为什么你的个人品牌符号在你的朋友圈里、在人们心中会那么模糊？事实上，这个小调研我自己也做过，不但在朋友圈做过，我还问过很多朋友，我的市场调研反馈结果是：绝大多数人一开始注意我、认识我，可能是通过我的任何一个外在符号，有的是通过"峰帅"这个名字，有的是通过我的灰白头发，或者我穿着那件 10 元钱的灰色 T 恤、抓后脑勺的头像，或者我在视频号上的言谈举止，但是我真正被外界认识并且被认可的，是我的核心价值观，是我的"长线主义""保底思维"以及俯头帮那句"俯首甘为营销人，赋能中小企业主"的独特口号。再后来，很多人关注我、来听我的课，或者来消费我更多其他产品的时候，其实是认准了我"21 年资深营销人"这个身份标签。

所以你可以看到，你放大个人品牌符号，让外界从认识你到认可你，再到认准你，并不仅仅是因为你做了一个什么发型、穿了一套什么衣服、换了一个什么头像。这就是为什么我一定要画出"个人品牌符号靶"这个工具，让你去反复自我对照的原因。

当然，在放大个人品牌符号的过程中，不同的人可能会有所侧重，例如有的人头像符号比较犀利，有的人名字符号起得更棒，有的人把身份标签提炼得比较出色，等等。但无论如何，五大社交符号你都必须全部具备，并且时不时地要去检验一下：你的外在符号所对应的那些内在符号，是不是都完全匹配？

最后，在我们放大个人品牌符号的过程中，有三个"第一"，你一定要记住：

概念第一，视觉第二。

也就是我在前面所强调的：你的核心价值观，以及那些文字符号是占第一位的，其次才是你的视觉符号。

认同第一，修辞第二。

也就是说，我们在设计个人品牌符号时，核心任务是要让人喜欢你，以及被你召唤，至于文案上的那些小技巧、小聪明，比如谐音、双关、比喻，这些都不重要，甚至应该抛弃，最重要的是：你的符号打造出来以后，能不能让人产生心灵上的共鸣。

信号强度第一，美丑好坏第二。

我们在做自身符号，尤其是在做我们的 logo、头像这些最直观的品牌符号时,常常会把注意力放在好不好看、丑不丑这些视觉感受上,比如我的卡通头像就被人说过有点丑,应该画得再帅一点(见图2-4)。事实上这重要吗?或许重要,但最重要的是:你释放、传递的那个信号强度和能量强度够不够大。有时候丑一点反而是好事,因为丑的东西信号强度反而更大。例如,椰树牌椰汁大家都喝过,它的包装绝对够丑,密密麻麻的文字,针都插不进,但是它释放的信号强度太大了,以至于山寨产品都没法复制,所以它是一个非常牛、非常成功的产品品牌符号。对于个人品牌而言也一样:无论是哪个符号,信号强度永远是第一位的,至于美丑好坏,通通都是其次的。

▶ 图2-4

现在你应该知道了,为什么我们这一章的主题是"把自己变成一碗红烧肉",因为红烧肉不但长得诱人,有色又有香,关键是味道鲜美——只有当我们把自己的个人品牌符号也变得"色香味"俱全,才能让人看了就想吃,甚至一想到我们,就想"吃"我们。

核心内容回顾

在这一章里,我们一起经历了一场关于符号的"五觉"之旅,详细探索了一个五彩缤纷的符号世界,知道了一个有效的符号如何通过从编码到解码,从而控制人的大脑,发挥出共识、共情、共举的作用。然后,我们终于知道,我们的个人品牌符号其实分为内在的原力符号系统和外在的社交符号系统,并且外在符号是由内在符号催生出来的。最后,我们对照着"个人品牌符号靶"这一应用工具,详细拆解和演示了如何建立一套完整的个人品牌符号系统。

第二模块
表达与影响

第三章
表达利器放大器

PPT 就是你的"捧哏演员"！

在第一模块里，我们一起深入学习和探讨了个人品牌的定位，以及个人品牌符号系统的建设。如果说在第一模块，我们更多的是"向内求"，去发现我们自身真正的价值，去放大我们自己身上那些独一无二的宝藏，那么在第二模块我们更多的是"向外求"了——你有了定位、有了个人品牌符号系统，还得让外界最大限度地看见你，以及你身上的价值与宝藏。与此同时，当外界看见你并且给你反馈以后，你还需要进一步去优化、调整自己的认知，以及未来的个人品牌放大动作。而所有这一切，就是通过不断向外界表达自己开始的。

但是我们经常说："工欲善其事，必先利其器。"战士打仗先磨刀，书生写字先磨墨，所以当我们向外界表达自己之前，应当先备好自己手中最主要的那把利器，也就是我们一直以来习以为常的工具——PPT。

你或许还记得我在"导言"里打过一个比方，我说在眼下这样一个时代，你不能再把 PPT 仅仅当成一个简单的办公软件，它对于我们个人品牌的价值，就好像古代战士别在腰上的一把佩剑，你不一定每时每刻都在用它，但是你得一直别在身上。

有些学员在上这节课之前不无惊奇地感叹说："好像还真没见过哪个老师讲个人品牌课还教 PPT 的！"事实上，在我看来恰恰相反，你做个人品牌却不修炼做 PPT 的技能，只能说你对于 PPT 在建立个人品牌闭环中的重要意

应用工具三：PPT 思维田字格

1. 大片思维
PPT 手法：让观众全程无尿点
1. 像战争片一样开场
2. 像悬疑片一样推进
3. 像搞笑片一样收尾

2. 懒人思维
PPT 形式：把繁文缛节减到 0
1. 去掉一切设计模板
2. 去掉一切动画特效
3. 去掉一切干扰图像

3. 撑眼思维
PPT 角色：它跟你是互补关系
1. 抛出一个好问题
2. 制造一个好矛盾
3. 给出一个好结论

4. 金句思维
PPT 灵魂：至少有一根钉子
1. 设一个发人深省的主题
2. 给一个解决问题的答案
3. 出一个能够瞬间洞悉的页面

义和价值，还没有一个深刻的认知，PPT 对你的表达到底有什么帮助，你也是稀里糊涂不明白。所以这一章我把它叫作"表达利器放大器"。但是在进入正式内容之前，我想做以下三点说明：

第一，这一堂 PPT 课程跟你曾经学过的那些 PPT 知识，或者你想象中的 PPT 课程比起来，可能大不一样，有很多地方甚至可以说是"反认知"的。你可能会心生疑惑：一般教 PPT 的课程都需要好几周甚至更长时间，这短短一堂课就能让我搞定 PPT 了吗？当然可以，因为你所见到的那些课，基本上都属于 PPT 技能课、技术课、技巧课，而我们这堂课，更准确的定义其实是"PPT 思维课 + 实战课"。技能学得再好，PPT 最多只能做到二流水平，你只有在思维上先达到一定的高度，才能把 PPT 做到一流的水平，而这一点才是我们做个人品牌真正所需要的。

第二，我们平时使用 PPT 其实会遇到多个场景，但是这堂课将会以最高级别的 PPT 使用场景作为范本进行讲解，所谓"欲求其上，必求其上上"，如果一个最高场景下使用的 PPT 你都能做得游刃有余，那么再去做其他场景下的 PPT，都属于"降维打击"了。

第三，因为第一模块的内容是"向内求"，所以更多的是烧脑，而第二模块的内容因为要"向外求"，所以会更加注重落地。正因为更加注重落地，所以越发要求你多多操练。做 PPT 本身就是一种需要不断操练的能力，如果你不操练，我今天所讲的一切都将毫无意义。

之所以要做以上三点说明，原因在于：我不是要教你"如何做一个漂亮的、好看的 PPT"，而是要你学习"如何快速地做一个有效的 PPT"。

什么是快速？当然是时间越短越好，花费的精力越少越好。

什么又是有效的 PPT？这个问题你先自己思考一下，我稍后再来回答。

我曾经在学员群里做过接龙小调查，我问大家：你平时在做 PPT 或者在讲 PPT 的过程中，遇到的最大的问题是什么？然后，我一看收集上来的反馈内容，可以说 100 个人做 PPT，就有 100 个困惑。下面我挑一些比较有代表性的问题跟你分享。你顺便也可以自检一下，这些问题在你身上是否也同样存在。

问题 1：做出来的 PPT，文字总是太多。做出来的 PPT 就是讲稿的精简版，缺乏吸引力。

问题 2：不知道如何把 PPT 做得既简明扼要又美观大气上档次。

问题 3：在讲 PPT 的时候，不知道如何吸引观众，如何让观众听完还记得住。感觉自己只能做一份中规中矩的 PPT，不知道如何把 PPT 做得有创意、让人记得住。

问题 4：做 PPT 时抓不住重点，不知道从哪里入手。

问题 5：PPT 做出来以后，在讲的时候太理论化。或者说，做的 PPT 总是抓不住客户的痛点和需求，每次跟客户讲一个 PPT 的时候，客户都是一边自己看 PPT，一边在听。

问题 6：感觉自己的 PPT 模板太土了，在跟别人讲方案的时候显得不够高级。

问题 7：不知道怎样把 PPT 里的核心内容提炼成金句。

问题 8：不知道怎样把 PPT 里的图和文更好地结合在一起表达。

问题 9：想做一个简明扼要、直奔主题的 PPT，但是总也做不好。

问题 10：感觉自己做的 PPT 主题不够清晰，总是想把要讲的所有内容一次性讲完。

除了以上这 10 个代表性的问题，还有一些学员说自己很少做 PPT，甚至有些人从来都没有做过，根本不会做。但是 PPT 真的很重要，对于个人品牌整个闭环的形成有非常大的价值，该怎么办呢？

事实上，我们前面所说的那些做 PPT 的问题，我本人当然也遇到过。我的"P 龄"已经 20 多年了，但是我真正在 PPT 方面开窍，也就是最近七八年的事，那是因为我后来创业了，并且越来越深刻地认识到 PPT 到底是个什么东西，PPT 的本质作用到底应该是什么。

我回顾了一下，在我 20 多年来做 PPT 的生涯当中，我的 PPT 形式其实经历了四个阶段，这也就意味着，至少有三个阶段我是在踩坑。如果说今天我做 PPT 有一些自己的心得、见解和经验能够跟你分享的话，那也都是踩坑踩出来的。

下面我就把我做 PPT 所经历的四个阶段，跟你做一个简单的分享。

第一个阶段，我称之为"Word 版的 PPT"，也就是前面我们所说的文字讲稿式的 PPT。在这个阶段里，我会先写好一个 Word 版的内容，然后再把它誊到 PPT 上去（见图 3-1），主要用于公司内部向领导汇报工作，或者对外向客户讲述方案，也就是提案。这样的情况，持续了至少五年。

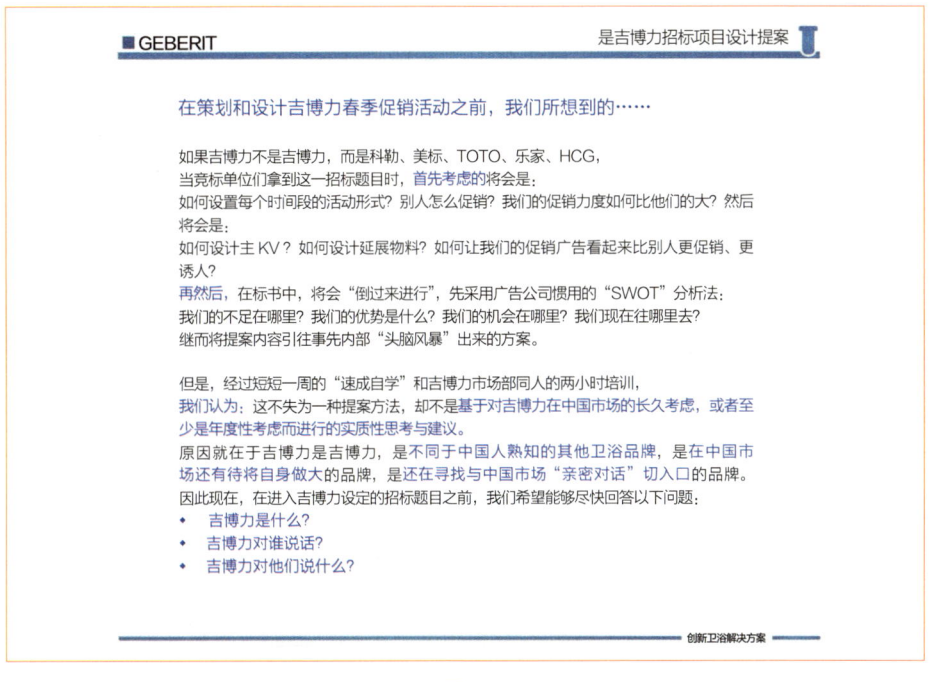

▶ 图 3-1

后来我经历了第二个阶段，那时候可能有点开窍了，我开始做"模板化的 PPT"，我称之为"克隆基因式的 PPT"，也就是我会去四处搜罗或者购买很多现成的 PPT 模板，然后根据我要写的不同内容，选择不同的模板直接套用（见图 3-2）。

在这个阶段，我的 PPT 比以前稍微漂亮了一些，一般也主要是用在公司内部的培训，或者向客户进行提案，这样的情况持续了差不多也有五年。但是这种模板化的 PPT 有一个很大的问题：当你看多了别人做的 PPT 以后，

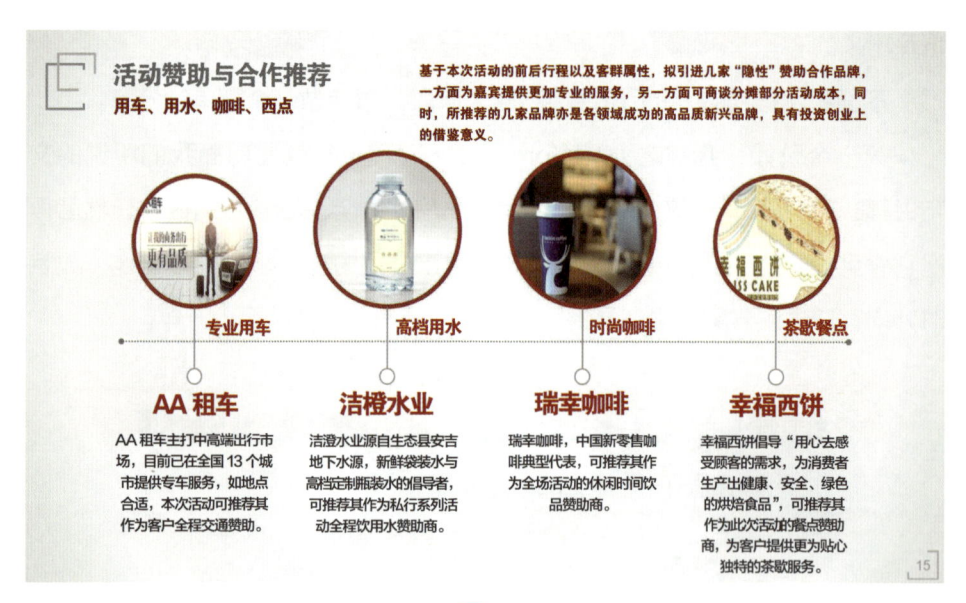

▶ 图 3-2

你会经常遇到似曾相识的 PPT，因为同样的 PPT 模板，你有别人也有，于是这时候心里就会特别不舒服。

到了第三个阶段，我就更开窍了，我开始做"豪华版的 PPT"，也就是"美轮美奂式的 PPT"（见图 3-3）。

▶ 图 3-3

做这样的 PPT，我会不断地去美化格式、插入图片或者视频素材，然后去学习各种酷炫的 PPT 动画。有时候自己实在搞不定，还会求着公司的设计师，帮我不断美化和优化某些页面。这样的情况我持续了差不多三四年，主要是在向客户提案或者给客户做内训的时候，我会用这种精耕细作的方式去做 PPT，因为酷炫，所以显得很有面儿。

到了第四个阶段，也就是现行阶段，我开始走上了"极简化的 PPT"之路，也就是我所谓的"简单有效式的 PPT"（见图 3-4）。

应该说，到了这个阶段，我从追求 PPT 的"外在形式美"，已经彻底转变为追求 PPT 的"内在目的性"。前面说过，这是我创业以后最近七八年的事。这种形式的 PPT，我各个场合都会用，但主要用在向客户提案、给公司内部做培训，尤其是近年来我在外界公开演讲的时候。

▶图 3-4

那么做这样的 PPT，目的是什么呢？目的很简单，就是搞定客户、搞定用户或者你的潜在用户。

所以很显然，像我这样做 PPT 的历程，一定不是独一无二的，而是具有普适性的，其中我遇到过的种种问题，其实也就是我们学员所反馈出来的那些共性问题。

但是不知道你注意到没有，我在讲述自己做 PPT 的四个阶段时，顺便提到了使用 PPT 的四种场景，这四种场景基本上也是大家都会用到的，并且这四种场景是从低级场景到高级场景、从内部场景到外部场景。第一，在你平时开会时，包括向领导汇报工作，或者向你的下属部门布置工作，这算是低级场景，这时候你往往需要 PPT。第二，稍高一级，当你向客户提案，或者向你的投资人阐述 BP 时，你也需要用到 PPT。第三，再高一级，当你讲课时，不论是给内部员工培训，还是对外进行授课，你都需要用到 PPT。第四，也是最高级别的场景，当你演讲时，无论是封闭式的演讲，还是公开式的演讲，无论是小规模的演讲，还是大规模的演讲，你都要用到 PPT。我前面说过，我们这一章的内容是以最高级别的使用场景作为范本和样板，来学习如何做 PPT 的，而这个最高级别的场景，就是演讲。

为什么我们必须选择演讲场景作为制作 PPT 的最高级别的范本？因为这时候你面对的人最多、口味最杂、众口难调，你所面临的考验和挑战，实际上也是最大的。如果面对这样的场合，你能快速地做一个非常有效的 PPT，那么到了其他场合，你怎么可能不会做呢？

但是你或许会问我：峰帅，在你说的这些场景下，我们一定要使用 PPT 吗？假如口才好，也需要使用 PPT 吗？如果一定要使用 PPT，那么我们使用 PPT 的目的到底是什么呢？

我的回答是：没错，只要现场条件允许，就一定要使用 PPT，即便你在讲话的时候不看 PPT。

为什么呢？

第一，使用 PPT 是一种表达上的仪式感，就像你去参加一个晚宴或者聚会，最好穿上正装，女人还得抹点口红，男人穿衬衫，最好还要戴颗袖钉。

第二，也是更重要的一点，我们在任何场合下，使用一个 PPT 来讲话的目的，是更好地帮助你说服对方，并且这种说服是越快越好、越有效越好，而不是彼此之间纠缠了半天，最后才勉强达成目的。

真实的情况是：你口才越好，越应该使用 PPT，因为它会让你如虎添翼。

所以，这也就回答了我前面故意按下不表的那个问题：这一章的内容是为了教你快速地做一个有效的 PPT。什么是有效？就是你的 PPT 能够帮你更好地说服你的对象、你的观众，不论你的观众是一个人、两个人还是一群人，也不论他们是内部人士还是外界人士。还是那句话：让你的观众通过你的 PPT，更好地认识你、认可你、认准你。比如，面对你的领导，你的方案能够更快地通过；面对客户，你能够更快地拿下项目；面对投资人，你能够更快地拿到资金；面对一大堆你不认识的粉丝或者观众，你能够让他们更快地记住你……这些都是因为你使用了一个有效的 PPT 配合你讲话，从而产生了更好的说服力。

基于我自身多年做 PPT 的经验，我总结了一下，我们之所以对于做 PPT 有这样那样的问题，甚至很多人还有一点恐惧，其实都来自以下四个根源。

第一个根源是把 PPT 的角色给弄错了。

很多人一做PPT，就试图用PPT来取代自己要说的内容，就像我经历的第一个阶段，满屏幕的文字打上去。这就是我们通常所说的"照本宣科"。甚至我们会看到，有些人在会议室做提报，或者在舞台上演讲的时候，会背对着观众讲话，因为他要看着PPT从头读到尾。在这种情况下，当你做PPT的时候，也是恨不得写一篇文字稿，然后在现场一字不漏地把它念出来，并且还指望观众会听得津津有味，怎么可能呢？所以，这属于对PPT的角色产生了严重的认知错误——PPT不是用来读的！

第二个根源是太局限于PPT的常规制作手法。

通常我们做PPT时，都会在前面放一个目录，便于观众提前知道今天要讲的主要内容是什么，然后依次列出来。这种手法和结构，其实完全没有必要，我建议你即便是在公司内部做工作提报，也尽量不要采用这种章节式的PPT。因为通常情况下，PPT的一个章节和另一个章节是有承接关系的，但也是各自独立的，再加上如果你前面一个章节和后面一个章节没有衔接好，或者前面一个章节不那么精彩，这时候就更加不吸引人了。事实上观众更期待我们讲的PPT是从头到尾一气呵成的。

第三个根源是太过于注重PPT的外在形式。

也就是我们太想把PPT做得漂亮、做得尽善尽美，恨不得观众一看到我们的PPT就叹为观止，于是做PPT的时候我们就拼命地给它"穿金戴银"，拼命地抠细节，正如我在第三个阶段所做的那样，以至于在设计和所谓的美感上，耗费了太多太多精力，明明这个PPT可以一小时做完，结果做了一两天，乃至一个星期。这是我们做PPT的一大误区，也是我们所说的"快速"和"有效"的一个大敌。

第四个根源是PPT缺少灵魂。

因为没有灵魂，所以枯燥无味，观众无法被你打动。大家看完整个PPT以后，好像看了一场热闹一样，什么也没记住。或者感觉有点道理，但又似是而非，不知道道理究竟在哪里。

那么，什么是一个PPT的灵魂呢？

请记住：若一个PPT做得有灵魂、令人印象深刻、久久不能忘怀，绝对不是因为它设计得有多漂亮,而是正如我们在上一章"强力符号放大器"中所说的,在于你给观众的心里钉了几颗钉子,你在观点和理念上给观众解决了什么问题。

这才是一个有效的 PPT 真正的灵魂所在。

针对以上四个根源,我要给你介绍第三个应用工具,叫"PPT 思维田字格"(见图 3-5)。

应用工具三:PPT 思维田字格

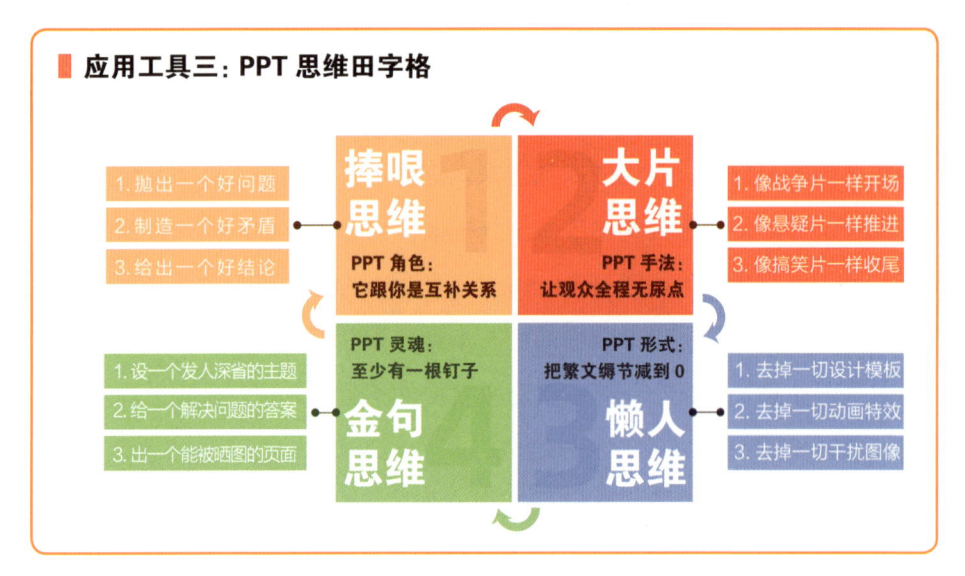

捧哏思维	大片思维
1. 抛出一个好问题 2. 制造一个好矛盾 3. 给出一个好结论 PPT 角色: 它跟你是互补关系	1. 像战争片一样开场 2. 像悬疑片一样推进 3. 像搞笑片一样收尾 PPT 手法: 让观众全程无尿点
金句思维	懒人思维
1. 设一个发人深省的主题 2. 给一个解决问题的答案 3. 出一个能被晒图的页面 PPT 灵魂: 至少有一根钉子	1. 去掉一切设计模板 2. 去掉一切动画特效 3. 去掉一切干扰图像 PPT 形式: 把繁文缛节减到 0

▶ 图 3-5

但是,首先请你千万记住一句话:做一个有效的 PPT 的过程,其实就是你不断操练如何让观众不断点头的过程。

简单地说,有效的 PPT,就是要让人看了之后不断点头。一页一页地看下来,一页一页地点头,中间只要有一页 PPT 让人摇头了,这个点头的过程就断裂了,你的说服力也就打了一个大折扣。

所以,"PPT 思维田字格"这个应用工具是专治观众摇头、专治以上四个根源的,可以说它既是心法,也是做法,只要你老老实实照着去做,一次一次地反复操练,就一定能越来越快地做出一个有效的、能够帮你更好地说服对象的 PPT。

下面我们就对照这个工具,逐个来拆解一下这四个心法。

▶ 心法一：捧哏思维

前面我们说过，如果你试图用 PPT 来取代你要说的内容，这是严重的角色认知错误。那么，PPT 的正确角色应该是什么呢？其实它跟你本人应该是一种互补关系。也就是说，不论你是坐在会议室里，还是站在舞台上，当你跟 PPT 在一起的时候，你俩应该像一枚硬币的一正一反，或者一块磁铁的一阴一阳，或者一道声波的波峰和波谷，你俩合在一起才是完整的一体。那么，这个时候就是你和你的 PPT 之间最佳的一种状态。

记住：你所说的话和 PPT 上所写的内容，尽量不要重复。但我们平时经常是反着来的，也就是 PPT 上写什么，我们就念什么。所以，从现在开始你需要知道，真正出彩的 PPT，跟你讲话的内容是不重复的，如果重复了，很大程度上就是照本宣科。

举个例子：比如我在任何地方讲话，如果需要做自我介绍，当我的 PPT 上出现了我的个人介绍这一页时（见图 3-6），我很少这样来介绍自己：

▶ 图 3-6

"大家好，我叫峰帅，视频号叫'峰帅聊营销'。我是一个 21 年的职业营销人，也是一个专业的写作者……"

通常我都不会说这些，因为当 PPT 打开的时候，这些个人信息其实观众自己已经在看了，而这时候你要说的内容，应该是跟 PPT 上的信息相关，但又不完全是 PPT 上的内容。所以，我一般会比较轻松地说一说我是一个怎样的营销人，我的强项是什么，主要做过哪些项目，除此以外我还有哪些"斜杠"，等等。这样一来，我的 PPT 和我之间就产生了一个互补性的职能分工，我和它在做同一件事，但说的又不是同样的话，在单位时间里，观众立刻就会对我有一个更加立体的认知。

所以，我们与 PPT 之间的这种状态和关系，就如同相声里的逗哏和捧哏。

其实，很多人对于捧哏演员这个角色是有误解的，认为捧哏演员就是在台上有的没的说几句闲话，基本上没什么用。

我小时候因为没有太多电视节目可以看，就非常喜欢听相声。如果你对相声艺术有一个比较全面的了解，你就会知道捧哏演员在整个节目中，其实有三个非常重要的作用：

第一个作用是"穿针引线"。比如我们听郭德纲、于谦他俩说相声，于谦经常会在边上说"怎么了？""像话吗！""然后呢？""好家伙！"这些话听起来没什么太大意义，但是如果你把于谦的这些话给抹掉，你会觉得郭德纲的话是断开的，就没那么好玩了。

第二个作用是"递火点鞭"。逗哏演员如果要点一串鞭炮的话，捧哏演员得立刻递一个火过去帮他点着，这就是我们现在说的"引爆"，从而让逗哏演员的包袱抖得更加出人意料。

第三个作用是"火上浇油"。这个意思非常简单，就是逗哏演员的这把火在烧，讲得正起劲的时候，捧哏演员再浇点油上去。比如，岳云鹏有一个相声，名字就叫《火上浇油》，你可以看到孙越是如何给岳云鹏火上浇油的，从而让他的包袱抖得全场不断。

所以捧哏这个角色的存在，会让整个相声节目变得流畅丝滑、惊喜连连。因此相声界有句话，叫"三分逗，七分捧"，显然已经十分明确捧哏这个角色的重要性了。事实上有很多著名的逗哏演员都是捧哏演员给捧出来的。什么叫"捧"？就是给你站台、给你捧场，甚至很多逗哏演员还是捧哏演员的徒弟。所以在相声界，如果只会逗不会捧，会被称为"瘸腿"。而且我们都知道，如果一个相声只有逗哏演员，没有捧哏演员，那叫单口相声。

同样，我们在汇报工作或者演讲的时候，假如没有一个优秀的 PPT，即便你的口才再好，现场的说服效果也一定会大打折扣，因为 PPT 对于我们表达的重要性，跟捧哏演员是一样的：它得跟你演对手戏，得跟你角色互补，得跟你一起把整场表演给完成了。也正因为它得跟你演好一场对手戏，当你在做一个 PPT 的时候，一定要检验它有没有做到以下三点：

第一，在必要的地方，你的 PPT 有没有替你抛出一个好问题？

第二，在关键的地方，你的 PPT 有没有替你制造一个好矛盾？

第三，当你说了一堆话之后，你的 PPT 有没有替你给出一个好结论？

下面我们就来分别说一说，PPT 的这三个捧哏作用到底是什么。请注意，我在拆解每一个心法的时候，会随时举例说明，或者给出一些示意图，但是为了避免不必要的麻烦，我只举我本人的案例，或者我身边同事的案例，而不举任何人的反例，所以你只能看到我在告诉你"你可以这么做"，而不会看到"不要那样做"。

抛出一个好问题

从语言学的角度看，在我们所有的语句里面，最能够引起观众兴趣的是疑问句，其次是感叹句，因此，所谓"抛出一个好问题"指的就是：你得替你的观众——你的领导、你的同事、你的客户、你的投资人、你的粉丝等——问一个他们所关心的问题，而不是你自己想当然的问题。这个道理其实于谦也讲过，他说优秀的捧哏演员，就是替观众抛问题给逗哏演员，并且这个抛问题的时间点要把握得恰到好处。怎么样叫恰到好处呢？我根据自己的经验，总结出一个简单的标准：当你在做 PPT 的时候，至少在开头、中间和结尾都要抛出一个好问题。但是你的问题千万不要过多，否则就会令人厌烦，观众心里就会犯嘀咕："你有话就直说吧，别问了！"

那么，为什么要按开头、中间、结尾这样的顺序来抛出问题呢？

在 PPT 的开头抛出一个好问题，是为了迅速吸引观众的注意力。在中间抛出一个好问题，是为了把你在前面所说的一切，像沙漏一样汇聚到一个焦点，以便在后面继续提出你的观点或者方案，同时还能再一次将观众的注意力吸引过来。而在结尾的地方抛出一个好问题，是为了让观众能够深刻地记住你所说的那个结论。

举一个例子：

2020年11月，我的视频号做得还不错，在营销垂直领域也算有点影响力了，于是上海的一家商业协会请我去做一场关于视频号的培训，也就是给协会里那些会员们（大部分都是商人）讲一讲，到底应该如何做视频号。

我在PPT的第一页就提出了一个问题："做好一个视频号，对你的生意到底有多重要？"（见图3-7）可想而知，任何一个生意人，当他看到"你的生意"这四个字的时候，一定会感兴趣，然后一定会若有所思，想听我后面要说的话。

然后，我把视频号放在了整个微信生态的闭环里，给他们做了一番分析以后，我告诉他们：视频号现在就是你的一张超级名片，同时也是你做生意的一个超级入口，你自己说重要不重要？（见图3-8）

▶ 图3-7

▶ 图3-8

这时候我的第二个问题来了：那我们到底应该如何笃定地去做一个优质的视频号呢？（见图3-9）在这个问题里面，有两个词会吸引他们：一个词是"优质"，也就是说不但要做视频号，还得做一个优质的视频号；另一个词是"笃定"，也就是说不但要做一个优质的视频号，还必须是笃定地做一个优质的视频号。为什么呢？因为很多人做视频号的时候其实是一种非常焦虑的状态。

紧接着，我根据自己的经历，把我认为应该如何笃定地做一个优质的视频号的七大经验，跟他们做了一次详尽的分享（见图3-10）。

▶ 图 3-9

▶ 图 3-10

但是我们都知道，作为生意人，最关心的事情当然是变现。所以在临近结尾的时候，我在 PPT 上抛出了最后一个重要的问题：通过前面的学习，你认为视频号最大的价值是它的变现能力吗？（见图 3-11）这个问题一抛出来，毫无疑问又会引起大家深深的思考：最大的价值到底是不是变现呢？如果说不是变现，那我做视频号干吗？如果说是变现，那峰帅为什么会问这样一个问题呢？

而事实上我之所以问这样一个问题，是为了让大家记住最后一个重要结论，那就是：如果你想让你的视频号在你的生意中真正发挥作用、发挥赋能的价值，你就必须首先把你的生意闭环看透彻，然后在你的生意闭环中，找到那个视频号可以发力的"赋能点"，这样你的视频号才能对你的生意帮助最大，否则你就只能用它来搞点小钱（见图 3-12）。关于"赋能点"这个概念，在后面的章节内容里，我还会专门详细讲解。

▶ 图 3-11

▶ 图 3-12

通过这个实际例子你可以看到，我的 PPT 在开头、中间和结尾分别抛出了一个观众可能很感兴趣的问题，然后我带着他们在这三个问题之间游走，从而把我想要让他们了解的信息传递出去。

但是这里面就涉及另一个问题了：我们经常说，为了达到吸引现场观众的效果，"讲故事"是一种很重要的方式，那么我们到底要不要讲故事呢？

我的看法是：讲故事当然好，但是由于它违背了快速、有效地做一个PPT的标准，所以除非你的故事足够精彩并且足够简短，否则我建议你还是把构思一个故事的心思，好好用在提出一个好问题上吧！而且，虽然我自己也一贯提倡"故事思维"，但是这个故事思维指的并不是一定要在PPT里讲一个故事，而是你整个PPT或整个演讲听起来具有很强的"故事性"，这个故事性来自一个非常重要的词，叫"矛盾感"。

制造一个好矛盾

什么是矛盾？简单地说，就是冲突感和意外性，就是"挖坑"——你的对手戏演员给你挖了一个坑，然后你再把坑给填起来。所以，一个有效的PPT，必须能够找到机会给你挖坑、给你制造矛盾，从而给你更好的表现机会，就为了让你表达一些更深层次的观点。

那么对于PPT而言，怎么样叫挖坑呢？

挖坑，有的时候是把自己前面说的内容故意给否掉，而有的时候是要在之前内容的基础上，突然来一个反转或者升华，给人一种出乎意料的惊喜感及认同感。

这里我再跟你分享一个小案例：

几年前，我跟一个大客户谈合作，已经谈到了要签约的阶段，我就给他们做了一个关于合作事项的PPT。其中有几页非常重要的PPT，内容是我在会上提出双方应当采取怎么样的一种合作方式。

我首先提出来，甲乙双方在做品牌建设和传播的工作中，通常是这样的一种合作模式：甲方给乙方派活，然后乙方开始干活，或者拼命地加班赶活。在这个过程中，甲方因为各种原因，时不时地还会来催活。于是乙方继续干活，或者拼命地加班赶活（见图3-13、图3-14）。这时候客户觉得：没错，的确是这么回事儿。当然，双方都知道，这种合作模式是不好的，乙方累，甲方也累，但是大家普遍都这样，没办法。

▶图 3-13　　　　　　　　　　　　　▶图 3-14

于是我紧接着就提出来，我希望我们双方今后的合作是一种优秀的合作模式：乙方应当具备主人翁精神，能够时刻想在客户前面，不能老等着客户来"喂饭"给你吃。所以这个派活的任务应当由乙方来做，乙方定期给甲方派活。但是甲方毕竟是甲方，甲方需要干什么呢？需要定活——乙方又给我们提建议、给我们派活了，这个活我们要不要干？这件事到底要不要做？所以甲方是来决定任务角色的（见图3-15、图3-16）。一旦甲方定夺下来"干"，那么乙方就开始干活，然后甲方阶段性地继续定活，直到工作最终完成。这时候客户觉得"不错"，这样的合作好，你主动了，我也不至于那么累。

▶图 3-15　　　　　　　　　　　　　▶图 3-16

但是我又告诉客户：其实这仍然不是最佳方案，还应该有一种最优的合作模式，应当是甲乙双方谁也别给谁派活，因为我们是平等的，你出钱、我出力，都是为了把你的品牌建设和传播工作给做好，所以我们谁也别使唤谁，应该阶段性地一起开会定任务，这才是最科学的、最合理的、最友好的合作模式，你替我考虑、我替你考虑，大家一起冲着一个目标，拧成一股绳，把事情干好（见图3-17、图3-18）。

▶ 图 3-17　　　　　　　　　　　　　　▶ 图 3-18

所以你可以看到，我前面所有的 PPT 以及所说的一切，都是在给自己"挖坑"，当最后两页 PPT 出来的时候，突然来了一个反转，但最后却引起了客户更大的认同感，所以最后这个客户跟我们愉快地签约了。

给出一个好结论

什么是好结论？其实就是你某个一锤定音的观点。

换位思考，假如你是一个观众，其实你在看一个人的 PPT 时，你心里期待的永远都不是那个过程，而是他的结论，是他的观点，甚至是他给出的一个解决方案。尤其当我们做商业性的 PPT 时，给出观点、给出结论、给出清清楚楚的解决方案，永远是最重要的。所以，再缜密、再精彩的 PPT，讲了半天最后也必须通向结论，如果没有结论，那就是 PPT 里的"烂尾楼"，结果就是观众不会记住你 PPT 里的任何信息，隔夜就全忘了。这里需要注意一点：给出一个有争议的结论是不是好结论？也就是说，你给出的结论有人非常赞同，有人认为不对，这样好不好？我的观点是：对于个人品牌而言，一个有争议的结论也是好结论，甚至可能是最好的结论。

事实上根据我自己的经验，哪怕是我们在给小孩子讲一个 PPT，他们最终期待的也是希望看到你给出一个结论。比如，我女儿上幼儿园中班时，有一次我被他们班主任请去给孩子们讲一堂课，我就讲了一堂关于汉字演变的启蒙课。我做了一个 PPT，给小朋友们展示了很多图片，从甲骨文到金文，到竹帛书，到最后写在宣纸上的汉字……小朋友们全程听得非常带劲儿，但是最让他们感到有意思的是，最后我告诉他们：其实汉字也跟你们一样，有一个生长的过程，也是从婴儿期长到幼儿期，再长到少年期，再长到青年期，再长到壮年期（见图3-19、图3-20、图3-21）。这个结论小朋友们听懂了，觉得非常好玩。而这个结论，对这些孩子们来说，可能会是一辈子的烙印。

▸ 图3-19　　　　　　▸ 图3-20　　　　　　▸ 图3-21

所以，作为一个捧哏演员，你的PPT必须把握时机，把你要表达的结论清晰地呈现出来。你的结论可以有 N 个，但是请记住：最主要的结论只有一个，那就是你PPT里最核心的那个主题。关于这一点，我们后面还会再进一步讲到。

以上我们详细拆解了快速有效地做一个PPT必须掌握的第一个心法——捧哏思维，这也是我们这一章的主题。PPT思维田字格明明有四个思维、四个心法，为什么我偏偏要用"捧哏思维"来做标题呢？道理很简单，因为我首先要纠正你对于PPT的角色认知错误。当纠正了你对PPT的角色认知错误后，其他几个层面的问题在很大程度上也就迎刃而解了，因为你看待PPT的思维方式跟过去不一样了。正如古人所说：看山不是山，看水不是水。PPT仍旧是PPT，但已经不再是你曾经以为的只供你照本宣科的那个PPT了，而变成了你表达自己的一个亲密伙伴，一个和你演对手戏的好搭档。

▸ 心法二：大片思维

这个心法解决的是我们做PPT的手法问题。

如果我问你"你觉得大片和烂片，它们的区别在哪里"，你可能会说，大片是大投入、大制作。其实那不叫大片，最多叫"大成本片"。很多不是大制作、大投入的电影，在它自己的类型和领域里也是大片，比如我们熟悉的著名影片《美丽人生》《小岛惊魂》《我是传奇》等，虽然投入的成本都不高，但我认为它们都是大片。相反，有些号称大投入、大制作的电影反而不是大片。

由于我本人也是一个小说写作者，我衡量一部电影是不是大片，有三个简单的标准：

第一，它有没有一个引人入胜的剧情，这是编剧问题。

第二，它有没有一个能够时时抓住观众情绪的节奏，这是导演问题。

第三，它有没有一个能够让人赏心悦目，或者看完以后让人记忆深刻的气氛，这种气氛有时候来自非常棒的场景，有时候来自剧情跟观众暗暗的"互动"。

你可能会说：这又是编剧、又是导演、又是气氛的，扯远了吧？这跟 PPT 到底有什么关系？在做一个有效的 PPT 这件事上，事实上我们所谓的"大片思维"，它带给我们三个非常重要的启发：

第一，你的 PPT 要像战争片一样开场。

第二，你的 PPT 要像悬疑片一样推进。

第三，你的 PPT 要像搞笑片一样收尾。

无论你的 PPT 在什么场合出现，也无论你的 PPT 有多长，都逃不出开头、中间和结尾这三个最核心的部分，其实这也是大片比烂片在处理手法上高明的三个最核心的要素。退一万步说，就算你再不会做 PPT，如果把这三个核心要素处理好了，你的 PPT 也不会太差，不会一点儿效果都没有。

像战争片一样开场

请你想一想，战争片一般是如何开场的？如果你去看一下《珍珠港》《集结号》《金刚川》《长津湖》这些战争片，张扬一点的开场，上来就是炮声、惊天动地，含蓄一点的开场，是静悄悄的十面埋伏，但是你知道战斗即将开始。这都是为了制造一种强烈的紧张感或者带入感。

那么运用到做 PPT 上面，如果要制造 PPT 开场的紧张感，你有三个手法可以选择：

第一，你可以抛出一个引人深思的问题。比如，你要做一个关于学前教育的PPT，你可以抛出这么一个问题："学前教育，起步晚的真的落后于起步早的吗？"观众大多会去思考这个问题。

第二，你可以亮出一张引人深思的图片。比如，你要做一个关于环境整理和个人管理的PPT，你可以先展示一张图片：一间屋子堆满了乱七八糟的物品，连狗都没地方待了。这时候观众一定也会觉得有点好笑，并引起思考。

第三，你可以放出一段引人深思的短片。比如，你要做一个关于新媒体创业的PPT，你可以先放一条比尔·盖茨入驻视频号的短片，也会引起观众的兴趣和思考。

但是要注意，很多人喜欢在PPT中插入视频，觉得这样会引人注目，但是根据我的个人经验，在PPT中插入一段视频的最佳时间只有一个，那就是开头。为什么？因为只有在开头播放视频的时候，你才能最大限度地确保几乎所有观众能够从头看到尾，而此后能不放就尽量不要再去放视频，除非真的是内容本身需要。

不知你注意到没有，我在说以上三个手法的时候，反复使用了"引人深思"这个词。为什么要引人深思？因为这就是你的观众所能回馈你的一种最佳的紧张感——他都已经深思了，能不关注你的PPT吗？

而且请你必须进一步注意，我所说的像战争片一样开场，指的不是你PPT的第二页，也不是第三页，而是第一页。你可能会说："第一页不是应该放主题吗？"但是现在我要告诉你：第一页不要出现主题，要等到你的观众情绪起来了，被你带到你的内容气氛里去了，你再亮出你的主题。这其中的道理就跟制作大片一模一样，我们在看电影的时候，并不是一开始就出现影片名字，而是先出现一个带剧情的片头，然后再出现片名。

这也是我在演讲中惯用的一个"伎俩"。

举个例子：有一次我在广州做一个主题演讲，内容是关于视频号对生意的战略性意义。我在开头用了两页PPT，花五分钟时间先讲了一个我所看到的现状，就是很多创业者对自己的生意模式普遍都非常迷茫（见图3-22、图3-23）。讲完这个现状以后，我才引出整个PPT的主题，叫"闭环力"（见

图 3-24）。这时候我发现，观众的眼睛巴巴地盯着这个主题看，很多人还举起手机来拍照。但是如果在 PPT 的第一页中就出现这个主题，它就会一闪而过，完全达不到这种"请君入瓮"的效果。

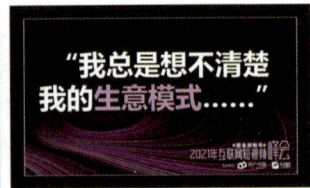

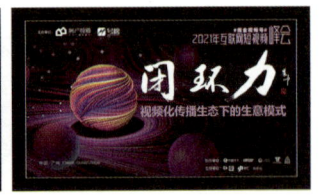

▶ 图 3-22　　　　▶ 图 3-23　　　　▶ 图 3-24

像悬疑片一样推进

悬疑片之所以叫悬疑片，我总结了这么几个特征：

第一，它会不断地制造疑团——这个人好像是他杀的，又好像是另外一个人杀的，迷雾重重。

第二，它会在某个地方突然来一个反转——你以为这个人是好人，搞了半天他才是幕后黑手，然后剧情继续往前推进。

第三，真相大白——原来是这么回事，真是构思巧妙！

为什么悬疑片要使用这些手法？因为制造疑团是为了逼着你思考，突然来一个反转是为了让你措手不及，而真相大白是为了让你恍然大悟。所有这一切都是为了达到一种效果，叫"步步惊心"，也就是时刻引起你的关注、抓住你的情绪。

我们做一个有效的 PPT，其实就是要借用悬疑片的这些元素，用悬疑片的手法把 PPT 往前推进。也许你只在某一两个地方加了些疑团、来了个反转，但是它所起到的效果，常常是非常惊人的。

还是拿前面我提到的那场主题为"闭环力"的演讲 PPT 来举例。

在那一场演讲中，我最后的目的其实是要阐述并推介我们俯头帮营销平台这个项目的商业模式，从而用它来反向说明"闭环力"对于每个人生意模式的重要性。所以当我引出了"闭环力"这个主题以后，我又继续提出了一连串的问题来制造疑团、制造反转。例如，我说流量其实不重要，重要的是流量从什么地方进来，也就是入口思维更重要；接着我又说，做生意自己获利其实不重要，让别人先获益才更重要，所以我们需要平台思维；然后我又说，其实我们每个人都是厨师，以前作为一个厨师，只能做菜、卖菜，但是现在厨师还可以同时卖菜刀，这是互联网环境下的多点思维；最后我说，做生意不但需要别人来投资你，你同时也应该去投资别人，从而获得资源的共享，所以每个创业者都应该具有投资思维（见图 3-25）。

▶ 图 3-25

我所讲的以上这些内容，全都引起了在场观众的思考，事实上即便我只讲这些也已经足够回味了，但是在经历了这么多个疑团和反转以后，我突然又来了一个升华，我说："那么有没有一种生意模式，可以同时把以上四个思维全部打包，体现在一个项目上呢？如果有，那它就接近于独一无二了。"这时候我才把俯头帮这个项目给抛出来，观众到这里才明白：原来你是在做广告，而且这个广告做得还非常有料。

那场演讲结束以后，加我微信的朋友有 300 多个，我在酒店里回复到凌晨两点多钟，很多人现在已经跟我很熟悉了。应该说那场演讲是比较成功的，其中一个很大的原因我认为就是：我在整个演讲 PPT 的主体内容里，使用了悬疑片的手法。当然，要做到像悬疑片一样推进 PPT 的内容，是有一定难度的，所以你在做 PPT 的过程中，千万不可随意为之、草草了事，你需要不断操练，直到形成一种思维惯性。因为只有这样，你才能站在一个高起点上，去做一个在本质上就高人一等的 PPT。

像搞笑片一样收尾

这里说的搞笑，并不是指你非得无厘头搞怪，而是指一种"皆大欢喜"，它其实更像是我们每年春节看的贺岁片的结尾，演员们有时候汇聚在一起，跟观众来一个有趣的互动，有时候主角会说一番旁白，给观众呈现一个前程似锦、充满美好希望的结局。

比如，我在每次演讲临近结束的时候，都会跟大家做一个小互动，在

PPT上放一个大大的二维码，让大家扫码加我微信（见图3-26），或者在PPT上写一句意气风发的文案，呈现出一个美好的结论（见图3-27），让每个人看了以后都感觉"原来我也是大有希望的"，这都是皆大欢喜的收尾。

▶ 图3-26

▶ 图3-27

以上关于"大片思维"的拆解，都是为了让你在做PPT的时候，可以摆脱固有的那种"章节化"手法的束缚，转变成一种带有承上启下的、有大片感和故事性的制作PPT的手法，从而达到与众不同、令人记忆深刻的效果。但是我必须再次强调：这需要你反复操练。

▶ 心法三：懒人思维

如果前面所说的心法让你感到有点烧脑，我猜这个心法一定会让你感到非常高兴，因为你终于可以做一回懒人了。没错，在PPT的制作形式上，为了达到快速和有效的目的，你就要做一个懒人。

什么叫懒呢？

简而言之，就是在做一个PPT的时候，你得清楚地知道什么事情不要去做。

但是这一部分内容听起来会非常"反常规"，甚至有可能会被专业的PPT老师们批评。但是没办法，为了做一个"快速而有效的PPT"，我们就是应该遵循一些反常规的"懒人法则"。

第一个懒人法则：去掉一切设计模板。

我本人做了20多年的PPT，虽然曾经也买过、搜集过很多PPT设计模板，但是从现在开始，我希望你丢掉一切设计模板。那么如果不用那些现成的设计模板，应该用什么呢？很简单：点开你的 PPT 软件，只用那个白底的模板。或者你可以用一个自己喜欢的纯色模板，比如有的人喜欢黑色，有的人喜欢蓝色，有的人喜欢红色，那么你整个 PPT 就使用这样一个纯色模板就够了。当然，你可以在 PPT 的页眉或者页脚加上自己公司的 logo、口号或者自己的名字，仅此而已。假如你在企业上班，迫不得已必须使用公司统一的标准模板，问题也不大，因为一般情况下，能被一家企业全体员工统一使用的标准模板，也不至于坏到哪儿去。

总之，你要将你手中一切看起来很漂亮的那些 PPT 模板全部删除。比如我自己做 PPT，只采用三种模板：一种是纯白或者纯黑，一种是自己公司的标准模板，一种是演讲之前由活动主办方提供的统一模板。除此以外，我不会把哪怕是一分钟的精力花在去选择其他任何 PPT 模板上。

第二个懒人法则：去掉一切动画特效。

我们都知道，动画特效看起来非常酷炫，但实际上在心理层面，它会让人在观看你 PPT 的过程中反复"出戏"：一会儿这里飞出来一个词，一会儿那里又蹦出来一张图片，无形中都会让观众分神。打个比方，我们在给 PPT 翻页的时候，其实就好像人眨眼睛。我们无时无刻不在眨眼睛，通常你不会注意到它，但如果你在 PPT 里加了太多动画特效，就好像你在一个劲儿地冲人抛媚眼——抛媚眼，别人肯定就会注意到了。于是这个时候，你 PPT 的连贯性，以及整体的讲话内容，就会一次次地被打断。

所以对于那种喜欢在 PPT 里加入动画特效的习惯，你一定要果断抛弃。如果实在要用，在整个 PPT 某一两页需要特别强调的关键页上，偶尔用一下就足够了。至于我本人做 PPT 时，通常会用多少次动画特效呢？

答案是：0 次！从来不用。

第三个懒人法则：去掉一切干扰图像。

前面我们说过，不要轻易在 PPT 中插播视频，要播放最好只在开头播放，那么图片呢？我们经常说"图文结合"，做一个 PPT 不能全是文字。但事实上，绝大部分图片也是多余的。图片的确具有愉悦视觉和引人注目的作用，但是前面学习了"语言钉子"以后你已经知道，真正深入人心的其实只有文字，只有文字信息才会在你心里完成一个从让人"看见"到让人"理解"，再到让人"记住"这么一个过程，并且最后能够在人的大脑中转化成永远不会被忘记的信息，而图片是不具备这一功能的。

所以你在做PPT的时候，应当做到一种极致的状态，就是文字和图片的比例是9:1，最多不要超过8:2。理由很简单：图片是一种感性元素，给人一种感性的认知，而文字却能给人一种理性的认知。因此，当你要快速而有效地做一个PPT、讲一个PPT时，例如你需要讲一个15分钟的PPT，并且要让观众记住这个PPT的主要内容，就一定要以理性元素为主，以感性元素为辅，在关键的地方让观众高兴一下、兴奋一下、刺激一下或者惊讶一下即可，就像做菜时放的味精，稍微放一点可以提鲜，你放多了，菜就不能吃了。

到这里，你一定会忍不住想："一个PPT若全是文字，那这个PPT该有多枯燥啊！"别急，下面我还要告诉你几个做PPT的实操小规则，只要做到这几点你就会发现，你的PPT不但不会枯燥，而且会做得又快又高人一等。

第一个规则：把一切文字进行图像化。

换句话说，就是把文字当成图像来使用。怎么使用呢？很简单，你只需要把一页PPT上的文字尽可能地放大、放大、放大，然后变成一种"块面状"。比如你可以看到我现在做的PPT，字都出奇的大，但问题是放到多大算大呢？我自己通常是能放多大就放多大，如果不是因为PPT页面只有那么大，我会把字撑到屏幕外面去，这是为了确保我在任何一个场景去讲PPT的时候，它是180度无死角的，而一旦你把文字缩小，现场可能会有人看不见。这正是一种懒人思维：我懒得多考虑，只管放大就是了。

但与此同时我还有一个习惯，如果我去一个公开场合演讲或者讲课，我会尽可能事先了解一下，这个场地最远的观众席距离屏幕有多远，以便我了解PPT上最小的文字不能小于几号，因为把文字放大很容易，可是难免还有一些小文字，它们该放多大跟实际场地大小有关（见图3-28）。这一个小习惯，我认为非常适合女生们做PPT的时候拿来借鉴，因为女生通常喜欢精致，很少愿意把自己PPT上的文字放得非常非常大，希望保留一点淑女味，但是又得确保 PPT 是 180 度无死角的，也就是既要让全场都能看见每一个信息，又不会把所有文字都放到最大，这个时候你就可以根据场地的实际情况，找到一个最合适的文字大小，从而体现自己的个性。

此外，还有一种无法忽视的情况：PPT 上有些语句很短，有些语句比较长，短句容易处理，只管放大就是了，但是长句该如何处理呢？

对于长句，我们首先要把它分行，并且分行以后，因为每一行文字的长短不一，所以你一定要通过调整字号大小，把它们变得一样长，从而形成我所谓的"块面状"。这时候你会惊喜地发现，原本是一个很长的句子，现在变成了一个四四方方的图像，同时每一行文字还会自然地形成一种大小不一、错落有致的层次感，有一种稍带凌乱的美感，但其实又是非常规整的（见图 3-29）。这就是我所说的，把一切文字当成图像来处理。

▶ 图 3-28   ▶ 图 3-29

很长时间以来，我只靠这简简单单的一招，在 PPT 的文字排版上"胜却人间无数"。

第二个规则：字体不要用得太多。

我们做 PPT 文字排版的时候，使用软件自带的几款常规字体就足够了。

首选是微软雅黑，因为当你把微软雅黑字体放大、加粗以后，它会显得特别醒目而高级。

其次是宋体或者楷体，这两款字体可以用在一些说明性的小文字，以便跟大文字区分开，并且它俩跟微软雅黑搭配起来非常和谐。

如果你想让文字出挑一些，可以使用方正姚体，这也是一款可以用于强调文字的字体，例如大标题、标语之类的大文字，用方正姚体显得很典雅（见

▶ 图 3-30

图 3-30）。但我的建议是，方正姚体和微软雅黑二选一即可，否则视觉上会有点冲突。

除了这几款字体，其他所有花哨的字体能不用就不用。第一，你选择用什么字体这件事本身就是一件浪费时间的事，并且多数情况下无足轻重。第二，有些字体你用了以后，再换一台电脑打开文件，因为存在兼容性问题，它未必会显示这个字体，有时候你的 PPT 版面还会乱掉，甚至还有版权的问题。

第三个规则：一页 PPT 只说一件事。

很多人就像我曾经经历过的一样，为了讲清楚一件事或者一番道理，喜欢在一页 PPT 中写上大段文字。我们在很多场合都能看到这种情况，这时候观众不由自主地盯着这一页 PPT 去读，根本没法听你到底在讲什么。

所以请切记：如果你在 PPT 上表达一个内容，需要用三句话来讲完它，那就老老实实地把它拆成三页 PPT 去做。道理很简单，假如你没有这样做，而是在一页 PPT 上说三句话，那么这个页面的排版处理就多了一层麻烦，很显然你就得多动一次脑筋。最重要的是，观众一边看你的 PPT，一边听你讲话，这时候他们其实已经走神了。

但是问题来了：有时候一个 PPT 页面需要放很多信息，而且这些信息是没法拆分成好几页的，怎么办？

第四个规则：将复杂的信息图形化。

注意，前面我们说过"图像化"，把文字变成图片来处理，而这里说的是"图形化"，也就是把复杂的信息设计成一个浓缩的图形来呈现。我虽然在这一章里一直在强调"快速"和"有效"，但是这一条规则，是唯一需要你在 PPT 制作上多花一些时间的。你需要好好设计一个图形，也可能需要请你的某个设计师朋友来帮你来做一张精美的图。这个时间绝对不会白费，这一页 PPT 会大大增强你的专业度、信赖感，以及你对全场观众的吸引力，因为图形化本身就是极大的记忆点。

例如我的这门个人品牌课,我在打磨每一堂课的时候,最后一定会把我梳理的诸多信息,设计成一个应用工具图,因为我知道,每一张图都会带给你非常深刻的印象,你即便学完了整门课,日后也会反复拿出来看,并且你还会把它们发到朋友圈——这一点我们后面还会着重讲。

所以,把复杂的信息变成图形化,是做一个有效的PPT时非常重要的手段。

第五个规则:PPT整体的色彩搭配一定要和谐。

做一个PPT,有人喜欢暖色系,有人喜欢冷色系,这都没有关系,但是请你一定不要把PPT的色彩搭配搞得花里胡哨。如果你是公开演讲,最好也能够事先了解一下整个现场的环境色,尤其应该知道,当灯光打起来以后,它的环境色是什么样子。如果整个环境色以紫色为主,那么你的PPT色彩最好也是紫色系,如果环境色以蓝色为主,那么你的PPT最好也是蓝色系,以便让它跟环境融为一体,让观众形成一种视觉上的"沉浸感"。

此外,如果你是上台演讲,那么你还要考虑一下自己的着装颜色,让你的着装也跟你的PPT、跟整个环境形成一个相对和谐的搭配。比如,当我上台演讲的时候,通常不是全身黑色就是全身白色(见图3-31、图3-32)。这也是典型的懒人思维,因为黑色和白色可以百搭,在任何环境色里都不会产生违和感,所以我通常不用花太多心思去考虑我上台到底应该穿什么颜色的衣服。

▶ 图3-31

以上就是在PPT的制作形式上,我给出的五个小规则。如果你仔细研究会看到,其实这些规则无不遵守我们在上一章讲"强力符号"时提出的一个原则:信号强度大于好不好看。对于PPT而言也一样,你的PPT能够向观众发出的信号强度,远比PPT

▶ 图3-32

做得好不好看重要得多。但事实上，当你真正掌握了这些规则和招数，即便只用视觉效果来衡量，你的PPT也已经高出他人太多。最关键的是，它不用花费你太多时间，你再也不用像过去那样绞尽脑汁地想：到底应该如何把PPT做得好看呢？你只需要用这些简单的方法，扔掉一些东西，同时再强化一些东西，它呈现出来的效果就是一种"简单之美"。

这就是整个"懒人心法"要达到的一个目的：快速！快速！快速！

▶ 心法四：金句思维

这个心法如此重要，以至于我必须在后面还要用单独的一章来讲它。在本章里，关于做PPT的金句思维，你只需先掌握三个重要原则即可。

原则一：设一个发人深省的主题。

这里需要再次强调：当你在做一个PPT时，你的核心主题永远不是编出来的、不是想出来的，而是从你的价值观和你的行业理念中"长"出来的。事实上你做任何PPT，无论是对内的还是对外的，也无论观众是谁，你所设定的核心主题，必须基于并且符合你自己的核心价值观，因为只有当你基于自己固有的价值观或者行业理念提出一个主题的时候，你提炼出来的那句话，以及你要讲的所有内容才会深入人心，才会对你的个人品牌产生不断的叠加效应，这跟我们之前所说的提炼个人品牌符号是一样的道理。

所以，如果你把PPT当作一个产品来看，你所提炼的那个核心主题一定要明确而犀利，一定要斟酌再斟酌，因为这个核心主题就是PPT这个产品在观众心里最重要的一根"钉子"。

比如，我曾经做过三场非常重要的演讲，主题分别是"赋能点""闭环力""众人赋能众人"，其实这恰恰就是我基于自身"长线主义""保底思维""在利他的前提下利己"这些核心价值观，所提炼出来的最重要的三个行业理念。除了这些演讲，我平常在给任何人、任何企业做培训时，也始终是基于这些核心价值观和行业理念，去提炼PPT的其他主题的。

所以这一点极其重要：你一定要基于自己的核心价值观和行业理念，去设定一个犀利的 PPT 主题，唯有这样的主题，才称得上是真正的金句。

原则二：给一个解决问题的答案。

关于这一点，我们前面在讲"捧哏思维"时已经提到过，就是一定要给观众一个或者 N 个解决问题的答案，因为整个 PPT，就是通过你所给出的一个一个答案进行连接的，并且为了让观众牢牢地记住这些答案，你必须用一个一个非常精简的金句，来概括这些答案。

可以毫不夸张地说，你的 PPT 就是为了这些"金句化的答案"而生的，不然你要告诉观众什么、你要说服他们什么呢？比如，在我的 PPT 里面，谈完每个问题以后，我一定会给出一个明确的答案，例如关于如何写一句有效的个人品牌口号，我在一次课上列举了诸多我所写过的案例以后（见图3-33），最后还必须给出终极答案："传递真价值、解决真痛点、下达真指令"（见图3-34）。而这样的答案本身，毫无疑问就是一条金句，因为它给出了非常清晰明确的解决方案。

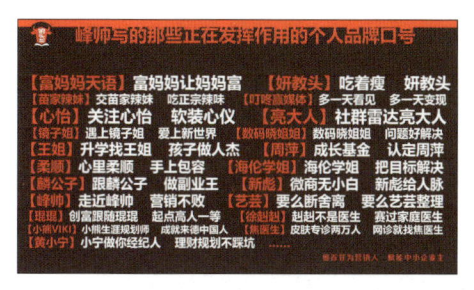

▶ 图 3-33 　　　　　　　　　　▶ 图 3-34

原则三：出一个能被晒图的页面。

这个原则更加有意思。我们都知道，现在大家稍微遇到一点觉得有价值或者有意思的事，就喜欢拍照、截图，然后转发到朋友圈，包括我们在现场听讲座、看演讲，很多人都会随时拿起手机拍照。有些人自然是为了把这一部分内容保存下来，以后可以拿出来再看看，但更多的是为了发朋友圈、晒图。

所以，我给出的"金句思维"第三个的原则是：在你的整个 PPT 中，至少要有一页能够让人想晒朋友圈的内容。

也就是说，你的 PPT 能否被人拍照、被人转发、被人晒朋友圈，是检验你的 PPT 在你的工作汇报中、在你的讲课中、在你的演讲中是否有效的终极标准。

换句话说，如果你的 PPT 在现场说得再好，听的人连一点拍照保存或者想晒朋友圈的冲动都没有，那么这个 PPT 无论如何都不能算是真正有效和成功的。并且据我观察，那些被拍照、被发朋友圈的 PPT 内容，往往都是一个金句。

那么，什么样的金句会被人拍照和转发呢？有三种类型，你务必注意。

第一，就是我们前面说的，你整个 PPT 的核心主题一定要雕琢到能够一箭穿心、让人看了就想转发的样子。

例如我的演讲 PPT 主题，为什么有时候会专门用毛笔字去把它给写出来？首先是因为这个主题本身我提炼得比较用心、比较犀利，然后我用毛笔字写出来，签上我的名字、盖上我的章以后，它就会变得更加引人注目，于是它被人拍下来保存或者晒圈的概率将大大增加（见图 3-35）。你可能会说："我不会写毛笔字怎么办？"那你可以好好地把它美化一下，总之能够增加它的视觉冲击力就行。

第二种更容易被转发的金句，是你抛出来的那些核心的问题。

比如，我曾经在演讲中抛出一个问题说：现在很多中小微企业都面临一个非常尴尬的困境，叫"舅舅不疼，姥姥不爱"（见图 3-36），也就是说，它们在自己所处的整个产业链里面，甲方乙方、上游下游都不待见它们。现场

▶ 图 3-35

的很多人可能都没有意识到这个问题，或者即便意识到了也从没听谁这样明确地提出过，而这时候我在 PPT 上写出来了，于是很多人就会去拍照，然后去晒朋友圈。

第三种更容易被转发的金句，也是我们前面说过的，就是你针对 PPT 里提出的问题，给出的那些明确的答案。

据我观察，有个大概率事件是：当你经过了那么多的推导和讲述，最后把所有问题的答案都汇聚到了一个页面上的时候（见图 3-37），这一页 PPT 是最容易被观众拍照和转发的，因为他们都想把今天看到的宝贵的收获，分享给朋友圈里的人。

▶ 图 3-36   ▶ 图 3-37

总而言之，你至少要有一页能够被人主动转发的带金句的 PPT，而且请注意：被转发的这个页面，大概率就是你整个 PPT 的灵魂所在。

到这里为止，关于"表达利器放大器"的所有内容都讲完了。

信息量一如既往地大，所以请你再次翻到"PPT 思维田字格"这个工具图，在这张图中，我针对每一个思维和心法，都为你对应归纳了三个核心法则，也就是说你只需要搞清楚 12 个法则，就抓住了这堂课的命脉。

如果你仍然觉得复杂，下面我再帮你简化一下记忆：

在四大心法中，假如说"捧哏思维"、"大片思维"和"金句思维"这三个心法是告诉你"要做什么"，那么"懒人思维"其实就是告诉你"不要做什么"。既然不要做什么，那就不要记它了，你只需要知道，什么事情麻烦，你就不要去做。找模板麻烦，你就不要找模板；做动效麻烦，你就不要做动效；找图片麻烦，你就不要找图片。

"捧哏思维"事实上是为了扭转你的角色认知错误的,关于这个思维真正详细的内容,其实主要体现在其他两个心法中,所以严格来说,这个思维你也不需要刻意去记它,只需要内心里装着一个意识:我的PPT不是用来照本宣科的,它跟我是演对手戏的,我跟它必须起到互补的作用!

而"金句思维"主要是为了让你在PPT的某些关键处,知道如何去制造语言"钉子",并且在后面的章节里,我们还要重点去单独学习这个板块,所以这个思维也不用刻意去记它。

所以这样一来,整个这一章你真正需要深入研究和操练的,就只剩下"大片思维"这一个心法了,也就是如何摆脱"章节化"的约束,像大片一样一气呵成地去思考、去做一个PPT,从而使得看你PPT的观众全程被吸引。这才是你需要不断去深思和操练的。

毕竟无论如何,操练大于理解。

核心内容回顾

这一章的核心内容是关于"如何快速地做一个有效的PPT",从而提升你对外界的表达力和说服力。可以说,这一能力是很多人在经营个人品牌的过程中被严重忽视的。我首先基于自己20多年做PPT的历程,跟你讲述了我所经历过的四个阶段,以及踩过的三个阶段的坑,然后向你分析了我们在做PPT中遇到的所有困惑、问题甚至恐惧,都来自四个根源上的问题,也就是对PPT的角色认知问题、做PPT的手法问题、PPT的形式问题,以及PPT的灵魂缺失问题。然后针对这四个根源,我给了你一套实操应用工具,叫"PPT思维田字格",或者叫"PPT心法田字格",并为你拆解了它的使用方法。基于这个应用工具,我们可以有效地根治PPT的四个根源性问题,通过反复的操练,把我们的PPT做得又快又有效。

第四章
魔力演讲放大器

演讲，是你销售你自己的最后一台"贩卖机"！

在上一章里，我们学完了"工欲善其事，必先利其器"的那个"器"，也就是如何做一个有效的PPT，那么这一章我们就开始学习其中的那个"工"，也就是跟你的PPT一胎双生的"魔力演讲放大器"。

曾经有学员私下问我：学习PPT的时候，主题叫"PPT，就是你的'捧哏演员'！"，那学习演讲，主题是不是应该叫"演讲，就是你的'逗哏演员'！"呢？我说，如果是这样一个主题的话，那这节课就不用讲了，为什么呢？因为演讲本来就是逗哏演员，那是天经地义的事，所以它说明不了问题。而我们这门课的任何一堂课，都跟你个人品牌的放大有着直接的、紧密的关系，演讲自然也不例外。

那么，演讲与个人品牌，又有着怎样的直接关系，它到底意味着什么呢？

我们先从峰帅的一场直播首秀说起。

很多人可能都知道，在2020年10月10日，我做了一场收费的直播首秀，而在此之前，我从未做过任何直播（见图4-1）。当时的背景，我在"导言"里说过，我们想做一个俯头帮营销平台，却无论如何也招募不到优秀的、合适的导师，后来我慢慢积蓄了一定的势能，于是我们就准备正式对外官宣俯头帮这个项目。所以很显然，我的那一场直播首秀，真实的目的就是推介俯头帮这个平台，然后开始公开招募导师。但是我做了一些策略性的设置，在整个直播中安排了三个板块的内容：

应用工具四：演讲双齿轮驱动模型

故事驱动
1. 因你而起 —— 一个你避不开的问题
2. 与你有关 —— 一个你猜得到的结果
3. 对你有利 —— 一个你摸得着的机会

情绪驱动
1. 价值情绪 —— 把产品转化成价值
2. 梦想情绪 —— 把价值转化成梦想
3. 信仰情绪 —— 把梦想转化成信仰

观众视角，说服导向！

第一块内容，是"如何笃定地做一个有效的视频号"。我当时在直播，一共讲了半个小时，分享了我做视频号以来很多有效的经验。

第二块内容，是大家做视频号以后都十分关心的一个问题，即如何变现以及持续变现。

到了第三块内容，我才开始正式向大家推介俯头帮，以及讲招募导师这件事。

直播中的一些细节就先不说了，这里我只想告诉你，那一场直播结束以后，起到了三个作用：

第一，当然是俯头帮这个平台正式浮出了水面，正如很多人现在所看到的。

第二，之前找不到合适的导师，但是在直播结束当晚，就有 18 位海内外优秀的导师主动申请加入俯头帮导师团。

▶ 图 4-1

第三，在我看来可能也是最重要的一个作用，就是在那场直播以后，峰帅的个人品牌效应再一次得到了叠加和升级，以至于后来一说到峰帅，很多人自然地想到了俯头帮。反过来也一样，一说到俯头帮，也自然地想到峰帅。这一点我们在之前学习"强力符号放大器"的时候也讲过，你和你正在做的事，在个人品牌符号上应该融为一体。

为什么这一章在开始正式内容之前，我要跟你讲我直播首秀这个例子？主要是想说明两个问题：

第一，即便是像我这样天生就不喜欢在公开场合讲话，甚至骨子里有点排斥直播的一个人，也会开始做直播，你可以想想这是为什么？

第二，演讲从来都不是扯闲篇，不是你打开屏幕对着手机就开始聊，而是一种自带强烈的商业目的性的讲话，因为它对于我们个人品牌的升级和放大，大有意义、大有作用。

所以我经常说，直播就是最低配置的演讲，而演讲就是最高配置的直播。

那么一说到演讲，你心里会产生什么样的感觉呢？

这个问题我也曾经在学员群里做过一次调研，反馈的结果无外乎就是：

第一，紧张，开口就忘词，或者讲了一半忘词；

第二，被动，在整个演讲过程中语无伦次、啰里啰唆；

第三，场控能力很差，不知道如何去跟观众进行互动，站在台上或者屏幕前很尴尬；

第四，节奏感差，不知道如何把握整个演讲的节奏，不是超时了，就是时间没到就讲完了；

第五，没自信，不会调动观众的情绪。

以上只是我在小范围内调研得出的一些问题，但事实上我还做过比这更长时间的调研，调研的跨度长达十年以上。根据我的调研，很多人对于演讲的认知可能有这样一些层面：

第一，觉得并不是所有人都需要演讲。——哎呀，我好好做事就可以了，本本分分、踏踏实实地埋头干活，要什么演讲？

第二，并不是人人都擅长演讲，演讲是需要天分的。——我这个人天生嘴笨，反应又慢，所以我不太会演讲。

第三，演讲能力是可以通过刻意练习获得的。——我们经常说一万小时定律，只要功夫深，铁棒磨成针，我只要花足够的时间去练习，就一定会变成演讲高手。

第四，演讲中有很多说话的技巧，我只要好好地去学一些相关的课程，应该可以做好演讲。

第五，演讲最重要的是如何去打动观众。——所谓"见人说人话、见鬼说鬼话"，演讲就是要打动观众。

第六，演讲招无定式，几乎没有章法可循，不用学了，那些教演讲的课和教演讲的书，听着都有道理，其实都没啥用。

这些都是我通过向很多人有意无意地做调研，所总结出来的具有代表性的认知。

但是基于我本人多年的实践，对于这些认知，我认为真实的情况其实是这样的：

第一，并不是所有人都需要演讲？不！人人都需要演讲、天天都需要演讲，因为这是一个比以往任何时代都需要演讲的时代。比如，你做直播，它是不是演讲？你做群发售，它是不是演讲？有人邀请你到一个社群去做一次分享，这是不是演讲？甚至你跟上面的领导开会、跟下面的团队开会的时候，以及你向客户提案的时候、向你的投资人融资讲 BP 的时候、跟你的合作伙伴谈项目的时候，这些是不是演讲？还有再高一级，你对外做培训、做路演、做更大规模的公开演讲的时候，这些当然更是演讲。所以，演讲人人都需要。

第二，演讲是需要天分的？不！这一点我最有发言权。假如你的意识转变、训练方法到位，即便你是一个口吃的人，也可以变成一个演讲高手。还记得我跟你说过我在 28 岁以前有严重的口吃吗？关于那件事，我还可以做一点补充说明：我记得非常清楚，2008 年我在一家广告公司做策划总监，有一次我们要向一个家居企业做年度营销代理的方案提报，但是那天我因为口吃，在台上讲了一半以后，再也讲不下去了，于是说了一句话："要不你们自己看 PPT 吧！"

那一次讲标的惨败，对我来说永生难忘。所以从那以后，我就发誓要成为一个提案高手。当时的目标其实就是这么简单：作为一个策划总监，当我以后再去面对各种客户做各种提案的时候，我不能再这样灰溜溜地恨不得找一条地缝钻进去。当然，我后来的目标就变成了"我要成为一个演讲高手"。

于是我用了整整两年时间进行训练，在这两年时间里我所使用的一切训练方法，包括两年以后我从点点滴滴中总结出来的经验，就是我在这一章里将要向你讲述的内容，并且是毫无保留的精华。

所以我对自己的评价是这样的：我未必是一个真正的演讲家，但是我一定是最有资格教演讲的老师之一。为什么呢？因为优秀的演讲老师很多，但并不是所有的演讲老师都经历过我那种惨痛的经历。所以我的这堂演讲课，你可以大胆地听、大胆地学、大胆地用，因为我今天所取得的一些表达和演讲上的成果，就是用这些方法得到的。而且最关键的是，这是一堂跟你的个人品牌息息相关、紧密联系的演讲课。

第三，演讲可以通过刻意练习获得？不！虽然我也是通过不断训练，才获得一些演讲上的成果的，但事实上我身边有太多的例子证明，如果你的意识不对、方法不当，即便是九阴真经，也可能会被你练成九阴假经。在我认识的人里面，听了很多课、看了很多书、训练了很多年，最后连开会都不会的人，大有人在，更别说让他上台演讲了。

第四，演讲有很多说话技巧，去学就可以了？不！演讲的确是说话，但演讲绝对不仅仅是说话，可以说演讲主要不是靠说话。你可能会觉得很奇怪，演讲居然主要不是靠说话？但事实就是如此，这一点我们后面会细说。所以不要觉得自己嘴笨、不会说话，说话只是演讲的辅助手段。

第五，演讲最重要的是打动观众？听起来没错，但我还是要说：不！观众固然重要，因为你演讲的对象就是观众，你的确是要打动他们，但是你一定要转变一种意识：演讲首先要打动的人是你自己。这一点我后面也会具体说。

第六，演讲太复杂了，几乎没有章法可循？不！在我看来，演讲可能是世上最有套路的事情之一。前面我们说了，我本人就是一个从有严重口吃的人变成现在这样一个演讲高手，靠的是什么呢？靠的就是套路。

如果你学了一些演讲套路，最后却没有取得效果，我认为只有两个原因：第一个原因是，那个套路是个假套路，就像《射雕英雄传》里郭靖被迫为欧阳峰默写《九阴真经》，但是并没有把真的真经传给欧阳锋，欧阳锋最后学到的是假的；第二个原因是，你学到那个套路的确是真套路，但是你压根就没有用心学、用心操练。

所以我必须再次强调：这一节演讲课，连同你前面学过的 PPT 课程，都必须反复操练。

我之前说过，自从我开始做个人品牌以来，陆续有很多地方邀请我去参加各种活动、各种峰会，其中最重要的一件事，就是让我上台演讲，每次演讲都会给我带来很大的收获，甚至是收益。其中最大的收获是，我吸引了很多粉丝，现在很多粉丝还变成了我的忠粉、铁粉，甚至是用户，我的很多学员就是当时听过我演讲的人。另一个很大的收获是，这些演讲对我个人以及我所做的事业，在传播和推广上起到了非常积极的作用，并且我相信此后还会因此带来更多生意上的转化，为什么呢？因为演讲对于个人品牌所起到的作用是一种长尾效应。

所以，演讲的意义和功能到底是什么呢？请你记住下面"三个转化"：

路转客、客转粉、粉转推销员

也就是说，原先你的观众都是陌生人，听了你的演讲以后，他们变成了你的客户，然后进而变成了你的铁粉，最后还主动帮你去推销、帮你去传播，而且还不收一分钱。——这就是演讲最核心的意义和功能。

所以我才说，演讲事实上是你销售自己的最后一台"贩卖机"。

换句话说，演讲首先是可以促成直接交易的。比如我的某个学员，她跟着王昕做招商，一场招商会做下来，直接成交几百万元、几千万元都很正常。还有我们前面说的做群发售卖货，以及做直播带货，它们的本质都是通过演讲直接促成交易。

所以请记住，无论你是一个人还是一个团队，你都必须去产出各种内容，去做宣传、做广告、做一些促销活动，但是当你开始露面做一场演讲时，这场演讲就是你销售自己和你产品的最后一台"贩卖机"，尤其对于一个创始人而言更是如此。我们可以看到，无论是乔布斯、雷军、罗振宇这样的优秀企业家，还是我们大多数普通的创业者，唯有你自己才是整个销售链中最大的法宝，没有比你自己出来做演讲更重要、更管用的"贩卖机"了。

不仅如此，演讲除了是你销售自己的最后一台"贩卖机"，同时也是你持续销售自己的第一道门槛。

也就是说，演讲可以帮助你持续成交。很多人知道，我很少直接去讲变现这件事，但是我一直在强调"持续变现"和"持续变大现"这两个词。为什么？因为只有持续变现、持续增长，才是大生意、大事业和小买卖在格局上的一种本质区别。而我们这里所说的"演讲可以帮助你持续成交"，也是这个意思。成交什么呢？成交你的产品以及你的品牌信用。

你当然知道要持续成交产品，但更重要的是，你要持续成交你的品牌信用。罗振宇为什么每年都要做跨年演讲，并且宣称要做 20 年？现在那么多人在做直播，天天直播，但是为什么我一直大力提倡"一定要做高品质的策略性直播"？道理很简单，因为你演讲也好、直播也好，只要你公开露脸进行宣讲，你就是在贩卖你的品牌信用，你今后要用你的品牌信用进行更大的成交，而演讲就是对你个人品牌势能和产品品牌势能的不断叠加，也是对你的信用、你的价值、你的梦想进行持续性的输出，只有这些，才是真正能够为你带来持续成交的因素。

总而言之，演讲是给你带来持续成交的第一道门槛，当你开始第一次演讲以后，不出意外的话，你就需要不断地进行演讲。时至今日，上至创始人，中至销售总监，下至销售经理、普通业务员，都应该学习到底什么是演讲、怎么做演讲，并且是"有效的演讲"。

可以说，你的观众其实分为两种：一种是看过你演讲之前的那些观众，另一种是看过你演讲之后的那些观众。前一种是路人甲、路人乙，而后一种就是你的用户或者潜在用户。

到底什么是"有效的演讲"呢？其实就是把路人甲、路人乙变成你的用户或者潜在用户的那一种演讲。

比如，你跟你的领导汇报了一个方案，你的领导采纳了，你就把你的领导从一个路人变成了你的用户；相应地，你跟你的朋友在咖啡馆里进行了一次愉快的聊天，然后你的朋友决定跟你合作了，你就把你的朋友从路人变成了你的用户；你向投资人做了一次商业计划书的讲述，或者你做了一次路演，然后有投资人投你了，你的投资人就从路人变成你的用户。当然还有现在更普遍的：看你直播的那些观众，看完你直播以后买你的货了，是不是他们也从路人变成你的用户了？

说到这里，那么演讲的心法究竟是什么呢？

经过我本人这么多年的实践和总结，我认为演讲的心法就两个：

第一个心法，叫"情绪大于实力"。

这里的情绪，指的是观众的情绪。你不得不相信一个事实：无论你是站在会议室，还是站在路边，抑或是站在舞台上，理论上根本就没有人在乎你。也就是说，观众对你、对你的产品、对你演讲的内容，其实半点兴趣都没有，除非你讲的东西跟他有关，能够刺激到它，能够激起他的一种兴奋的情绪，否则即便你再有实力、你说得再嗨、你的产品再棒、你的服务再好也没用，因为跟他没有半点关系。

你的观众永远只关心自己，他们的情绪大于你本身的实力。

第二个心法，叫"故事大于技能"。

很多人会误以为，演讲很厉害的人，是因为身上自带法宝，满身都是演讲的手段和技能，往那儿一站，口若悬河，振臂一呼，然后就能应者云集。

实际上世上根本不存在这样的人。

根据我的深入研究和自身经历，其实所有优秀的、有效的演讲，全靠策划。我们经常说"功夫在诗外"，而一场成功的演讲，一切的功夫也都在诗外。越牛的演讲者、越牛的演讲，越要靠策划。策划什么呢？策划一个动人的、有效的故事。

罗永浩以前在做手机的时候说："如果每次发售新品的时候，我可以不用上台演讲，我宁可少活十年。"他为什么会说这样一句话？当然，一方面是因为演讲确实很累，但更重要的是，做一场有效的演讲，策划一个故事的过程太费劲了。

所以说故事大于技能，你如何去给你的观众讲一个动人的故事、有效的故事，这件事大于你本身的演讲技能。

基于我总结出来的这两个演讲心法，请千万记住，一场优秀的、有效的演讲，有且只有两大驱动力：

情绪驱动 + 故事驱动

什么是情绪驱动？就是让观众深陷其中，不得不听。

什么是故事驱动？就是让观众听得下去，不得不信。

一个是"不得不听"，一个是"不得不信"，二者结合，从而达到一种让人欲罢不能的效果。

但是你发现没有，上面所说的两大心法、两大驱动力，其实都不是基于演讲者的视角，而是基于观众的视角。

没错，一场优秀的、有效的演讲，必须基于观众的视角：当你面对领导的时候，你要考虑领导会怎么看；面对团队的时候，要考虑团队的接受能力；面对投资人的时候，要考虑投资人最关心什么；面对客户的时候，要考虑你的客户最想要什么、他的需求和痛点是什么；面对合作伙伴的时候，要考虑他们的利益点、他们所关心的层面；面对观众的时候，要考虑到底什么东西能够吸引他们，并且能让他们深陷其中。

有了这样的观众视角，我们再回归到演讲者视角时，还必须记住一点，也可以算是第三点心法，叫"目的大于过程"。

也就是说，你的整场演讲必须奔着一个预先设定好的目的而去，并且你演讲的内容都要围绕这个目的而展开。例如，我们做直播带货，目的是卖货；我们做群发售，目的是卖好一门课，或者卖好一套产品，或者让别人代理一套产品；我们做一场线上发布会，目的是告诉大家，我的产品和服务正式发售了，大家可以去关注或者购买。同样，我们在工作中开会，目的是让一件事情达成共识、形成定论，让领导接受、让团队理解、让工作顺利开展；我们向客户提案，目的是让客户买单；我们做公开的演讲，目的是让大家认识、认可我们，同时对我们的个人品牌势能有一个提高。

所以，只有当我们冲着这些目的而去，才会有所谓的结果和效果。没有目的，演讲就会偏离轨道，就会跑题。

说完了心法，下面我就要给你提供整门课程的第四套实战应用工具，叫"演讲双齿轮驱动模型"（见图4-2）。

应用工具四：演讲双齿轮驱动模型

观众视角，说服导向！

▶ 图 4-2

在这套应用工具里，左边这个齿轮叫"情绪驱动齿轮"，右边这个叫"故事驱动齿轮"。

情绪驱动包括你在整个演讲过程中需要给到观众的价值情绪、梦想情绪以及利好情绪。相应地，故事驱动也包括三种你在演讲中需要给到观众的故事触动点，分别是因你而起、为你而生、对你有利。并且你可以看到，顺着这两个齿轮的转动方向，它们各自所代表的三块核心内容，也正好是牢牢相扣、一一对应。

与此同时，正如我们前面所说，这一切的情绪和故事触动点，都必须站在观众的视角，但目的并不是要取悦他们，而是要说服他们。所以这套工具下面有八个字，叫"观众视角，说服导向"，因为这是一场演讲唯一的使命。

下面我们分别来拆解一下，这套工具模型所代表的我们在演讲中的实际操作路径，以及在做法上的细节。

▶ 情绪驱动齿轮

价值情绪

情绪驱动的第一个情绪，叫"价值情绪"，就是把产品转化成价值。

正如前面所说，演讲最本质的意义和功能，是把路人变成你的用户或者潜在用户。既然存在用户和潜在用户，说明你的演讲天生就应该是自带产品的。事实也的确如此，任何演讲本质上其实都是在卖产品：罗永浩卖手机、雷军卖电动车、樊登卖书、罗胖卖课，甚至你卖一套项目方案、卖一个商业理念，包括我峰帅卖一种"用营销思维来做个人品牌"的方法，都是在卖产品。

但是你的演讲真的是卖这个产品吗？既是，也不是。

我们说过，即便你的产品再好，观众其实是一点都不会在乎的，除非它跟"我"有关。所以我们在演讲的时候，必须问自己一句话："我的演讲要卖的到底是什么？"

于是你就必须把你自己对产品的那种"自恋情绪"，转化成跟观众有关的一种价值，从而激发起他们对你产品的价值认同感。

比如说，你手上有一款便携式电熨斗产品，是出差时可以随身携带的那种小熨斗，通常你如果要在演讲中推介这款产品的时候，一定会去讲它怎么便携、怎么好，但事实上，"便携"只是这款产品的理性卖点，在观众真正使用它之前，好与不好还不都是你说了算吗？但是对于这款便携式电熨斗而言，有一种情绪不用你说，人们普遍也都会认同，那就是：出差在外，应该随时随地保持一个体面的形象。这才是真正能够激发起观众情绪的一个价值点，因为"形象体面"才跟他们有关，这就叫驱动观众的价值情绪。

再比如上一章我们说过，我做过一场主题为"赋能点"的演讲，这也正是我在演讲中要说的一个观点，因为视频号对我们的生意有用这一点谁都知道，观众已经不感兴趣了。但是当我告诉他们：视频号对任何一个人的生意，其实都有一个独一无二的赋能点，你只要认真找到那个赋能点，就能借助视频号去无限地放大它，从而对你的生意起到实实在在的赋能作用。这才能让观众兴奋起来，才叫驱动观众的价值情绪。

所以你在演讲的时候，不要试图去描绘你的产品有多么好、有多少漂亮的参数，观众没有兴趣。你要从一开始就驱动他们在价值上的一种认同情绪。

那么请你想一想：假如你要为你现在手上的产品做一场直播，或者一场群发售，或者一场公开演讲，你会把产品转化成什么价值呢？你会驱动观众心里怎样的一种价值情绪呢?

仅仅有了价值情绪,对于一场有效的演讲来说是远远不够的,所以我们来看情绪驱动齿轮的第二个情绪,叫"梦想情绪"。

梦想情绪

在你演讲的时候,价值情绪其实只是让观众的注意力停留在当下、停留在此刻,所以你还必须把价值转化成一种梦想。

什么是梦想?梦想其实并不是虚无缥缈的东西。对于演讲而言,梦想是一种能够让你和你的观众紧紧联系在一起,从而产生共鸣的一种"想象力"。也就是说,只有当作为演讲者的你,跟你的观众在一个梦想级的层面达到了共鸣,观众对你的注意力才会持续得更久。

例如我们都知道农夫山泉,如果它在传播中仅仅说:"我是纯天然的矿泉水,我没有污染。"这是一种价值情绪,在它说自己无污染的那一刻,的确会驱动你的一种价值认同情绪。但问题是,所有矿泉水都这么说,我凭什么记住你呢?所以农夫山泉才说了:"我们不卖矿泉水,我们只是大自然的搬运工。"这就上升到了梦想层面,因为保护大自然其实是一个公益问题。言下之意就是:不但我农夫山泉的水是纯天然的、无污染的,而且你一旦喝了我的水,你自己也就成了保护大自然的一分子。于是就让我和它之间产生了一种灵魂层面、人类梦想层面的共鸣。

我们在做演讲的时候,在推荐我们的产品或者理念的时候,跟农夫山泉的做法也是一样的,唯有驱动观众的梦想情绪,才能够真正地让观众达到一种近乎狂热、近乎崇拜的激情,以及持续性的认同。当乔布斯说"活着就是要改变世界"的时候,其实也就意味着说,你买了他的产品,你也就参与了改变世界,你也是改变世界的一分子,这时候你已经脱离了产品本身,被他激起了一种梦想情绪。当马云说"让天下没有难做的生意"的时候,你也会被他激起一种天下生意都变得好做的梦想情绪。当我在舞台上说,中小微企业一定要"众人赋能众人"的时候,其实现场的观众没有一个人会让自己置身事外,因为他自己就是"众人"中的一分子,他内心也希望被赋能,或者赋能别人。

所以对于演讲而言，梦想情绪就是一种信仰般的激情，你必须找到这个转化点，也就是说，你给到观众的那种价值，它到底意味着怎样一种更高层级的梦想。

但是这种梦想来自哪里呢？其实首先来自你自己。换句话说，它首先得是你自己的梦想、自己的信仰。

那么，你自己的梦想和信仰又来自哪里呢？来自你身上的那种使命感，来自你对这件事情、这个产品无可取代的一种热爱。这里，我们又再次回到了第一模块中反复强调的：你所做的一切的一切，如果脱离了你的价值观和使命，都是无本之木。所以我们在讲"有效定位"的时候就一再强调，你必须确定去做一件愿意为之干十年以上甚至一辈子的事，因为这是你梦想的源头，当你要在演讲中向观众推介你自己和产品的时候，它也是激发观众梦想情绪的根本所在。

比如我每次准备完一门课以后，经常会貌似很自恋地发出一句感叹："怎么有这么好的一门课，连我自己都想听！"这也是一种梦想情绪的激发，因为我这句有意无意的感叹，可能会让你感受到我自己对这门课有多么的热爱。但是试问，现在全天下都在讲课，又有多少老师对于自己正在讲的这门课，拥有梦想般的热爱的呢？

所以我们前面才会说：演讲首先不是打动观众，而是打动你自己。换句话说，你得先感动自己，然后才能点燃别人。如果你连自己都没有一种灵魂上的梦想情绪，观众可能会在灵魂上与你产生共鸣吗？观众如果不在灵魂上与你产生共鸣，他们可能会成为你的忠实用户吗？有些人之所以成为你的忠实用户和铁杆粉丝，无不是因为在灵魂上跟你产生了一些共鸣，无不是因为认同你的价值观、认可你的使命感。而有一天当他们离你而去，其实并不是你人设崩塌，而是他们在你身上看到了梦想破碎——他们原先的那种梦想情绪没有了。

所以你在演讲中，不要去卖自己的产品，一定要卖观众所关注、所期待的那个梦想。这一点对于演讲而言非常非常重要，几乎比你讲什么还要重要。

那么请你再想一想：你的产品、你的产品价值，它能给观众转化成一种什么梦想情绪呢?

有了梦想情绪仍然不够,所以我们再来看情绪驱动齿轮的第三个情绪,叫"利好情绪"。

利好情绪

我们都知道,"利好"是一个股票用语,也就是对炒股收益有利的那些好消息。应该说,梦想情绪的确可以让你的观众、你的潜在用户为之激动、为之痴迷,甚至为之疯狂,但是我们必须承认:唯有利益才会真正让人急于埋单。所以我们在演讲和表达自己的过程中,还必须把已经点燃的观众的梦想情绪,再次转化成实实在在的利益情绪,比如,我能直接让你赚到钱,让你更加省钱,让你更加年轻,让你多活几年,等等,这些都是能够激发利好情绪的触发点。

比如,领导最终认可了你的方案,一定是因为你的这个方案对公司和项目有利;投资人最终肯投你,一定是因为你的商业计划书让他预见了一个比较好的投资回报;你的朋友愿意做你的合伙人,一定是因为你让他感觉跟你一起干事能够安心;我的学员愿意报名来学习我的这门课,一定是因为他相信这门课能够让他弄明白如何做好个人品牌去持续变现、持续变大现。

所以你应该发现了,在一场有效的演讲中,与观众有关的最直接的利益和利益情绪,并不是在演讲一开始就说出来的,而是通过一种情绪的转化,把它放在最后才说。假如你一开始就说利益、利益、利益,就势必会去卖你的产品、去介绍产品功能,而这恰恰是让观众提不起精神的一个非常重要的因素。

总而言之,有效的演讲,就是用价值情绪和梦想情绪去"占领"用户的心智,然后再用利好情绪去制造销售力。

讲完了情绪驱动齿轮的三个情绪,再说一个我在实际工作中的例子。它不是一个在台上演讲的案例,但是原理跟在台上演讲是一样的。

几年前,我们给一家金融公司做年度营销战略策划,我过去开会做方案提报。其实这个标的本身就是下一个年度的营销咨询合作,但是我给自己设定了一个任务:通过这次方案提报,双方至少要能够连续合作三年,省得年年都要汇报、年年都要去说服客户。所以我给自己制定了一个策略，这个策略就是，我要给客户画一个情绪上的蓝图。

在提报时，我是这样跟客户说的：

"第一年，我们要把主要的营销力量用在品牌认知度的大力提升上，为什么呢？为了实现你们在业内品牌的知名度达到行业前三。"然后，我告诉客户应该怎么做。其实这就是我给了客户一个价值情绪的激发，让客户知道：跟你们合作很有价值，至少在一年之内，我们的品牌价值可以得到大大的提升！

然后，我说："第二年，我们要把主要的力量用在品类战略上，也就是把你们的某一类拥有很大消费群体的产品做深、做透、做到品类第一，让所有属于这一群体的人，今后都能通过消费你们的这一类产品，实现自己人生的一个阶段性的小梦想。"然后，我告诉客户应该怎么做。这就是我给了客户一个梦想情绪的激发，让客户知道：如果第二年这样做的话，其实你们是在帮我们公司做一件挺伟大的事，而我作为操盘的负责人，面子上也好看！

接下来，我又说："到了第三年，我们要大力借助互联网优势，把主要的力量用在口碑的打造上，我们要争取做到业内口碑最佳、人气最佳，从而达到真正的收益稳健和良性发展。"然后，我又告诉客户应该怎么做。到了这里，其实我又给了客户一个利好情绪的激发，我让客户知道：原来跟你们合作，是能够让我们实实在在持续赚钱的！

你应该可以看到，在这个例子中，我整个的提报过程其实就是一场目的性极强的室内演讲，而我借用的工具，就是情绪驱动齿轮，我通过对客户的价值情绪的驱动、梦想情绪的驱动、利好情绪的驱动，让客户一步一步地相信，我们双方之间的合作会有一个更美好的前景。所以这次提报以后，结果如何呢？结果就是，和这个客户的合作现在一直持续着。

所以我想告诉你：如果你吃透并且用好了这个情绪驱动齿轮，不仅会提升你的演讲效果，还会大大提升你的工作成效。

没错，一次有效的演讲，它的本质就是调动观众的情绪。但问题是，你首先得知道调动观众的什么情绪，不是在那里张牙舞爪地喊口号就叫调动情绪，你得清楚地知道观众听你演讲的时候，他的情绪点分为哪些层级，以及因为什么而产生了这些情绪，否则你就会像很多人说的那样："哎呀，我不知道在演讲中应该如何去调动观众的情绪。"你当然不知道，因为你没有找到一条情绪的路径。而根据我本人这么多年来的实践和总结，这条路径就是调动观众的价值情绪、梦想情绪和利好情绪。

我平时一直喜欢研读《毛泽东选集》和《毛泽东军事文集》，你如果也静下心来去读一下就会发现，毛泽东的书里有很多文章就是他当年做的一些报告，这些报告用我们现在的话说，其实就是逐字稿。从他这些逐字稿里我是真的看到，毛泽东绝对是一个绝顶的演讲高手，因为他极其善于调动人民的情绪，价值情绪、梦想情绪、利好情绪样样都有。

还有我经常举例的，战争时期有很多爱国人士或者官方的宣传，也非常善于调动人民的情绪，而且这种情绪还不仅仅是爱国情绪。比如"驱除鞑虏，恢复中华"，为什么要驱除鞑虏？因为可以让每个人的破碎家园重新得到修复、重新完整起来。这就激发了当时每个人的价值情绪。后来老百姓为什么要"拥护新中国"？因为"人民可以当家做主"，这就激发了老百姓的一种梦想情绪：人民居然还能当家做主，这在过去是做梦也不敢想的事。再比如"打土豪，分田地"，激发的正是一种利好情绪：对于当时的老百姓来说，没有比分田地更实在的利益了，赶紧去打土豪吧！

所以我经常跟很多人说，研究毛泽东的著作，可以获得太多商业上的启发。

接下来，我们来看与情绪驱动齿轮相对应的另一个齿轮。

▶ 故事驱动齿轮

正如我们在上一章提到的，一切有效的演讲，无论你是讲十分钟，还是讲三个小时，本质上都是要讲一个好故事，一个让观众欲罢不能的好故事。

但是在这个故事里，有三个非常关键的"故事点"，你需要烂熟于心。

第一个故事点，叫"因你而起"。它所对应的，是第一个齿轮里的"价值情绪"。

因你而起

什么叫因你而起？

我们说了，你的演讲从一开始就要跟观众有关，从而驱动他们的价值认同情绪，让他们从一开始就不得不听。最好的办法，就是引出一个几乎所有人都避不开的问题——因为你身处其中，逃也逃不掉。而这个观众"避不开的问题"又来自哪里呢？来自你作为一个演讲者所看到的某一种糟糕的现状，并且这个糟糕的现状也是大概率能够被每一个观众所认同的。到了这个时候，你再让你的主角正式上场，就可以说是应运而生了。

举个例子：

我们姑且不论罗永浩当年做手机的时候，是什么原因导致他最后失败，你去回顾一下网上的视频就可以发现，他第一次上台演讲卖锤子手机的时候，并不是一上来就讲他的手机品质有多好、价格有多低，那其实都是后面的事。罗永浩首先抛出了一个严肃的问题，就是几乎所有的国产手机，外观都长得太丑了！然后他在 PPT 上一一摆出各种照片进行举证。当他说出这个糟糕的现状后，就得到了现场很多人的认同，也就是说对于手机而言，长得丑是一种罪。就在这个时候，当罗永浩紧接着在 PPT 上亮出了第一代锤子手机的图片时，确确实实是惊艳到了现场的观众。那么对于罗永浩这一场发布会演讲来说，到这里为止，他事实上是完成了对观众价值情绪的激发。并且后来我们发现，别看罗永浩长得胖乎乎、油腻腻的，他在审美上其实有着近乎变态的工匠精神，而那场发布会演讲就是罗永浩象征着国产手机工匠精神的一个起点。

通过这样一个案例，我们得到的启发是，当我们要在演讲中讲一个"因你而起"的故事，从而激发观众的价值情绪时，要注意三个关键点：

第一个关键点：抛出一个让观众无法避开的问题，并且这个动作要做得越早越好，这个糟糕的问题要让观众看到得越早越好。早到什么程度呢？最好在你打开第一页 PPT 的时候，就要让观众意识到将有一个糟糕的问题摆在他们面前。也就是我们曾经所说的，在开场的时候要抛出一个好问题，而这个好问题就是为了引出一种糟糕的现状。

第二个关键点：你紧接着要揪出观众所关心的那个"公敌"，也就是造成这个糟糕的现状的"罪魁祸首"，让事实说话。你可以像罗永浩一样亮出一些图片，或者播放一些视频，或者呈现一些说明事实的数据，或者展示一些对消费者的调研结论，等等。总之要让观众明明白白地看到：问题确实很严重，我简直没法置身事外。

第三个关键点：你要紧接着鲜明地亮出你自己，包括你的产品，或者你今天演讲的主题，并且我们也说过，这个主题必须非常明确而犀利。因为你的核心主题就是你在这场演讲中要讲的整个故事的第一个高潮点，而它的亮相就是为了告诉观众："我来了！我就是消灭前面那个问题的大英雄！"并且你后面演讲的一切内容都必须围绕这个主题而展开，不可能再有第二个主题。

于是从这里开始，你将引导观众走向第二个故事点，叫"为你而生"。它所对应的，就是第一个齿轮中的"梦想情绪"。

为你而生

所谓为你而生，就是你基于前面所揭示的那个问题，以及你引出了你的主角以后，接下来要明确地向观众阐述的一个"看得见的答案"，或者一个解决问题的有效方案。

观众在听演讲的时候，一般有两种心态，并且这两种心态是同时存在的。第一种心态叫"猎奇心态"，如果你的整个演讲过程比较有意思，观众就会愿意听下去。但是光有猎奇心态是不够的，观众更需要的其实是第二种心态，叫"答案心态"，也就是——请给我一个解决方案！这才是一场演讲能否成功的关键。跟我们在"表达利器放大器"那一章里讲到的一样，如果你的整场演讲最后没有给观众提出解决方案，那么你的演讲也是一座"烂尾楼"。事实上这是绝对不可能也不应该存在的，因为你演讲的目的本来就只有一个，就是用你的解决方案去说服现场的观众。而这个解决方案，就是你对于你那个上场的主角的详细阐述了。

所以接下来，在整个故事的主体部分，你一定要像编剧一样去策划整个剧本的故事情节，或者像悬疑片一样去推进，从而让观众看了以后感觉到：

我看到了一个跟我有关的像梦想一样的东西！而这个梦想是你给我的，并且很多人都会跟我一样去实现这个梦想！当观众听了你对"为你而生"这一部分故事的详细讲述，当他们产生了一种梦想情绪以后，他们才算真正地了解你这场演讲的意图，了解你的产品和你的价值。

但是千万要小心，在这个过程中，我们很容易把演讲做成学术报告，也就是按顺序讲下来，然后展示一堆表格、一堆数据，说明一堆问题。在这个描述梦想的环节，请你千万不要这样做，而是要记住三个"变成"：把枯燥变成有趣，把抽象变成具象，把复杂变成简单。

听起来很有道理，但是怎么样"变成"呢？下面我将给你五个非常实用的招数。

第一，你一定要摒弃那些无用的数据，要艺术性地使用一些关键性的数据。

这其实是一种对数据使用的高度提炼。比如，我曾经要告诉一个客户，到底什么是优秀的广告语。我事先调研了 50 句金融产品的广告语、20 句汽车产品的广告语和 80 句婴幼儿产品的广告语，但是我在跟客户阐述的时候，并没有一个一个去说明这些广告语分别是什么特征，我只说了一句话："总结下来，95% 的品牌居然不知道如何在广告语中带上自己的品牌名。"当我说这句话的时候，相当于在说：一句优秀的、有传播力的广告语，必须带上自己的品牌名。但是我没有对任何具体的数据进行解释，因为这对于观众来说一点也不重要，他们要的是一个你精加工过的答案。

同样，乔布斯也没有用数据来说明他的笔记本电脑有多薄，而是貌似轻飘飘地说了一句："它可能是世界上最薄的电脑，薄到可以装进一只普通的文件袋。"这个时候，他背后的屏幕上出现了那张经典的照片：一台笔记本电脑装在一个文件袋里。

但事实上，我们很多人在汇报工作和演讲的时候，都习惯去向观众展示各种参数、各种数据、各种图表。千万不要这样做，因为观众会厌烦。

第二，我经常说，好文案的一个标配，就是懂得如何具象化地去描述一件事情。而演讲就是文案的口头呈现，所以这时候你必须善用一种修辞手法——比喻，也就是打比方。

我在讲话的时候，非常喜欢使用各种稀奇古怪的比喻，就像这门课的每一个课题，我也是习惯性地使用了比喻思维。因为我的一节课信息量太大、内容太复杂，有时候还会很抽象，所以必须把它变得简单和具象一些，而比喻这个手法很容易就能把一个晦涩的、需要解释半天的话题，用一个形象化、关联性的方式轻松搞定。

顺便插一句：我的这个惯性思维，其实是早年从钱锺书的《围城》中学来的，如果有兴趣你也可以去读一读这本书，据说里面有300多个奇形怪状的比喻句。还有我写的《飞禽走兽》这本书，里面也有大量非常有意思的比喻。

总之，比喻在我们的演讲中会起到非常大的杠杆作用，变枯燥为有趣，变抽象为具象，变复杂为简单。

第三，举例子，包括举反例。

正如你所看到的，我在每一章里都会举到大量的例子，目的就是让人更好理解。

第四，在说明一些关键性问题的时候，你可以使用一些消费者证言。就像现在很多朋友圈喜欢刷一些用户好评一样，你自卖自夸说自己好不算，用户说你好才算。

我们公司以前在为企业策划产品发布会的时候，经常会给这个要发布的产品做一条用户体验视频，这条视频是产品经理在发布会现场进行产品介绍时播放的，这一播放，就省去了很多口舌。

举一个很有趣的例子。

上一章里提到过，我在参加武汉光谷的那场投资峰会时，正好有一个扫读笔产品在现场发布。那一天，这款产品的创始人在台上介绍它，讲了好多好多产品的优点、好多好多产品的参数和数据。介绍完以后，主持人在大屏幕上播放了三条用户证言视频，一条是演示如何用这支扫读笔来翻译英文材料，另外两条是爸爸教孩子如何用这支笔来认字、读书，而其中一个爸爸就是我。三条视频播完以后，主持人问这款扫读笔的创始人："你刚才介绍了那么久，请问你认为是你自己的介绍更有说服力，还是刚才看到的这三条视频更有说服力？"创始人露出既开心又羞涩的表情，说："当然是刚才的视频效果更好！如果我早想到可以用这样的方式在现场做产品推介，就不用准备那么麻烦的PPT了！"据说那天的确有很多人在现场看了这三条用户证言视频以后，加了创始人微信，下单的人估计也不少。

所以在关键的时候，消费者证言在我们的演讲中会起到非常重要的作用。

我要给你的第五个招数，就是你一定要学会与观众互动。

很多人说，我真的不知道演讲的时候该怎样跟观众互动，不知道该做什么。如果你实在不知道该如何跟观众互动，我告诉你几个很简单的技巧，你照做就行了。

第一个技巧：提问。演讲时不论你提出什么观点，只管向台下提问。比如："知道不知道？""同意不同意？"很多微商团讲师都非常善用这一招："听懂的请举手！"这时候很多观众都会在台下响应你。这就是一种最简单、最有效的互动。

第二个技巧：分享。你指着一个观众，请他站起来分享一下："这个问题你是怎么看的？"这时候这个观众一定会站起来回答你的问题。

第三个技巧：邀请。如果你在演讲时需要做产品演示，这时候你可以大胆地邀请台下某个观众上来，和你一起来做这个演示。其实我们平时开会或者提案的时候，也会经常使用这种互动的方式。我本人以前就经常在给客户提案时，突然拿出一个实物产品来给客户看，让他们有一个真实的、具体的感受。

互动并不是装腔作势地非得去制造一些很奇怪的话题，大可不必。一切互动都很简单，你在生活中怎么样，你在舞台上、在会议场合还怎么样就可以了，这就叫互动。

当你在一场演讲中用好了以上五个招数，你在演示和说明自己的产品和理念时，在向观众讲述"为你而生"这一故事的主体部分时，就会远离枯燥、抽象和复杂，就会制造出多个亮点，从而让观众更加深刻地了解你、了解你的产品、了解他自己的那个梦想。

但是整场演讲最大的高潮点只有一个，就是故事驱动齿轮的第三点，你一定要告诉观众：对你有利。这一点对应的就是情绪驱动齿轮里的利益情绪。

对你有利

当你站在舞台上或者会议室里给你的观众讲一个故事，在故事的前半部分你已经提出了一个问题，也给出了一个解决问题的答案，那么接下来你希望观众做什么呢？请千万记住：一场演讲、一个故事，你最终需要给观众下达一个他摸得着的行动指令，而不是演讲完了，挥一挥手就走了。

但是观众凭什么要执行你的指令呢？

这就是你做任何一场演讲、任何一种形式的演讲时最大的一个高潮点：你一定要给现场的观众一种利益承诺，甚至是阶梯式的多重利益承诺，而且这个承诺是他摸得着的，是一个可以立刻执行的指令。比如，你最后一定要想方设法让观众立刻下单，或者跟你签约，或者扫码进群，等等。做到了这一步，你的这场演讲才算是真正意义上完成了它的使命，你演讲的有效性才真正得到了体现。甚至可以说，你在舞台上、在会议室里走了那么远的路，其实就是为了抵达这个目的地。

通过拆解第二个齿轮——"故事驱动齿轮"，你可以看到，很多人说自己演讲时不知道该如何把握节奏感，其实节奏感根本不需要你去把握，因为你整个故事的三个高潮点，就是你的必经之路，所以这就是你演讲的节奏感：首先是"因你而起"，抛出一个观众避不开的问题；然后是"为你而生"，给出一个看得见的答案，激发观众的一种梦想情绪；最后是"对你有利"，你紧接着下达一个观众摸得着的指令。

这就是一个最简单的，也是经过我本人多年操练得出的最有效的演讲节奏和演讲套路。

现在我们再回到最开始说的我那场直播首秀，我是如何在这场直播中借用故事驱动齿轮的呢？

刨去开场的寒暄和互动，首先是"因你而起"：我一上来就抛出了一个观众避不开的问题，就是很多人在做视频号的时候其实都非常焦虑，有的人为流量而焦虑，有的人为粉丝而焦虑，有的人为变现而焦虑。

当我说出这个糟糕的现状以后，紧接着给观众一个看得见的答案：我这场直播就是"为你而生"的，我今天会告诉你，到底应该如何笃定地而不是焦虑地做一个有价值的视频号？我有一整套心法和经验要分享给你。然后，我详细拆解了我做视频号的这些心法，并且自然地引出了俯头帮这个产品。为什么是自然地引出？因为我在告诉观众：这个俯头帮就是前面所说的一切心法的产物。

最后，我向观众下达了一个摸得着的指令：快，马上加入俯头帮营销平台，来做我们平台的导师，或者成为我们的会员和用户吧！因为成为平台的导师以后，未来你可以加速放大自己的个人品牌，真正抱团，彼此加速成就，而成为我们的会员和用户以后，你在营销上再也不会一头雾水了，因为未来在这个平台上有许多营销专家和实战课程，并且这个平台由20多年的营销专家峰帅亲自坐镇，在营销路上，你不会迷路。这就是"对你有利"。

通过这个例子你可以再次看到，我不但全程都在调动观众的价值情绪、梦想情绪和利好情绪，我也全程都在给观众讲一个不得不信的故事。

到这里为止，你心里或许又会说："这一章原来并不是一般的演讲技巧课，而是一堂演讲思维课加上演讲实战课啊！"没错，所谓功夫在诗外，根据我这十几年的研究总结和实操践行，我认为演讲真正的诗外功夫就是：你必须想清楚你要调动观众的三个情绪是什么，你必须策划好你要给观众讲述的故事的三个高潮点是什么。这也是这堂演讲课跟其他所有演讲课最大的区别，并且你只要认真操练了，就一定可以做到。时间越久，你越会发现："魔力演讲放大器"的这两个驱动齿轮，实在是越嚼越有味、越嚼越有用，这就是它真正的魔力所在。

除了这两个齿轮，我既然在演讲上经过了这么多年的思考和训练，自然会形成一些自己的实操法则。所以下面我还要再给你五个演讲实操训练法则。当你认真操练了双齿轮驱动模型，再配上这五个实操法则，就更加如虎添翼了。

第一个法则：态度法则

如果你想成为一个演讲高手，平时一定要珍惜一切说话的机会，也就是你随时都可以训练你的演讲，包括你日常开会的时候、你讨论工作的时候、跟朋友喝茶聊天的时候，甚至跟你家小孩儿讲话的时候，都可以作为你训练自己演讲的一个机会。

演讲的境界和效果，其实很大程度上取决于你对观众的态度。我们大部分人都有这两个毛病：第一个毛病是，演讲时太紧张，或者有一种惺惺作态的舞台腔。为什么会这样呢？因为你太在意观众的体验感了，于是就会表现得超出常态。相反，第二个毛病是，在平时跟人交流的时候，我们又太草率了，随便讲到哪里是哪里，思路不清晰。这又是为什么呢？因为你太不在意对方的体验感，或者说太不在意自己的表达方式。

而我本人的训练方法是：把演讲当成聊天，把聊天当成演讲。也就是说，我通过不断训练，让我的演讲看起来就像即兴演讲一样，但是我如果跟你聊天，哪怕是打字聊天，都会经过一定的思考过程。完全不用担心这种思考是短暂的或者是不缜密的，因为你只要一次一次地让自己按照有效的方法和路径进行习惯性的思考，久而久之，你说话也会变得越来越有意思。所以你会发现，如果你珍惜平时每一次说话的机会，你的演讲水平也会自然而然变得越来越高。

第二个法则：精熟法则

说起来，这个法则你一定也不陌生，但确实是我自己非常感同身受的。如果你是一个演讲时很容易紧张、很容易语无伦次的人，那么请务必记住：你对自己演讲内容的熟悉程度，是治愈你上台紧张的制胜法宝，而且是最大的法宝。

我曾经看到朋友圈有人说："如何克服演讲时的紧张呢？"那个人的建议是：你只要转换一种心态，把演讲当成你今天给大家的福利就可以了，如果你讲得好，就当发了200元的红包给大家，如果讲得不好，就当发了1元的红包给大家。这个方法我非常不认同，因为如果不是免费演讲，如果是别人花钱请你去做一场演讲，如果是观众花了500元的门票来听你演讲，你不可能仅仅把它当作是发给大家的一个福利。

另外还有一个办法你或许也听说过，就是你在演讲的时候，想象你的观众都坐在马桶上听你演讲，他们看起来会变得很可笑，这时候你可能就不会紧张了。这个办法我还真试过，简直是扯淡。

所以这些所谓的心法，这么多年以来对我是没有用的。而根据我自己的经验，我只相信一点：所有看起来像即兴谈话一样轻松的演讲，都是经过 N 次排练排出来的。换句话说，你对自己的演讲内容越熟悉，你演讲的时候就越不会紧张。

在我的视频号上有一条视频，就是我穿白西装讲主题为"闭环力"的那场演讲，我在前面整整半场的时间里，没有看过一眼身后大屏幕上的 PPT，而且当时也没有提示器，这说明我对 PPT 内容已经倒背如流、非常熟悉了。而且如你所知，我的 PPT 本身就很简洁，非常好记。

另外我想告诉你，我的那场直播首秀，直播提纲写了满满 11 页 A4 纸，内容提示精确到我讲到哪句话的时候，助理在直播间应该发送什么图片。这就是我们常说的"强准备"。

还有乔布斯，他在每次演讲之前，都要实地排练几十遍，最多的时候达到 80 遍。其实我也类似，以前因为口吃，为了提升自己在客户面前的提案能力，每次 PPT 写完以后，我都要跟同事演练十遍起，演练到想吐为止。演练完以后还不算，回家路上、上班路上，自己心里再继续默默地演练，直到我不用再看 PPT，都知道每一页是什么内容。

所以请你相信，如果你也通过演练做到了演讲前或者开会前不用看 PPT，你的紧张感也一定会消除 90% 以上，而剩下的 10% 不用消除，因为那是有价值的、必要的紧张。并且时间一久你会发现，正因为你经过了这么长时间、这么多次的训练，慢慢地你也不用再这样"虐"自己了，因为你已经养成了自己的惯性思维方式和惯性演讲方式。

总之，切记，如果你想成为一个演讲高手，克服紧张唯一正确的办法就是：按照正确的、科学的心法，事先演练、演练、演练！要扔掉你的讲稿、扔掉你的 PPT！因为你的 PPT 是给观众看的，不是给你看的。

第三个法则：金字塔原理

当你要说清楚一件事的时候，采用金字塔结构是一种最笨的也是最聪明的办法，即围绕一个核心，然后展开说明，但是每次展开一轮说明的时候，要尽量遵守"最多三条"这个规律。比如你可以看到，我每次在阐述一个关键性内容时，一般不会超过三条，因为超过三条以后，人的人脑就不容易形成理解和记忆了。

这个金字塔原理是麦肯锡公司在给客户做咨询时的看家本领，但是我们如果把它用在演讲甚至写作上，都非常管用，而且它非常能训练我们的概括能力和提炼能力，叫"少而穷尽"。也就是说，虽然最多只说三个点，我们却要把这个小话题说尽了，然后在金字塔这个稳固的结构下，在每一个小点的内部，我们可以随意地自由发挥，即"戴着脚镣跳舞"。

比如，我北京的朋友柿子姐请我给她的新书写序，有一天她突然来向我催稿，于是我早晨只用了一个小时就写完了，因为我所用的结构也是金字塔结构：一个简单的开头，然后讲述我认识柿子姐以来对她的三个认知，接着再讲讲我读完这本书以后对它的三个理解，最后是一个简单的结尾，就结束了。这个结构是非常清晰的，里面使用了两个金字塔结构，然后分别一展开，在每一段中再进行一些真实的自由发挥，整篇文字就几乎不会有什么大毛病了。

一旦你在演讲中也遵循这个金字塔结构，你的演讲就可以做到可长可短、收放自如，因为这时候你讲十分钟和讲三个小时，结构其实是一样的，你的思考方式也是一样的，不同的是你需要根据演讲的总时长，决定往里面塞多少内容，但是你只要经过一定的演练，一定不至于在演讲时匆匆收尾，或者无限拖堂。在这一点上，建议你一定要学我，因为我可以把演讲用时的总误差严格控制在三分钟以内，毕竟演讲结构和内容早就已经设计好了。

第四个法则：十分钟法则

这个法则很简单，就是你在讲述某个单一内容的时候，尽量不要超过十分钟。如果这件事你讲了十分钟还没讲完，观众就非常容易走神。如果说必须超过十分钟，这时候你最好想办法加入一些轻松的"料"，或者给一个特别的转场。

第五个法则：丑媳妇法则

这个法则比较有意思。我们经常说，"丑媳妇总是要见公婆的"，而这里的公婆就是你自己，你一定要经常把自己演讲或者演练的视频录下来，不一定要全程录，哪怕只录一小段，就足以说明问题了。

为什么要做这件事呢？因为你并不知道自己讲话时的真实状态是什么样子，比如你的语速、语调、表情、肢体语言，包括你的姿态、眼神、手势、节奏等，对自己的表现不是很清楚。当你录下来以后，一开始去看自己演讲和讲话的视频，你会非常吃惊，甚至你只听录音你都会觉得不可思议。但是你每看一次、每听一次就会醍醐灌顶：原来这里需要改进，以及如何改进。而现在，当你学习了"魔力演讲放大器"这堂课，当你知道了应该如何去操练，相信你已经知道应该如何改进了。

事实上我本人直到今天依然保持着去录、去看、去分析自己讲话状态的习惯，因为我觉得自己在演讲上和讲话中还有很多地方需要改进。那么，就让我们一起来学习，一起来进步吧！

核心内容回顾

在这一章里，我首先跟你分享了我的直播首秀这个案例，然后分析了一下，经过我多年的调研，人们对于演讲通常是怎么看的，以及我本人对于演讲的一些真实体会。当我为你定义了演讲的功能和意义是"路转客、客转粉、粉转推销员"后，我又跟你分享了我所总结归纳的两条演讲心法：情绪大于实力，故事大于技能。并且，我给出了第四套原创实战工具，叫"演讲双齿轮驱动模型"，我为你进行了详细的使用拆解。如果说这两个"齿轮"属于内功层面，那么最后我又跟你分享了我本人进行演讲实操训练的五个法则，这就属于方法层面了。

第五章
金句思维放大器

给语言插上翅膀，像名言一样飞翔！

古人经常说，"立功、立德、立言，三不朽"。

不知道你是否想过，我们人生一世，一辈子说了那么多的话，最后如果连一句话都没有留在世上，是不是多少会有点遗憾？反正在我看来，还是会有一些遗憾的。所以我一直记得上面这句话，因为假如我此生不能在"立功"和"立德"上有很大成绩的话，我至少希望自己能够在"立言"上有一点儿作为。这也是我们今天要学习"金句思维"的初心所在。

我们整个第二模块的主体内容到上一章为止，其实已经结束了，因为作为"表达与影响"模块，"表达利器放大器"加上"魔力演讲放大器"，已经是非常完整的内容了。但是我们在讲"PPT思维田字格"这个应用工具时，提到"金句思维"的时候，我给留了一个悬念，我说"金句思维"对我们的表达来说太重要了，以至于必须单独为它来讲一堂课。为什么呢？因为一个有效的PPT和一场有效的演讲，至少要留给观众一根"语言钉子"，而这根语言钉子，就必须由"金句思维"来完成。所以你可以把这一章当作是前面两章的一次重量级加餐。我也为它定了一个主题："给语言插上翅膀，像名言一样飞翔！"

既然我把金句对标成名言，我们不妨来想一想：说起名言，你脑子里立刻能想起来的名言有哪些呢？我来举几个耳熟能详的例子。

比如英国的培根，他说过一句最著名的话："知识就是力量。"

■ **应用工具五：金句沙漏**

真金句的三个指标

不言而喻
（人人能懂）

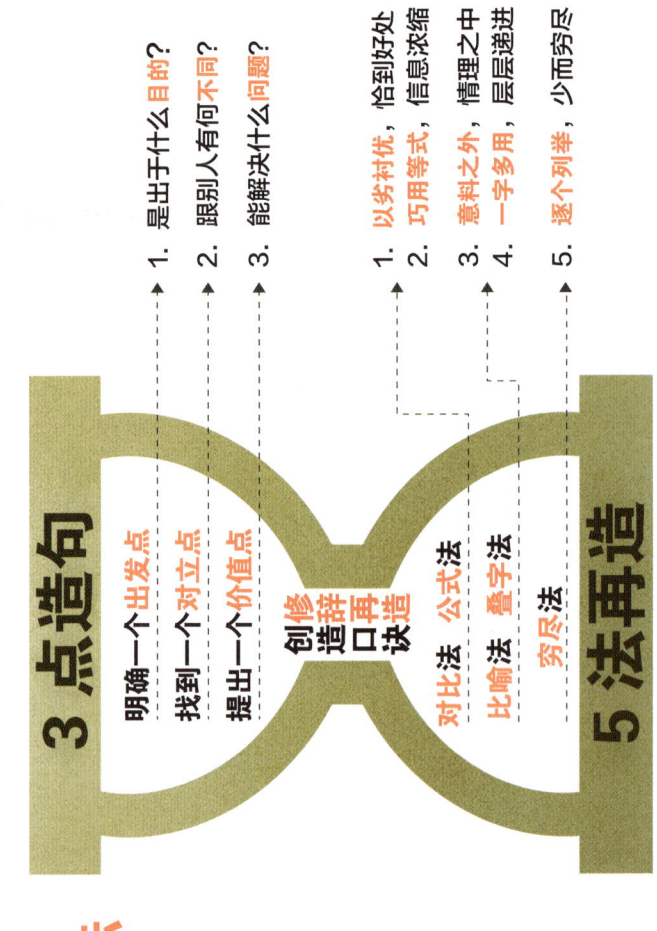

不容置疑
（字字有理）

不胫而走
（口口相传）

3点造句

- 明确一个出发点 → 1. 是出于什么目的？
- 找到一个对立点 → 2. 跟别人有何不同？
- 提出一个价值点 → 3. 能解决什么问题？

创造修辞
口诀再造

5法再造

- 对比法 公式法 → 1. 以劣衬优，恰到好处
- 比喻法 叠字法 → 2. 巧用等式，信息浓缩
- 穷尽法 → 3. 意料之外，情理之中
- → 4. 一字多用，层层递进
- → 5. 逐个列举，少而穷尽

比如鲁迅，他说过很多名言，其中被传颂最多的可能就是那句："世上本没有路，走的人多了，也便成了路。"

再比如爱迪生，他说过："所谓天才，就是1%的灵感，加上99%的汗水。"这句话一般翻译成"1%的灵感，加上99%的汗水。"我觉得这里把"汗水"翻译成"流汗"更恰当，把它变成一个动词更有场景感，而且更押韵。

我们再举个当代人的例子，比如我非常喜欢的罗永浩，他说过一句名言："彪悍的人生不需要解释。"

还有峰帅，说过这样一句话："做个人品牌，就是为了让别人认识你、认可你、认准你。"当然了，这句话现在还不能算是名言，但我认为根据目前的传播情况预测，它应该有很大的可能会成为名言。

如果说有一些方法，能够让你的语言也变得像这些名言一样广为流传，你要不要？我想你一定会要，哪怕你一辈子只有那么一句话广为流传，也足够了。这也正是这一堂课要攻克的一个难题。

你可以认为这是一堂非常垂直细分的文案实战课，但学完这堂课以后你一定会发现，它又不仅仅是一堂文案实战课。其实大家现在都在说"金句"这个词，但是据我观察，目前还从来没有一本书或者一门课程来专门研究和探讨，到底应该如何打造金句。可是这个课题对于你的个人品牌而言又太重要了，所以在这堂课里，我会尽可能地举很多金句的实例，尤其是我峰帅本人的例子。一方面，是为了让这堂课更易懂，另一方面，当你接下来自己要创造一些金句的时候，也可以将它们做一些必要的参照。

前面我们说了，金句就是让你的语言变得像名言一样能够广为流传，那么你所能想到的那些名言，它们都有什么样的特征呢？

我自己总结了一下，觉得有这么三个特征：

第一个特征是简短有力。名言普遍都很简单、短小、有力，因为简单才易懂，短小才好记，有力才会有比较大的信号强度。

第二个特征是独一无二。也就是说，一句话之所以成为名言，一定是除你之外没人讲过，或者没人用这样的方式讲过，或者别人想讲却没有讲出来，版权归你所有，这才叫属于你的名言。

第三个特征叫行之有效。名言不是说着玩的，一定是拿来就能有用的。比如培根的"知识就是力量"，是告诉你通过多读书、多学知识，你可以强大自己。你理解这句话以后，可以照着它去努力实现。鲁迅说"世上本没有路，走的人多了，也便成了路"，他的意思是告诉你，要多走路、多实践、多干事，你照着这样一个方向去做，也没有大问题。爱迪生那句名言也类似，意思是叫你别偷懒，勤奋才能成事。而罗永浩说"彪悍的人生不需要解释"，意思是告诉你，要做强做大自己。你会发现，这些道理都是行之有效的。同样地，我说"做个人品牌，就是为了让别人认识你、认可你、认准你"，也是在告诉你，放大个人品牌的路径到底是什么，你可以照着去做。

所以如果用名言来跟金句做一个对照的话，以上三点可以称为"三个对标"。但是这并不是写金句的三个心法，而是你创造金句要以名言的这三个特征为标杆、为榜样。事实上我们看到，这三个特征是从名言中总结出来的，而当你自己说的话成为一句名言之前，用这三个特征作为创造金句的标准是不够的，或者说还不够明确、不够有指导作用。

所以首先要弄清楚一个问题：你到底在什么时候、什么场景下，为了一种什么样的目的，而非要来写一条金句呢？是为了让你跟朋友聊天的时候，让人觉得你很聪明吗？不是。是为了让你成为一个作家或者哲学家吗？也不是。是为了让你像培根、鲁迅、爱迪生那样名垂青史吗？其实也不是。别忘了，这是一门个人品牌的课程，这意味着你创造一条金句，其实有着明确的目的性。这个目的就是：金句对你的表达能起到加持作用，甚至是很大的加持作用，从而让你的个人品牌在某种程度上加速放大。所以我们创造和使用一条金句都有着特定的目的和场景，绝对不是也不可能是随时随地一开口就是金句。

当你明确了创造金句的目的以后，金句的使用场景也就非常明显了，那就是当你面对一些对个人品牌的放大非常重要的表达时，例如演讲的时候，或者写作的时候，你就需要创造金句、使用金句。你或许会觉得，这场景还是太宽泛了。

这场景当然太宽泛了，所以我为你提炼了最需要创造金句的三个表达场景：

第一个场景，是当你需要提出一个关键问题的时候。我们回顾之前的PPT课和演讲课，也就是当你准备抛出一个问题引起大家关注的时候。比如我在演讲一开始就说："现在的中小微企业最大的问题是：舅舅不疼、姥姥不爱！"这句话在当时的演讲场景下，其实就是一条金句，而我也正是为了抛出这么一个问题，才提炼了这么一条金句。

第二个场景，是当你要公布一个结论，并且想要让这个结论像一根钉子一样钉入人们心里的时候。比如我这门课，我在一开始就下了一个结论："个人品牌不需要打造，你只需要放大它！"很多人都深深记住了这句话，那是因为我要下这样一个非常关键的结论，并且这个结论得让你记住，所以我必须使用金句思维来表述它。

第三个场景，是当你要推出一个概念的时候。比如我在演讲中说："打造生意模式，就是打造闭环力。"这句话在我之前没人说过，而我说这句话的目的其实就是想推出"闭环力"这个概念。事实上现在已经有很多人，尤其是我的众多学员，都在不知不觉中使用"闭环力"这个词了。

所以，根据我的经验和总结，这就是我们需要创造金句的三个最重要的场景。如果我们能在这三个场景下成功地使用金句，我们就有了很大的可能性把原先简单的"传播"，变成一种"播传"。

"播传"这个词宋朝时就有了，意思就是你说了一句话以后，仅仅"播"出去还不算，还得让人为你来"传"。传什么？表面上听起来是在传你的这句话，其实深层次里仍然是在传你的价值观、你的使命、你的理念，从而让外界更加深刻地认识你、认可你。

我们不妨打个比方：你说出的那些金句，就好像一朵朵的蒲公英，风一吹，四处飘扬，落地生根。这就是你创造金句的作用和价值。

基于以上使用金句的三个场景，当你在创造真正的金句时，必须满足以下三个指标：

第一个指标是"不言而喻"。

也就是你说出来的全是大白话，非常接地气。如果你说了一句话，别人根本听不懂,那么也就没后面什么事了。

第二个指标是"不容置疑"。

也就是你说的每一个字都有道理,听起来就像真理一样,没有人会怀疑它,并且这种道理还从来没人这样讲过,也就是我们前面所总结的"独一无二"。如果你说出来以后有人不同意,或者早就有人说过了,那就不属于你的金句,也没后面什么事了。

第三个指标是"不胫而走"。

也就是你这句话说出来以后,大家会口口相传,就像蒲公英一样、像病毒一样传播,或者更准确地说,事实上你是给大家创造了一句口诀,这时候大家才有可能去传播。就好像我们在家里教孩子:"人之初,性本善,性相近,习相远。"当年的《三字经》为什么要写成三个字这种形式?也正是为了好记、好传播。还有我们在上学时都背过元素周期表:"氢氦锂铍硼,碳氮氧氟氖,钠镁铝硅磷,硫氯氩钾钙。"为什么要把这些完全不相干的元素放在一起编成口诀?也是为了好记、好传播。再比如,我本人非常喜欢读历史,但是历史上有很多朝代,每个朝代又有很多皇帝,如果要把他们按顺序记下来非常难,这时候最聪明的办法也是把它编成口诀。例如我在读汉朝历史的时候,就会把汉朝所有的皇帝按顺序编成一首七言绝句:"高惠文景武昭宣,元成哀平孺子新,光武明章和殇安,顺帝冲质桓灵献。"这样一来,所有的皇帝都记住了,这就是口诀的作用。反过来,如果你说了一句话,除了你自己再也没有第二个人主动去说、主动去传播了,这也不叫金句,也就没后面什么事了。

所以,"不言而喻、不容置疑、不胫而走"这 12 字箴言,或者"人人能懂、字字有理、口口相传"这 12 字箴言,我把它们当作衡量一条金句是不是真金句的三个硬指标,也可以说是我们创造一条金句的三个心法。如果你的金句有任何一个指标不满足,它就不叫真金句,最多只能算是文字游戏。

那么,我们应该如何去实现这三个指标,应该如何创造出能够同时满足这三个指标的真金句呢?下面我就给你这门课程的第五个应用工具,叫"金句沙漏"(见图 5-1)。

■ 应用工具五：金句沙漏

真金句的三个指标

- **不言而喻**（人人能懂）
- **不容置疑**（字字有理）
- **不胫而走**（口口相传）

3点造句
- 明确一个出发点 → 1. 是出于什么目的？
- 找到一个对立点 → 2. 跟别人有何不同？
- 提出一个价值点 → 3. 能解决什么问题？

修辞再造，创造口诀

5法再造
- 对比法　公式法
- 比喻法　叠字法
- 穷尽法

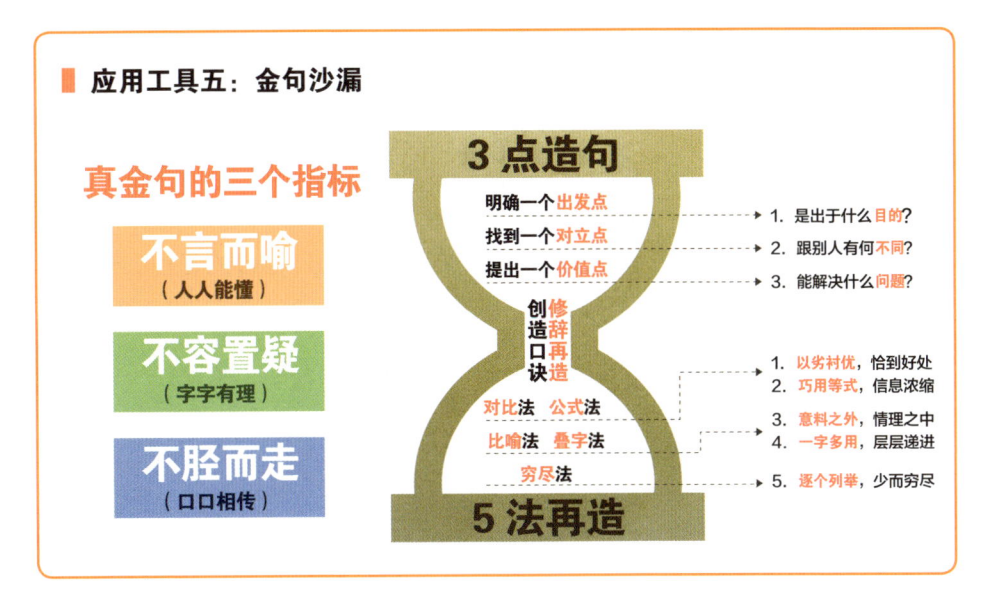

1. 以劣衬优，恰到好处
2. 巧用等式，信息浓缩
3. 意料之外，情理之中
4. 一字多用，层层递进
5. 逐个列举，少而穷尽

▶ 图 5-1

很多人认为，这个沙漏分为两个部分，即上面部分和下面部分。其实不对，它有三个部分。

我们先来看沙漏的上半部分，它是用来造句的，造出一句"毛坯的金句"。也就是说，通常情况下，你没有办法一次性说出一句广为流传的金句，所以你得先造出一句初级阶段的金句。但是造出这样一句毛坯的金句，必须同时做到3个点，我称之为"3点造句"，它们分别是：明确一个出发点、找到一个对立点、提出一个价值点。只有同时满足了这3点，才具备了一句金句的基本内核，如果少了其中任何一点，根据我自身的经验，都是不可能成为一句金句的。

但是仅仅满足了这3点，还不算真金句，还必须经过这个沙漏的过滤，通过一次改造，也就是这个沙漏的第二部分。上下两部分接轨的地方，我称之为"修辞再造，创造口诀"。我们知道，毛坯房必须经过装修才能住人。金句也是一样，毛坯的金句不能使用，必须经过装修才行。装修成什么呢？装修成小洋房。你必须把一句话改造成前面所说的类似于"口诀"一样的话术，才能变成真正的金句。

但是装修需要施工队，你应该找什么样的施工队来进行这样的装修呢？这就是整个沙漏的下半部分。把毛坯房装修成小洋房，你的这个施工队可以用到五种强大的"语言装修工具",我称之为"5法再造",分别是：对比法、公式法、比喻法、叠字法和穷尽法。根据我自身多年的磨炼和"以身试法"经历，这5个工具通常我们每次只需要同时用到其中1到2种，你的这套毛坯房就可以被装修成小洋房了。也就是说，你完完全全可以按照这样一条路径，把一句原本看起来非常普通的语言，变成一句口口相传的名言。但前提是：必须首先满足沙漏的上半部分。

接下来，我们通过一些案例，首先来拆解一下沙漏的上半部分应该如何运用。

▶ 3点造句

第一步：明确一个出发点

我在上一章里说过一条金句，说演讲的功能就是"路转客，客转粉，粉转推销员"。我为什么说这么一句话呢？因为我看到了很多人对于演讲的目的和功能，其实有着极大的误解，而这句话就是为了扭转大家对演讲的认知误区，这就是这条金句的一个出发点。

再比如我曾经说过："追问，是解决一切问题的万能钥匙。"我为什么说这句话呢？因为我看到了很多人事实上连自己的问题到底是什么都没有搞清楚，就想来解决问题。

所以，"明确一个出发点"意思就是你看到了一个什么问题、你想解决一个什么问题，那么你就在纸上或者在你心里把它如实地记录下来。这就是你创造一条毛坯金句的第一步。

第二步：找到一个对立点

我们前面说名言有3个特征，其中第二个特征叫独一无二。我们又说真金句有3个指标，其中第二个指标叫不容置疑，这个不容置疑其实也隐含了独一无二的意思。什么叫独一无二呢？要么就是没人这样说过，要么就是有人想说却没有说出来。但与此同时你还必须知道别人通常都是怎么说的，并且别人的说法和观点必须是跟你相对的、相左的、相对立的。最重要的是，他们的说法和观点在很大程度上还恰恰是一种主流。

比如我有一条金句很多人都知道:"变现从来都不是什么难事,真正难的是持续变现、持续变大现。"那么这条金句的对立点是什么呢?很显然,就是人人都在大肆宣扬变现、变现、变现,却很少有人去提倡夯实自身价值、追求持续增长,并且这还是一种主流现象。

所以,找到你的对立点,就是你创造一条毛坯金句的关键所在。很多时候,我们的金句之所以不能算是真金句,就是因为没有一个对立点,导致我们的话只不过是表达同一种观点的不同表达方式之一而已,没什么特别之处。

第三步:提出一个价值点

其实当你有了一个出发点,并且也找到了一个对立点,那么这个价值点也就是水到渠成的事。请记住:你对立点的那个对立点,就是你的价值点。换句话说,你找到的那个对立点,再反过来,那就是你自己的价值点。你要提出的这个价值点,要符合名言特征里的那个"行之有效"。也就是说,你的这个价值点是能够解决一个实际问题的,而不仅仅是一种口舌之快,这是真金句和文字游戏的一个本质区别。这时候你需要做的,就是把这个解决问题的价值点,用一句最平实的大白话写下来,正所谓"一句话概括中心思想",并且是用最平实的、不加任何修饰的语言来概括。这在我们之前讲定位和符号时都已经训练过了。

比如当我提出"关注峰帅,营销不败"这一句属于我自己的职业金句之前,其实它有一句大白话版、毛坯版的前身,叫"关注我,帮你避开 100 个营销误区"。你如果去看我非常早期的视频号内容,就会看到我经常说这句话,其实这句话就是体现我倡导的营销"保底思维"的毛坯房,后来我才把它演化成了"关注峰帅,营销不败"这一句更好记、更好懂,也更好传播的个人金句。

以上就是沙漏上半部分的心法和做法。简单地说,"3 点造句"最重要的任务,就是提炼一句毛坯版的金句。把它归纳为更简单的 7 个字,即知己、知彼、给价值。也就是你创造一条毛坯金句,得搞清楚自己在某个问题上的出发点、搞清楚别人在这件事上通常是怎么说的,然后给出你自己的价值观,并用一句最平实无华的话把它给写下来。

当我们通过"3 点造句"法写下或者说出了一句毛坯金句时,很多人会犯的一个毛病是:直接就开始使用这句话了。但是我们前面说过,毛坯房是不能住人的,毛坯版的金句也是不能直接用的。所以接下来我们就要通过修辞,对这句话进行一次再造,从而把它变成一句口诀,也就是我们整个沙漏的第二部分:修辞再造,创造口诀。

这里有一个看似很简单的问题:到底什么是修辞?

根据我们现在的常规理解,修辞就是让文章更有文采的那些方法,如比喻、排比、夸张等,这是我们从小学就开始学的。事实上,"修辞"这个词最早来自古希腊的那些哲学家,比如苏格拉底、柏拉图、亚里士多德他们。我们知道,那时候哲学家平时没事都喜欢辩论,辩个你死我活,为了真理而辩,为了政治而辩。于是在那个时代,为了更好地赢得辩论,出现了非常重要的一本书,就是亚里士多德写的《修辞学》,今天依然可以读到这本书。

"修辞"里的这个"辞",本义指的就是辩论,所以修辞的意思就是修饰辩论。为什么要把辩论之辞进行修饰?很简单,就是为了更好地去说服对方。所以我们这里的"修辞再造",用的正是"修辞"的本义,因为这是一门个人品牌课,而放大个人品牌的目的就是让人认识你、认可你、认准你,从而让你可以通过自己的个人品牌去更好地说服外界。而我们这一章所讲的金句思维,也是为了加强这种说服力,所以我们需要用到"修辞术"这种古老的工具,从而把我们一句一句的毛坯金句,变成真正的金句。

下面我们就来看一下沙漏的下半部分,它是我总结的 5 个修辞法宝,我称之为"5 法再造"。

▶ 5 法再造

第一个法宝:对比法

什么是对比?简单地说,就是用不好的来衬托好的、用劣质的来衬托优质的。

谁是不好的，谁是劣质的？当然是别人。

谁是好的，谁是优质的？当然是你自己了。

这就叫对比，用你自己的好，来跟别人的不好进行对比，从而更加衬托出你自己的好。

有时候这种对比是非常明显的，比如的同事云姐曾经在公司里讲过一句金句，"大多数人其实不是在碎片化阅读，而是在把阅读碎片化"，就是你明明有一大块完整的、可以用来阅读的时间，但是偏偏用它来看手机、打游戏，或者做一些没用的事，然后反过来又说没时间看书，只好利用空闲时间去看书。云姐这句一针见血的金句，前后意思的对比是非常明显的。再比如我讲过一句金句："其实宝妈们真正的痛点，并不是现在带娃的时候不能赚钱，而是当她们有一天不带娃了，却不知道怎么赚钱了。"这种前后意思的对比也是非常强烈的。

而有时候这种对比初看并不是那么明显，甚至那个"坏"的部分看起来也像是好的，但是当你把整句话说完以后，人们才发现：原来是一种对比！然后会产生一种喜出望外的惊艳感。比如我曾经说过："生意分为几种，一种叫局部化生意，或者叫一对一生意。比如我做咨询，在同一个时间里只能服务一个人，它虽然很有价值，但是会很累，因为只能做一个生意的局部。但同样是我一个人，传播同样的内容，如果变成教育培训，它就是规模化生意，或者叫一对多生意，比如我出了一门课，就可以同时给 100 个人、1 000 个人，甚至 10 000 个人上课。所以我说：局部化生意，是一人赋能一人；而规模化生意，是一人赋能多人。"当我说到这里，你会觉得我一定是在倡导我们要做规模化生意，但我又说了："超规模化生意，是众人赋能众人。"这才是我在这句金句里真正要强调的意思，我是在倡导一整个群体抱起团来，赋能另外一个更大的群体，我认为这才是互联网时代下应该普遍生长出来的生意模式以及我们努力的方向。但是在这句金句里，它前后意思的对比并不是那么强烈。

再比如我曾经说过："80% 的问题，是因为没有沟通清楚而造成的。"说到这里，你可能会想，那剩下 20% 是沟通清楚了。不对，我的下半句其实是：

"剩下20%的问题，是压根没有沟通而造成的。"言下之意就是，我们工作中遇到的所有问题，本质上都是因为没有沟通好而造成的。所以你看，这里面的对比也没有那么强烈。

用对比法来打磨金句的好处就在于，一正一反，给人一种恰到好处的感觉、一种深刻的印象，并且不仅仅是对好的这一部分产生深刻的印象，而且对坏的那一部分也产生了深刻的印象。这个方法非常好用，所以我把它排在第一位。

第二个法宝：公式法

学过数理化的人都知道，有很多公式要记。所有的公式都会给人一种感觉：权威、不容置疑。当我们把公式这种形式用在打磨金句上的时候，也会让人产生一种绝对的、独一无二的感觉。当然，你这个公式本身得经得起推敲。

用公式法来打磨金句，还有第二个好处是，能把你所有想要表达的信息，进行一次高度的浓缩和打包，变得非常利于记忆和传播。

比如我曾经说，商业模式就是闭环力。那什么又是闭环力呢？我列了这么一个非常好记的公式：

$$闭环力 = 交付闭环 + 价值闭环 + 盈利闭环$$

你只要想清楚了你整个生意盘子里，各方角色、各个利益方之间的这3个要素，你的生意闭环力也就形成了。所以我说，想清楚了这3个闭环，就不存在想不清楚的商业模式。

再比如，现在我们一直提倡要人脉链接，你链接我、我链接你。我有一条视频讲人脉链接这件事，我提出了一个概念叫人脉链接质量，然后也得出了一个公式：

$$人脉链接质量 = 双方的势能 \times 双方的热能 \times 双方的动能$$

意思就是，链接双方的社会地位、阅历背景要基本对等，否则势能不匹配，没法产生真正有价值的链接；链接双方的知识储备、见识高低、价值观也要基本对等，否则热能不匹配，也没法产生真正有价值的链接；链接双方各自正在做的事或者准备做的事，要互相支持、互相依存，否则动能不匹配，还是没法产生真正的链接。只有当这3种能量都高度匹配时，相乘以后双方的人脉链接才能达到一个比较好的质量，否则就称不上人脉链接。

再比如，我们经常说一个公司、一个产品需要业务创新，但是什么叫业务创新呢？感觉很复杂。于是我也列过一个很简单的公式，来说明这个问题：

业务创新 =1+1+1

第一个"1"，是你的基本业务，就是你本身就在做的这摊事。

第二个"1"，我称之为叠加业务，也就是在你的基本业务上叠加上去了一种业务，从而形成了一种新业务，一般我们认为这就叫业务创新。如买菜叠加了快递，就变成了叮咚买菜；啤酒叠加了枸杞，就变成了三得利暖啤，等等。

但业务创新真的只是这样吗？我认为是不够的，所以还有第三个"1"，我称之为边界需求，也就是这个"1+1"产生的新业务，你必须预估到它是否具有一种若隐若现的需求性，否则它看起来像是业务创新，其实到后来可能连业务都谈不上。比如前面说的叮咚买菜，它的边界需求就很大，所以越做越好；而三得利暖啤，边界需求其实很小，所以最后整个产品都没了。

你看，这么复杂的一种营销思维，当我把它浓缩在一个公式里变成了一句金句，就会变得非常好懂好记。

再比如我曾经说，微商最值得推崇的地方在于，它把人类的信任边界给打破了。那什么是信任呢？我也列了一个公式：

信任 = 诚信 × 口碑 × 时间

也就是说，真正的信任是用你自己的诚信，去乘以用户的口碑，再乘以时间的累积。可以说是一目了然。

这些例子都是用公式法打磨的金句，它非常高效地把所有信息进行打包、进行高度的浓缩，然后表达出来、传播出去，它非常好用，所以我把它排在第二位。

第三个法宝：比喻法

之前我们也特别提到过，巧妙的比喻手法可以起到一种"意料之外，情理之中"的作用，就好像给你的句子插上了翅膀，让它能够四处飞翔。

比喻法也是我本人非常热衷于使用的一种手法。比如我说过"夫妻两个人吵架，就像做菜时的味精，不能太多，不能没有"，这一下就把夫妻吵架的精髓给说出来了。还有我说"创业就是用行动讲一个故事"，以及之前讲"表达利器"时我说"PPT 就是你的捧哏演员"，这些都是使用比喻法创造的金句。

我们在遇到大环境改变的时候，或者自己的业务出现一种新状况的时候，我们会考虑转型，但是很多人、很多企业的转型是冒着巨大的风险，彻彻底底换一个行业，于是我也用比喻法说过一句金句："成功的转型，并不是让你现有的用户断奶，跟你完全不再有任何关系，而是你得让他们跟着你的转型一起成长。"意思就是说，你的转型不能一蹴而就，而是需要经过一个和缓的转变，尽可能规避一些不必要的风险，同时还应该照顾到你现有的用户，不能让他们马上跟你断奶，你得负责任地带着他们跟你一起成长，这才是健康合理的转型策略。

所以，使用比喻法这种方法，其实需要一定的心机，以及自身观念的积累，它其实不是一种修辞，而是一种思维方式，需要不断地加以训练才能掌握。因此我建议你，平时可以多开开玩笑，多训练一下自己的比喻能力，而且要尽可能地去使用那些接地气的、生活中司空见惯的、人人都能听懂的比喻方式。这是一种绝对可以训练出来的能力。

第四个法宝：叠字法

什么是叠字法？就是在一句话里面，把某一个已经用过的字词，反复再去使用一次或者多次，从而达到一种层层递进的效果，让人的印象越来越深刻。比如我讲过一句话："转述不是学习的目的，转化才是。"我们现在经常说"复盘"，今天读了一本什么书，或者听了一门什么课，都要进行复盘，包括我的这门课，也要求学员进行及时的学习复盘。复盘非常重要，但是客观地说，你复盘复得再好，仍然是一种转述。转述不是我们学习的目的，我们要把学到的东西转化运用到自己身上去，化于无形，从而对我们自身的成长、对我们自己的生意起到非常重要的赋能作用和推动作用，这才是学习的目的。在我这句金句里，转化和转述这两个词用了叠字法进行了叠加以后，就产生了一种递进的效果，会给人一个比较深刻的印象。

再比如前面说到的，"做个人品牌的本质就是让人认识你、认可你、认准你"，这里的认识、认可、认准也使用了叠字法，而且层层递进，一个词比一个词更接近目的地。包括我们这一章刚刚说过的"衡量一句真金句有 3 个指标：不言而喻、不容置疑、不胫而走"，这也使用了叠字法，并且也层层递进，越来越接近目的地，让人印象非常深刻。

所以当你使用叠字法来打磨金句时，每一次叠加使用同一个字，相应的那个词的含义就深了一层，带给他人的认知也高了一层，你达到的效果是：在语言以及给别人的价值感这两个方面，都让对方有收获、都让对方留下深刻的印象。这就是叠字法的奥妙所在。

第五个法宝：穷尽法

在上一章的演讲课里我提到过一个词，叫"少而穷尽"，这也是我非常重视的一种思维方式，就是当你要说明一个问题的时候，一定要把所有例子都举出来，但是这里的"所有"，又必须非常少量，从而让人觉得很好记，这就叫少而穷尽。

比如我们说世上的万事万物都是二元的，有阴有阳、有正有反、有干有湿、有晴有雨，整个世界都可以这样被概括，这就是少而穷尽。

比如我在这门课里每次设计一个应用工具图的时候，都是用"少而穷尽"的方式设计的，古人说"增之一分则太长，减之一分则太短"，在整个工具图里，不能再多一种可能性，也不能再少一种可能性，这就叫少而穷尽。

下面有个反面的例子。

很多人和企业在推出一种业务或者一款产品的时候，经常会进行市场调研，但实际上市场调研这件事我本人是非常不提倡的，因为绝大多数时候我们所做的市场调研都是不靠谱的，它不是少而穷尽，而是"多而不穷尽"，以至于常常闹出笑话。比如你设计了一份问卷，调研了 100 个人、1000 个人、1万个人，甚至10万个人，其实并没有用，因为有了互联网以后我们终于知道，一切用户画像其实都是千人千面、万人万面。在中国范围内做调研，除非你把14亿人口全部调查一遍，否则说明不了问题。于是这时候你调研再多的人，都只能是"多而不穷尽"，因为你很容易就忽略掉了很多用户群体、很多消费场景，并且你自己还不知道。然后你会得出一种结论，而这种结论往往是很可笑的，因为它一半是靠数据、一半是拍脑袋得出来的。这样的市场调研和结论，对于我们实际打仗做战略、做经营，指导性是很差的，甚至是很危险的。

所以回过头来看，当我们用穷尽法打磨金句时，要尽可能地做到逐个举例，但是少而穷尽。

比如我说过这么一条金句："判断优质的核心客户有3个维度：第一，用户池足够大；第二，需求性足够宽；第三，天花板足够高。"这就把衡量一个优质客户的所有维度、所有标准都说尽了，但其实我只说了3个。

再比如，我们经常说卖货卖货，但是世界上卖的货品有千千万万种，我把它们提炼归纳起来，其实逃不出5种类型：第一种叫卖贪吃，第二种叫卖懒惰，第三种叫卖虚荣，第四种叫卖恐慌，第五种叫卖自欺。这也符合少而穷尽原则，而且非常有趣、非常利于传播。

以上就是把毛坯金句进行再造，变成口诀的5个法宝、5种修辞法。使用好这5个法宝，就足以让你创造出属于你自己的、能够展翅飞翔的金句。我把这5个法宝也总结成了一句口诀，叫"对公比叠穷"。

当你在打磨一条金句时，其实经常会同时使用其中的一到两种法宝。比如，"认识你、认可你、认准你"，它既用了叠字法，同时又用了穷尽法。再比如，"人脉链接质量＝双方的势能 × 双方的热能 × 双方的动能"，它既用了公式法，也为了比喻法。所以这一点请你注意，5个法宝并不是每次只能使用一种，就像哪吒的风火轮、乾坤圈、混天绫、红缨枪，都可以同时使用。

最后再一次提醒你：所谓的金句思维，别看它又提到这个修辞手法，又提到那个修辞手法，其实它跟文采无关，甚至跟写作也无关，它更多强调一种思维路径的训练，以及如何把信息进行精简的训练。

所以金句思维是一种非常利他，同时又非常利己的思维。利他是因为占用别人的时间很少，一句简简单单的金句就囊括了很多信息，同时还会传递给别人一种快乐。与此同时，它也可以很好地传播你自己、放大你自己，这是金句思维利己的一面。

讲完了"金句思维放大器"，现在请你回想一下，当你把这一章内容跟之前学习的"表达利器放大器"以及"魔力演讲放大器"合在一起看的时候，是不是能够隐约体会到一种如虎添翼的感觉？——有了表达利器，懂得了如何更好地演讲，并且还知道如何在关键时创造金句和使用金句，从而让你的观念和语言像钉子一样钉在别人心里，然后口口相传，这就是整个"表达与影响"模块在你身上所要呈现的根本效果。

让我们一起在各种关键的表达场合，通过不断的操练、操练、操练，让自己的语言插上飞翔的翅膀，成为在你的领域里广为流传的名言吧！

核心内容回顾

本章我们学习金句思维是为了让你的语言变得像名言一样流传，而名言有三个特点：简短有力、独一无二、行之有效。基于金句对我们个人品牌的加持作用，我们知道了在 3 个场景下最需要金句，那就是：当你提出一个问题的时候，当你得出一个结论的时候，当你提出一个概念的时候。由此我们总结了真金句的 3 个标准，也可以叫"12 字真言"：不言而喻、不容置疑、不胫而走，或者人人能懂、字字有理、口口相传。但是应该如何达到这 3 个标准呢？我给出了第五个应用工具，叫"金句沙漏"。在沙漏的上半部分，你的核心任务是要用"3 点造句"，来锁定一句毛坯金句，也就是明确一个出发点，找到一个对立点，提出一个价值点。当然这是不够的，你还需要通过"修辞再造"，把毛坯金句加工成一句口诀，我称之为"5 法再造"，并且我也为你编了一句口诀，叫"对公比叠穷"，也就是对比法、公式法、比喻法、叠字法和穷尽法。

第三模块

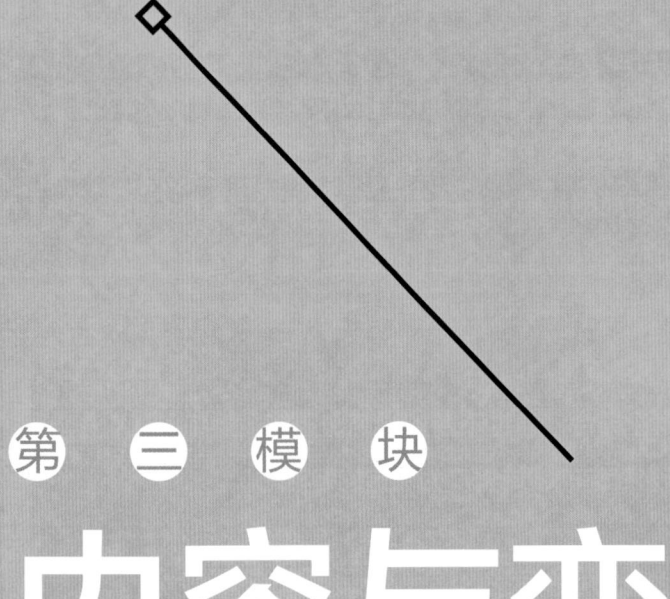

内容与变现

第六章
视频赋能放大器

视频号不是钱，而是存钱罐！

在之前的两大模块里，我们跑完了整个上半场：向内，我们一起学习了如何有效地给自己定位，如何放大我们的个人品牌符号；向外，我们一起学习了如何有效地使用 PPT 这个表达利器、如何通过有效的演讲，来达成生意上的目标，以及如何运用金句思维，来让自己的语言变得像名言一样广为传播。

但是作为一门个人品牌课，仅仅学习了这些显然是不够的。所以从这一章开始，我们来到了这门课程的下半场。你会发现，整个下半场将会离钱越来越近。因为我们说过，做个人品牌，就是做变现战略，自然要一步一步地向钱靠近了。

第三模块叫"内容与变现"，它包括了两个放大器：第一个叫"视频赋能放大器"，也就是如何做一个有价值的视频号；第二个叫"价值变现放大器"，简单地说就是如何做知识付费。

为什么要这样安排？其实里面有着微妙的关联："视频赋能放大器"是为了让你在目前这样一个视频化的营销环境下，通过可视化的方式来储存以及展示自己身上的内容；相应地，"价值变现放大器"是为了让你把自己身上那些有价值的内容，通过课程等方式进行有效的输出，输出以后直接变现，甚至直接变大现，从而达到"益人达己"的目的。

但是不得不说，这两部分内容都有一个共性，就是既好讲，又难讲。好讲是因为越来越多的人都在做视频号，也有越来越多的人都在做知识付费，只要

应用工具六：视频号北斗星座

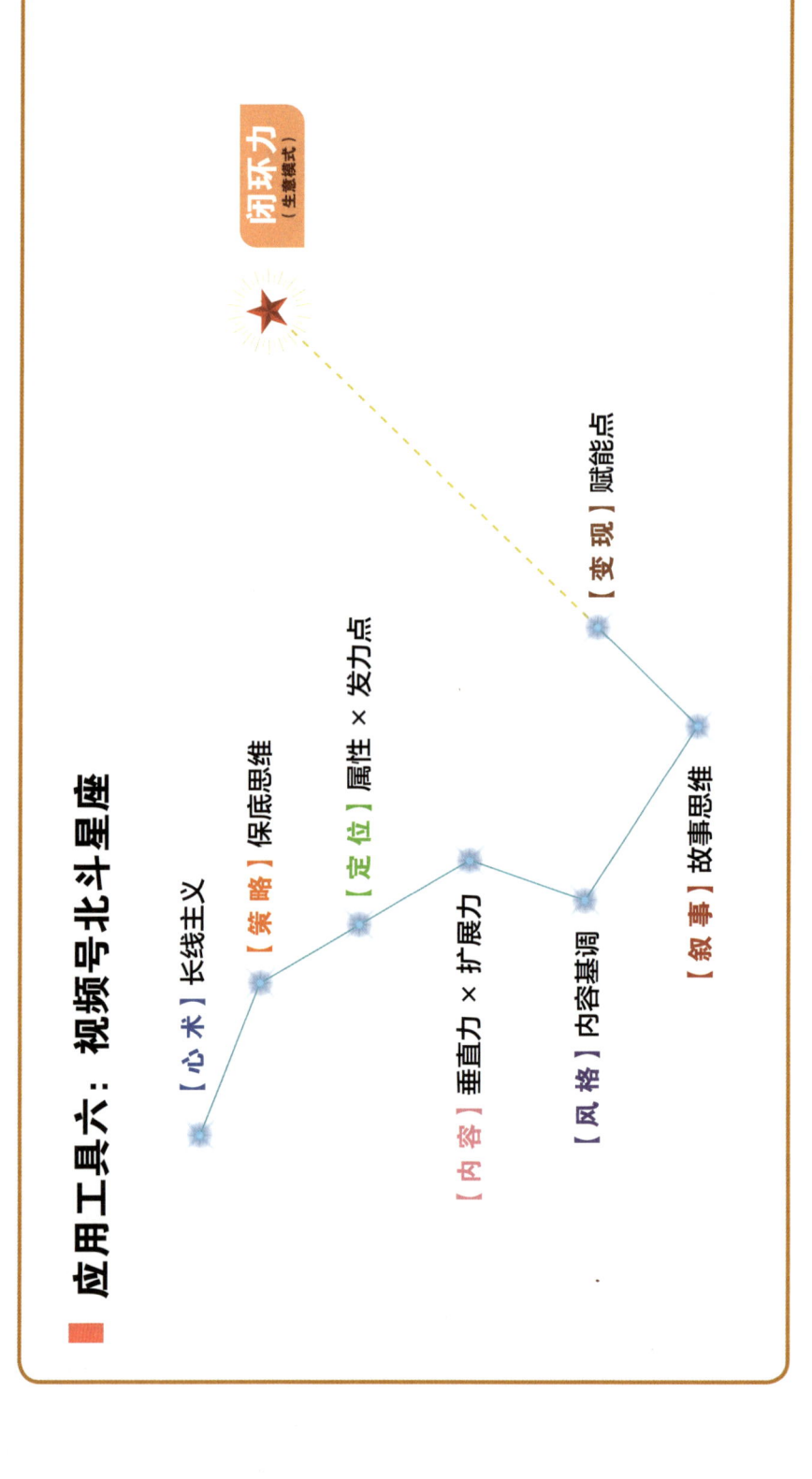

【闭环力】（生意模式）

【变现】赋能点

【叙事】故事思维

【风格】内容基调

【内容】垂直力 × 扩展力

【定位】属性 × 发力点

【策略】保底思维

【心术】长线主义

是一个人，多多少少总能讲出点内容，而难讲也是因为大家都在做视频号、都在讲课，但是如何讲出真见识和真价值，让人学了就能用，从而在物质上能够更靠近钱，在精神上也能够更富足，这是非常有难度的。

好在不论怎么说，在这两件事情上，我本人也是一个身体力行的践行者：在做视频内容方面，我积累了一些有效的、系统的心得，也取得了一些实实在在的成果。例如，我是一个双金V号主、有几万优质粉丝，也算是营销垂直领域的一个知名大V，这算是一些看得见的结果；而在知识付费上，我也有自己的一套理念和标准，并且这些理念和标准还影响了不少人。所以，借着这一模块的内容，我将把自己的所思、所行和所得，尤其是其中的一些精髓，继续毫无保留地分享给你。

下面我们就正式进入"视频赋能放大器"。

其实更准确地说，这一章应该叫"视频号赋能放大器"。为什么要以视频号为范本和模板来讲呢？有下面这么几个原因。

第一，我们都知道，抖音也好，快手也好，它们最大的红利期已经过去了。虽然我很不喜欢说"红利期"这个词——因为在现在的环境下，"红利"是让很多人产生焦虑的一个词，所谓成也萧何，败也萧何，很多人在一些新事物上赶上了红利期，确实赚到了很多物质上的收成，但是更多的人却没有拿到什么结果，然后变得非常焦虑但是不得不承认，在抖音、快手这些视频平台，新人确实很难再入局，入局以后做出好成绩的概率仍然有，但非常低，所以我没有选择它们来讲这节课。

第二，坦白讲我自己在其他视频平台上也没拿到什么成果。我也做过一小段时间的抖音，但是并没有做起来。

第三个原因最重要，我们都知道，视频号其实并不是一个孤立的工具，它是基于微信大生态而诞生的，诞生这么长时间以来，它已经证明，并且还在继续证明：现在如果你想做好个人品牌，并且希望你的个人品牌对自己的生意产生赋能作用，却不去好好做视频号，就是在浪费机会。

当然，这些道理早就有太多人讲过，越来越多的人也都知道视频号很重要，所以在这一章宝贵的内容里，就不去多讲这些"有用的废话"了。在讲如何做视频号之前，我首先要跟你分享的一个重点是，基于我自己这么长时间以来的观察和亲身经历，我所看到的做视频号普遍的三大卡点，或者说三大怪病：

第一个怪病，叫急于求成。也就是说，到目前为止还没有变现的视频号主，做梦都想着变现。但是反过来，已经变现或者正在变现的，大多数人其实也并不清楚未来的路到底有多明朗。自从我自己入局以来就看到，所有做视频号的人都在等待一件事，就是"到底该如何变现"，从视频号诞生之初到现在，这种等待和纠结一直都存在。视频号似乎天生就是为了变现而来的，不是为了娱乐而来的。

正因为如此，就导致了第二个怪病，叫焦虑重生。很多人看到有人接广告变现了，有人小商店卖货变现了，有人讲课卖课也变现了，而自己什么都没做成，这时候就开始为变现而焦虑，并且会把问题自然而然地都归咎于破圈不够、流量没起来，或者自己太懒了，没有日更、日播等原因。

长此以往，这种焦虑会让人形成两种结果，一种是持续焦虑，一种就是形成第三个怪病，叫无疾而终。既然持续不变现、持续不知道如何变现，再加上工作一忙，最后就不得不主动放弃或者被动放弃视频号了。

相应地，在这三个卡点或者说怪病之下，做视频号还形成了三类无形的派系。

第一类派别，我称之为数据派，或者叫算法派。这类号主们的眼睛只盯着视频号的各种数据，比如点赞数、评论数、转发数、浏览量等，或者往高级一点说，他们做视频号最关心算法，比如视频号的整个推荐机制到底是怎么样的，以及流量到底有什么规律，什么时候高、什么时候低。为什么要关心这些数据和算法？因为很多人有一个目的，就是掌握这些算法。但你想一想，到底是你在掌握算法，还是算法在掌握你？换句话说，算法如果真的可以被你掌握，它还叫算法吗？

第二类派别，可以叫打赏派，或者叫直播派。很显然，这是随着视频号直播的产生而出现的。既然很多人一直不知道如何变现，有一天终于可以直播了，仿佛突然找到了变现的法宝，于是视频号上顿时涌现出很多靠观众打赏来过日子的娱乐号主，有小部分号主是原生的，更大一部分都是从其他偏娱乐化的平台移民过来的，并且他们很多人都习惯在夜里通宵直播，我曾经称之为"黑夜传说"。在这些娱乐号主比较可观的打赏收入的刺激下，很多视频号的原生号主也开始慢慢转向直播、猛攻直播，甚至追求日播，日播还不算，很多人还要从早播到晚。在这种玩命直播的风潮中，也的确出现了一些收入不错的号主，但是我们看到，更多的号主每天也只不过在朋友圈晒一下打赏收到的仨瓜俩枣。这难道真的就是我们做视频号的变现之路吗？难道就是绝大多数人的变现之路吗？

第三类派别，叫视觉派，或者叫技术派。因为视频号是影像内容，所以很多号主会很直观地把"如何做好视频号"，等同于"如何把视频号拍得更好"，或者"如何剪辑得更好"，或者通过技术手段"如何让它传播得更好"。这一方面催生了很多讲技术的视频号老师，另一方面也催生了很多"视频号联盟"，还有一些所谓的"互助群"，其实就是你帮我点赞、我帮你点赞，有一些打卡群，群里的人必须日更。这些都是着眼于技术层面的号主。

除此以外，还有另一种派系我没有把它列进去，可以权且叫它社群派，就是做了视频号以后，把视频号跟社群捆绑起来，从而变现。你可能会认为："这是一种很好的变现路径啊！"但事实上社群本身跟视频号无关，即便没有视频号，你一样可以去做社群，因为早在社交电商或者说微商兴起的时候，社群就已经是互联网创业和变现的标配了。当然这是另外一个话题，我们暂且不做深入探讨。

以上可以算是我本人在做视频号的实战过程中，通过观察总结所得出的一些自己的结论。这些结论不一定全面，但是在很大程度上代表了做视频号的一种主流现状。而且你会发现，无论是前面说的那些卡点，还是那些无形的派系，无不因为两样东西产生：一样叫流量，一样叫变现。

那么在这样的情况下，我们这一章的视频赋能课到底应该讲些什么、学些什么呢？我想请你注意：我们不会去讲如何拍出一条视频、如何剪出一条视频，我们也不会去讲如何增长流量、如何帮你的号涨粉，我们甚至不会去直接讲如何变现。为什么？因为这样的课和书已经太多了。

你可能会问："你这个不讲、那个不讲，那对于一个视频号，你还能讲些什么？"

虽然我说"视频号不是钱，而是存钱罐"，但是如果一定要给这堂课定个性，我认为它真正的主题应该是：

如何笃定地、不焦虑地做一个注定对你的生意产生巨大价值的视频号。

我想，这才是做一个有用、有效、有价值的视频号最重要的东西。也就是说，你只要做了视频号，就应该时刻知道自己站在哪里、要往哪里去，并且当你在做视频号的过程中遇到问题时，也能够轻易地自检出来，我的问题到底出在哪里。

如你所知，之前我们的每一章内容都会遵循这样一条路径：首先我会讲底层逻辑，然后会引出这堂课的心法，最后讲落地的实操做法。但是我要请你注意，今天这一堂视频赋能课，将是第一个"心法即做法"的放大器。也就是说，当我在跟你讲心法的时候，已经在跟你讲做法了。

下面我就结合我本人做视频号的全程体验，向你公布由我原创的第六套应用工具，叫"视频号北斗星座"（见图6-1）。

应用工具六：视频号北斗星座

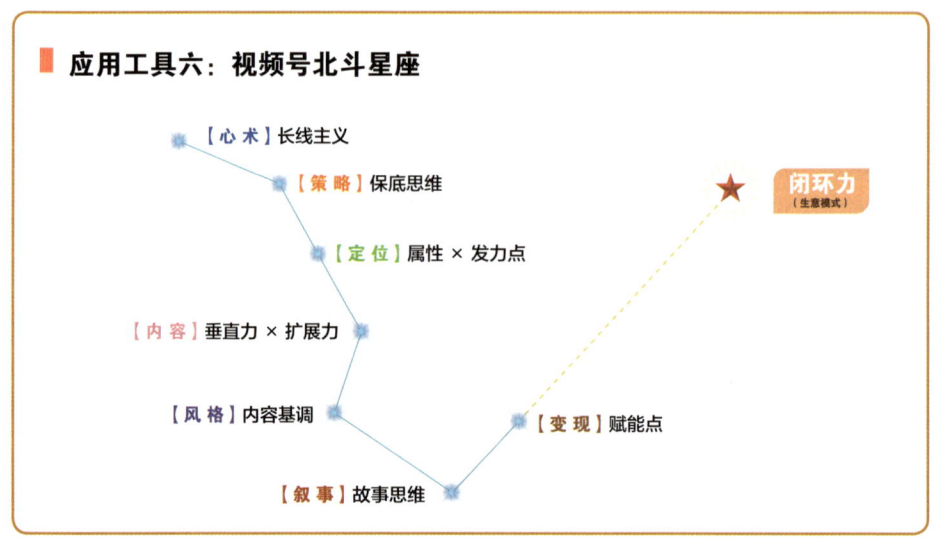

- 【心术】长线主义
- 【策略】保底思维
- 【定位】属性 × 发力点
- 【内容】垂直力 × 扩展力
- 【风格】内容基调
- 【叙事】故事思维
- 【变现】赋能点
- 闭环力（生意模式）

▶ 图 6-1

一说到北斗星和北极星，你会想到什么？一定会想到它们是用来指引方向的，尤其在古代，它们是让你在旷野中不迷路的。这也正是我设计这一工具的初心：不论你现在已经在做视频号，还是正准备做视频号，我希望这个工具可以让你永远不会迷路。

你可以看到，在这个北斗星座工具图里，一共有七颗星。

第一颗星是"心术"。在这里我会正式阐述一个我经常提到的词，叫"长线主义"。在讲个人定位那一课的时候，我特别强调了这个词，事实上做视频号也必须抱定这样一颗心。

第二颗星是"策略"。我们所谓的战略，就是你的目标是什么、你要往哪里去？而策略就是你用什么方法、如何去到那里？在这里我也会正式阐述一个我常说的词，叫"保底思维"。

第三颗星是"定位"。但是这个定位不再是第一章里讲的个人品牌定位，而是如何给你的视频号做定位，也就是"属性 × 发力点"。在这里你又将看到一个熟悉的词，就是"发力点"，我们在讲个人品牌定位时也重点讲到过。

第四颗星是"内容"。有了策略、有了定位以后，你的视频号应该向你的用户和观众呈现什么内容呢？有人会说："我可以做的内容太多了！"正如我曾经讲过，我当初在给自己的视频号定内容时，也在公司里讨论了很久。并且你除了需要考虑眼下应该做什么内容，还需要考虑过了一年半载又应该做什么内容。所以在这里，我也提出了两个词，叫"垂直力 × 扩展力"。

第五颗星是"风格"。内容有了，但是你的内容应该用什么样的基调呈现出来呢？比如你的内容是比较深奥的，还是比较通俗的？是偏娱乐化的，还是偏专业的？等等。所以在这颗星里，我将额外再给你一个小工具，叫"内容调性坐标"，供你定性或者检验自己的视频号内容到底应该是怎样一种基调。

第六颗星是"叙事"。可以说，一切内容在本质上都是叙事，从以前的博客时代到微博时代，再到公众号时代，又到了现在这个视频化时代，所有内容在呈现的时候，其实都是在叙事。既然是叙事，反映在做视频号时，不论你是做口播类的内容，还是做剧情类的内容，还是做口播加上剧情类的内容，你都离不开一个词，叫"故事思维"。之前在上演讲课的时候，我们深入讲过这个词，现在讲视频号也同样要用到这个故事思维。

第七颗星可能是你最关心的一颗星，就是"变现"。我们一开始就分析了，变现似乎是做视频号的最终目的，但是如何变现却成了大多数人做视频号的一个卡点。所以问题来了：视频号本身真的能够变现吗？视频号的最终目标也真的是变现吗？在这颗星里，我提出了最重要的一个关键词，叫"赋能点"。我坚定地认为，这是我们做视频号的整个过程里，最关键的一个词，也是我峰帅提出的所有概念中最重要的词之一。

你可能会说："这套工具图里还有第八颗星呢！"没错，还有一颗北极星。我们知道，北极星虽然不属于北斗星座，但是它有一个特征，就是无论怎么斗转星移，北斗星座的第七颗星是永远指向它的。而反映在这张工具图里，我们做视频号的第七颗星应该指向哪里呢？答案是：指向你的生意模式。视频号的赋能作用，当然也体现在赋能你的生意模式。关于生意模式这一部分内容，我们会在第四模块详细探讨。

下面我将为你逐个拆解"视频号北斗星座"里的七颗星。

▶ 第一颗星：心术

当我看到有那么多的人每天跳到眼前来，说实话我也想做网红。但是一旦有了这样的想法，动作就会变形，思考问题就会偏离科学性。一开始做视频号的时候，我一会儿想做一个书法号，一会儿想做一个唱歌号，一会儿又想做一个文案号，甚至还有人劝我做一个搭讪号。但是我后来静心一想，哪儿哪儿都觉得不对劲。为什么呢？因为所有这些号都让我看不到目的地，并且我在这些领域里虽然都有一些自己的特长，但自认为做得还远远不够，这时候如果我为了做网红而去做这样一个视频号，最后我又没能成为网红，那么结果可想而知，我一定会放弃。

所以我首先要讲的就是，你做一个视频号，必须先要"正心术"。

古人讲"正心诚意"，如果你做视频号的目的就是做一个网红，或者说扬名立万，这叫"心术不正"，最后大概率会无疾而终。当然反过来讲，你做视频号无疾而终，不一定是因为心术不正。而我一贯提倡，做一件事，一旦开始了就不要再停下，只有这样，你的势能和力量才会越积越大、越积越厚。

举例来说，我从 21 岁开始做营销，到现在已经 20 年出头了，我才敢说自己是一个营销专家，因为我经手的项目不计其数，并且坚持每天研究一个案例、每周读完一本专业书籍，十几年不断。

再比如，我对自己的写作能力和文案水平十分自信，也是基于我长年手写日记的习惯，20 年了，几乎天天不断，到目前为止我已经写了几十本日记，写了几百万字。

所以我想告诉你，不论你现在是否已经在做视频号，你都必须知道，做视频号的一个大前提是：既然开始做了，就要一直做下去，除非哪一天视频号没有了，否则绝不存在放弃，因为放弃才是对生命最大的浪费。

因此，做一个视频号，从一开始就要杜绝两种极端现象的发生：第一个极端是一味地追求爆款，尤其是那种浏览量上千万甚至上亿次的爆款；第二个极端是没有任何目的性，也就是先做了看看，一边做一边找方向。

据我观察，这两种极端到现在为止依然普遍存在，但是都要不得。

首先，如果你过于追求爆款，你的视频号是没法做长久的，因为我们知道，爆款作品太可遇不可求了，虽然我们看到很多人在讲关于视频号的课，他们会告诉你应该如何做爆款，但真正的大爆款基本是不可复制的。我本人做了这么久视频号，爆款作品其实也没多少，而真正浏览量过千万次的所谓大爆款，也只有一两条而已，破亿次的一条都没有。但是反过来讲，这对我峰帅的个人品牌效应有本质影响吗？现在看来并没有。

其次，不带任何目的性地去做一个视频号，最后也无法做得长久，因为根本不存在一个没有目的性的、做了看看玩玩并且还能够一直做下去的视频号，这样的号做到最后一定会无疾而终。

所以我从自己做视频号一开始，就提出"长线主义"这个概念。

注意，长线主义有别于长期主义。长期主义指的是耐心等待、不要着急，而长线主义其实带有明确的目的性，简单地说就是：放长线，钓大鱼。长线，就是你在做的这个视频号，而大鱼，就是你做个人品牌的那个终极目的，也就是我们先前早已定好的那个十年不变、终生不变的生意目标。所以你甚至可以说，长线主义约等于你的个人品牌战略。这就叫"正心术"。

基于这样一种端正的心态，我们从一开始做视频号就要立定一个心志：不要总想着去做什么爆款内容，而是要把自己的视频号做成一个"爆款号"。

什么叫爆款号？简单地说，就是有发展前景、有上升趋势、有商业价值的一个视频号。为什么？因为假如你每天都在琢磨如何出一条爆款内容，你的注意力就会成天着眼于怎么写脚本、怎么拍摄、怎么制作，而一旦你的爆款并没有出来，你的心态就会越来越紧张。我曾经做过一条视频，叫《爆款内容的三宗罪》，你可以去我的视频号翻出来看一看，我基于自己的深刻体会说：爆款内容最大的一宗罪，就是会把你的心态慢慢搞坏掉。

而当你把心思放在如何打造一个有价值的爆款号上时，你就会自然而然地着眼于如何为你的号提供持续的、恒定的内容来作为支撑，从而让它越做越稳、越走越远。我曾经讲过这么一句金句："你与其每天思考下一期做什么内容，不如多想想 200 期以后你会做什么内容。"言下之意就是，你必须抱定一个长线主义的心态来做视频号，而一个长线主义的视频号，它的内容其实并不是一条一条想出来的，而是从一开始就"一举定终生"，谋划好在这一整个阶段里会做哪些内容。

拿我自己来说，当我抱着长线主义的心态来做视频号时，我突然想明白了：我真正已经拿到结果，并且能看到目的地的，只有"营销"这件事。所以最后我才会确定下来做"峰帅聊营销"这个号，而事实证明，这个号后来对我的个人品牌和我的生意是具有双重价值的。我认为，这就是一个爆款号或者长线号。

所以，当你抱着一种长线主义的心去经营一个视频号，你从一开始就拥有了一种"确定性"，也就是有确定的目标。这也就是为什么我经常说：目标导向才是唯一正确的做事方法。

我们平常总说"结果导向"，其实结果导向根本就是错误的，至少是不科学的。因为我们都知道，结果是不可控的，而你确定下来的目标，却是一直站在那里不变的，只要你遵循健康合理的规则去做，你就每天都会往目标逼近一点点，总有一天会达到目标，这就是所谓的"以不变应万变"。江南春也说过类似的话，他说我们在这个世界上，一定要用确定性去对抗不确定性。

那么对于做视频号而言也一样，我们抱定长线主义的心，就是为了用我们不变的目标，来对抗外界变化的事物，就是为了让外界变化的事物，来服务于我们不变的目标。

▶ 第二颗星：策略

我先举几个好玩的例子，供你思考到底什么是"底线"。

第一个例子：你认为结婚的底线是什么呢？

有人可能会说，结婚的底线当然是幸福美满、白头偕老。错了，那其实是结婚的上线。你要知道现在有多少人的婚姻都是不美满的，他们都没法白头偕老，而且你也知道现在离婚率越来越高。所以结婚的底线其实很简单，就是不离婚。你首先得确保不离婚，然后才有所谓的幸福美满和白头偕老。

第二个例子：你认为恋爱的底线是什么呢？

有人会说，那就是不分手了。又错了，恋爱不分手，其实也是上线。大部分人都谈过恋爱，甚至谈过很多次恋爱，那为什么会失恋那么多次才能修成一次正果？恰恰说明恋爱不是那么容易最终在一起的。所以恋爱的底线其实是四个字，叫赏心悦目，也就是我看你，你看我，怎么看都顺眼，这是两个人在一起能够坚持走到底的最低要求，如果哪天彼此看对方不顺眼了，麻烦也就来了。

第三个例子：你认为创业的底线是什么呢？

有人说，当然是赚钱。还是错了，创业赚钱也是创业的上线。创业的底线应该是：不亏本、不倒闭、不关张。

所以，这才是真正的保底思维。

"保底思维"是我很早得出的一个理念，也是我行事为人一贯坚持的一种策略，但是直到做了视频号以后，我才真正地把它放到台面上来讲。不谦虚地说，我应该是把保底思维真正用在做视频号上的第一人，并且早就在很多场合有过相关的分享。

那么为什么我们做视频号会感到焦虑和不安呢？

我相信大多数人会把这个问题归咎于流量不好，或者变现不好。但是我告诉你，一切的焦虑和不安，其实都来自我们的求胜之心。也就是我们在做一件事情的时候，自然而然地会给自己划一根上线，而这根上线，就叫"求胜之心"。比如做视频号，你一做就想做网红，上来就想赚很多钱，动不动就要日入过万元，等等。

《孙子兵法》里面有句话："胜可知而不可为也。"意思就是说，胜利这件事其实你是求不来的，哪天你胜利了，那是一种偶然，是你运气好。但是反过来，不败却是大概率可以求得的。所以我才给自己提出了一句口号："关注峰帅，营销不败。"当时还有一些人攻击我，说我不要脸，那是因为他们根本不知道我的用意是什么。

所以我们不可随便去指望"必胜"这件事，一旦你想着必胜，就很容易急功近利，继而会导致动作变形，甚至铸成大错。但是"不败"却是完全可以做到的，如何做到呢？很简单，你只要做人做事不要去违背那些自然规律和基本法则，你只要做到动作不变形、不犯那些低级错误，你就可以立于不败之地。正如我经常说的，当别人都很浮躁，都在乱动、瞎动、盲动、蠢动的时候，你只要踏踏实实沉下来，把一份工作、一门课程、一个产品做到极致，你就已经立于不败之地了。怕就怕别人也在往极致里做。

做视频号也是一样。什么叫必胜呢？就是你一味地求快、求好，想快速赚钱、赚很多钱。而正确的策略应该是什么？是即便你一年不赚钱、两年不赚钱、三年不赚钱，你也愿意把这个号做得很好，让它对别人有益，然后再伺机变现，甚至变大现。这叫"下可保底，上不封顶"。

那么具体应该如何做到这个保底思维呢？还是拿我自己举例。

我的"峰帅聊营销"这个号，它的底线是什么？我当时设定的底线很简单，就是假设我要讲一门营销课程。于是我就用讲课的标准去做长线的内容规划，从第一条视频到第 N 条视频，我把内容都布局好，而且一旦开始做，我就不太去关心我的粉丝数、点赞数、转发数这些数据了。我做这个号，从一开始更在意的，就是我对自身营销方法论的一次梳理、总结和分享。我就想着，假设我现在已经退休了，我应该如何把我的毕生所学梳理出来，分享给世人。

当我抱着这样的心态，以一个底线思维去做视频号的时候，呈现出来的种结果就是，我没有一条视频是苟且的，我的每一条小视频扩展开来，其实都是一个小主题，都是一节小课程。我还清楚地记得，有个朋友看我的视频号，一开始并没有太在意，后来有一天他把我的视频号全部翻了一遍，然后大吃一惊，特地录了一条视频说："原来峰帅是在下一盘大棋啊！"没错，这就是我做视频号的底线思维，我整个号都在像讲课那样做内容，任它外面东南西北风，我只管认真地总结、认真地分享。也正因为有了这根底线，才有了现在很多学员手上能够拿到的《95个营销基本》这样的免费电子书。更重要的是，我将会以这些内容为基础，推出另一门重要的课程：营销通关课。为什么我能相对比较快地做出这门课呢？因为我已经用了很长时间，通过视频号把这门课的基本大纲给梳理出来了，我只需要再重新组装一下、扩展一下、润色一下，就能做出一门非常精彩的大课了。

所以你也一样，我们每个人做视频号，都应该先画出自己心里的那根底线。

比如我的学员心怡，是做软装的，她除了可以在视频号里展示案例，以及线下承接软装业务，更重要的是，她可以把她的软装理念和知识好好地梳理一番，一期一期地做出来，教别人学习自己如何做软装。

再比如我的另一个优秀的学员富妈妈天语，她除了教人写文案，也更应该以输出为输入，好好地把她自己的文案变现方法论，一点一点地梳理出来，从而让更多宝妈受益。

又比如做艾灸产品的赳赳，她除了卖产品和帮人理疗，也完全可以把自己那些关于帮家人保持健康的经历和体会，以及她帮助他人恢复健康的种种方法，通过视频号进行输出。

只要这些内容真的能够让人受益，这些学员开课也好，出书也好，都未尝不可，同时可再伺机寻求更多的可能性。

其实这样的例子还有很多，这就叫"下可保底，上不封顶"，用视频号来赋能个人品牌、用个人品牌来赋能生意。而这样做出来的视频号才是"爆款号"，因为它是一个独一无二的号。

▶ 第三颗星：定位

定位这个话题，我们在第一章就遇到过，现在又遇到了。其实我们做任何一件事，都会遇到定位问题，就好比这门课，我从一开始就要考虑定位：这到底应该是怎样一门个人品牌课？它跟别的个人品牌课在价值上到底应该有什么不一样？

所以我一贯主张用"产品思维"来做任何事情。视频号是微信的一款产品，那么相应地，你也应该把你的视频号当成一款产品来做。既然是产品，就必须认认真真地进行定位。我们经常说"定位不对，一切白费"，而你学过了个人品牌定位课以后就会更加知道，定位这件事一定不是拍脑袋拍出来的，而是理性地分析和推导出来的。

根据我本人的切身感受，视频号的定位跟我们个人品牌的定位有同有异。同，因为它们都是产品；异，因为个人品牌是基于一个大活人的，而视频号是一种工具。

基于这样的一种理念，我得出了给视频号定位的一个简单公式：

视频号定位 = 属性 × 发力点

什么是属性？

一个领域有一个领域特定的属性：你如果是做茶壶的，就不可能一天到晚在视频号上讲怎么做酒；你如果是跳舞的，就不可能主要讲育儿；你如果是做保险理财的，也不可能一天到晚教人怎么去读书、怎么写文案。这叫"不在其位，不谋其政"。作为一个有特定职业的号主，你的视频号天生就有了一个定位，叫属性，这一点跟产品定位是类似的。

但问题是，如果只看这种从职业而来的属性，你的视频号定位其实大概率会跟别人产生很多的雷同，所以我们还需要叠加另外一个熟悉的词，叫"发力点"，也就是基于你自己的个性、专长、偏好，在属性定位的基础上，再赋予它一种与众不同的基因，从而确保你的视频号是无限接近于独一无二的。

比如我有另外一个小号叫"峰帅启示录",它是一个读书号,但是我每次只会分享一本书里的某一句话。为什么?因为读书号太多了,通常就是介绍一下这本书讲什么内容,但我一贯认为,一本书里真正让人受益的,可能也就只有那么一两句话,那我就把这句话分享出来就好了,并且这种分享一定要以我自己的观点为主,从而让这样一个读书号来服务于我,而不是我来服务于这个读书号。所以"每次只分享一句话",其实就是我这个号的发力点。

下面是我为这个号的首发视频(图见6-2)所写的配音文案,你可以体会一下它所承载的定位和风格。

▶ 图6-2

"人无癖不可与交,以其无深情也;人无疵不可与交,以其无真气也。"这是明代文学家张岱《陶庵梦忆》这本书里的话。一个人如果对任何事物都没有癖好,那么他在情感上就像是一截冷冰冰的木头,又如何能够对他人用情至深呢?事实上即便是圣人孔子,也对于音乐有着近乎痴迷的癖好。而一个人身上的瑕疵,也往往说明这是一个真性情者,正如绝世美人脸上的小小雀斑。癖好是上天赐给人类的特权,而瑕疵,看起来像是上帝在我们身上烙的一块伤疤,却恰恰是人类区别于动物的标识。如果说人性让我们成为同类,癖好和瑕疵,则让我们有了微妙的差异。——我是峰帅,这是我的新号,用来结交有癖好有瑕疵的你,和你一起读万卷书,行万里路,或者读两万卷书。

再举一个例子。我有一个学员叫周萍，她是做保险理财的。我们都知道，做保险理财的号很多，那周萍是如何定位的呢？她把自己锁定在"孩子的成长基金规划师"这样一个范畴里，所以她的视频号就可以更多地去做孩子成长方面的内容，这样一下子就跟其他保险人的视频号形成了差异。而"孩子的成长"，其实也是她视频号的发力点。

再比如，讲营销和商业的号那么多，为什么"峰帅聊营销"当时能够脱颖而出呢？很简单，因为我是用故事思维来讲营销的第一个人。如果你看过我早期的视频号内容就知道，我最初的口号叫"讲讲故事，聊聊营销"。通过讲故事的形式来传播营销知识，也成了我做这个号的发力点。

所以综合起来看：当你的视频号有了属性定位，在大方向上就肯定不会跑偏；而当你有了发力点，就不会跑累，因为你的号拥有了一种强劲的原动力，你的内容也就有了源源不断的洪荒之力，理论上内容永远做不完，也做不腻。

▶ 第四颗星：内容

这一点跟做个人品牌有异曲同工之妙。我曾经说过，个人品牌既要走得稳，又要走得远，视频号其实也一样。你做一个视频号，不但当下要做得稳，而且它的未来也要走得远，而不是做着做着内容上没法变通了，自己也做烦了，最后只好放弃了。

比如我的学员刘磊，他是一个税务官，他的视频号自然是讲财税的。还有几个女学员的视频号是讲穿搭的。像这些讲财税、讲穿搭的号其实做的人很多，并且内容相对比较狭窄和单一。在这样的情况下，你如果天天讲、天天做，到底能持续多久呢？我认为到最后慢慢地都有可能会断更。

所以关于视频号的内容，我也要给你一个非常重要的公式：

视频号内容力 ＝ 垂直力 × 扩展力

"垂直力"和"扩展力"这两个词其实你也相当熟悉了，就是说你的视频号内容既要能够向下扎根 1 公里深，又要能够向外拓展 10 公里远。

什么是 1 公里深？就是你的内容要足够垂直。当内容足够垂直，你的视频号就有了一个清晰的标签，它在观众和用户心里就有可能扎根越来越深，一说起这个类型的号，就会想起你。

什么是 10 公里远？就是你的内容扩展力要足够强、边界要足够宽。只有边界足够宽，你在内容上才不会弹尽粮绝，才会做到"水涨船高"——当你的阶段性目标改变了，你的视频号内容也能够产生相应的调整和变化。

比如"峰帅聊营销"这个号，最开始纯粹就是讲营销知识、聊我的营销观点和一些经验的，后来慢慢打开了范围，也开始聊管理、聊创业、聊更广阔的商业世界，此后因为开了这门个人品牌课，我的阶段性工作目标在改变，所以我在视频号上也相应地会聊个人品牌，甚至聊文案。营销这个领域其实本身就足够垂直，又足够宽，再加上我随时会根据自己阶段性的工作目标和重心，对视频号内容做出相应的调整，所以我就算天天做内容，理论上也是永远做不完的。

但是这里有必要补充一句：我们所谓的"垂直"，其实是一种相对的垂直，并不是说你每一期都一定要做同一个内容，而应该是 80% 的垂直内容，再加上 20% 的自由内容。为什么呢？因为这样你的整个视频号会变得更加丰满、更加真实，从而呈现出你是一个新鲜的大活人。比如我的视频号，80% 的内容是讲营销、讲商业的，还有 20% 的内容，我经常会唱一首歌、写一幅字，甚至会出现我带娃的生活场景，这会让我的视频号变得更加鲜活，我这个号主也会让观众感觉更加真实和亲切。所以我一直说，视频号是我们做个人品牌的一个工具，关键是要用它来展示自己是一个活生生的人，而不是一个僵硬的内容输出机器。

那么因此而来的另一个问题是：视频号的内容跟你的视频号名字之间，应该是怎样一种关系呢？我认为，随着你的视频号内容不断升级，理论上来说你的视频号名字也应当升级，升级到最后，就应该叫你的名字就够了。比如你还记得易中天刚出道的时候有什么标签吗？叫"易中天品三国"。我想如果易中天那个时候做一个视频号，名字也应该叫"易中天品三国"。但是现在你去看他的视频号，名字就叫"易中天"。为什么不叫"易中天品三国"呢？因为他现在已经不需要再用这样一个特定的、垂直的名字，来作为自己的标签了，他现在可以讲历史，可以讲国学，也可以讲人类艺术，等等。所以相应地，我的"峰帅聊营销"这个号，按理说最后也应该叫"峰帅"就够了。当你的视频号名字越来越简化，最后简化成了一个符号，也正是你的视频号内容从垂直走向扩展、从"1公里深"走向"10公里远"的最佳证明，同时也是你的个人品牌做得越来越好的最佳证明。而反过来说，如果你的内容还没有扩展出去、你的个人品牌势能还没有达到足以让你使用自己的名字，那么这恰恰就是你需要努力的方向。

▶ 第五颗星：风格

除了内容，还得进一步考量属于你的内容基调。"内容基调"是一个含义非常宽泛的词，比如高雅、低俗、唯美、深奥、接地气，等等，这些都可以说是一种内容基调。但是对于做视频号而言，有两个参数是最重要的，第一个叫有料没有料，第二个叫好懂不好懂。我据此画了一个供你检验视频号内容力的调性坐标（见图6-3）：横轴代表有料还是没料，纵轴代表好懂还是不好懂，于是这两根坐标轴划分的四个象限，就把所有视频号内容基调划分成了四种：

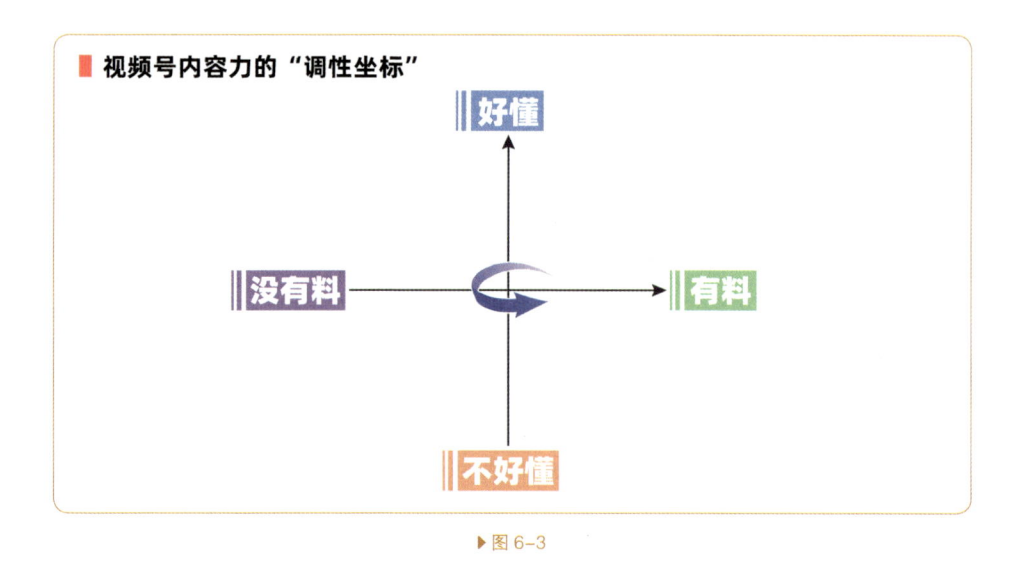

■ 视频号内容力的"调性坐标"

▶ 图6-3

第一种是有料并且好懂。比如有个大学教授的号叫"戴建业"，他在视频号上讲唐诗宋词。我们知道，唐诗宋词如果讲得不好会非常无趣，通常就是念一些诗词、讲一些诗词后面的背景，但是戴建业教授讲唐诗宋词，那真叫又有料，又搞笑，又好懂。

第二种是有料但是不好懂。比如我们看到有很多讲财务的、讲金融的、讲投资理财的号，讲的内容都很好、很有料，但是真不好懂，点开视频，看了前三秒就不想看下去。

第三种是好懂但是没有料。这样的内容会有一个可能性，就是容易落入庸俗。

最麻烦的是第四种，既没有料，也不好懂，也就是你看了以后不知所云。为了避免得罪人，后面两种基调我就不举例子了。

事实上在我看来，我们所有的内容生产出来，都是为了给人看的。给人看的目的，简单概括起来只有两个，一个叫"给你好处"，一个叫"让你高兴"，非此即彼。只有当你的内容有料了，才能让人感知到你的内容里面的价值，才能够给人好处；只有当你的内容好懂了，才有可能真正地让人感到高兴，要不然我连你在讲什么、做什么都不知道，我怎么能够高兴呢？

所以，你做视频号可以根据这个调性坐标，首先想办法让自己的内容基调处于"有料并且好懂"这一象限，如果实在做不到，退而求其次，也应该做到"有料但是不好懂"，因为至少你是能够给人价值、给人好处的。

那么你的视频号内容应该如何做到有料并且好懂呢？这就涉及第六颗星，叫"叙事"。

▶ 第六颗星：叙事

前面我们说了，一切内容的目的，要么是给人好处，要么是让人高兴。这里我们也可以说：一切内容，都是在叙事，都是在讲故事。所以这一颗星的核心关键词，就叫"故事思维"。

关于这个词，我们之前在学习演讲课的时候也着重探讨过：魔力演讲有两个齿轮，其中一个就叫故事驱动齿轮，它的操作心法是"因你而起、为你而生、对你有利"，当你的内容满足了这三点，你才能讲出一个打动人的故事。相应的另外一个齿轮叫情绪驱动齿轮，它的操作心法就是，你在叙事的时候应当激发起观众的"价值情绪、梦想情绪、利好情绪"。

而你的视频号内容，其实本质就是真人演讲的"视频化呈现"：有观众，有表达，有主张，又有目的性。所以，很多视频号做得好，主要原因之一就是故事思维运用得好。并且故事思维在任何类型的视频里都大有用处，比如有些讲旅游的视频号，讲得你马上想去那个地方；还有一些讲健身的，讲得你恨不得马上放下工作去健身。这都是因为故事讲得好。再比如，绝大多数人对于个人品牌口号的重要性都是严重忽视的，但是很多学员听完我讲的"小口号·大生意"这门小课以后，巴不得自己也能马上请我写一句个人品牌口号，这也是因为我把口号这个故事讲得很好。

所以请你一定要记住：要想做好视频号，故事思维不可少。否则在内容上不是容易落入无聊，就是容易落入枯燥，而且一旦你的视频号无聊了、枯燥了，它对于你未来的商业价值也会大打折扣。

针对一般的视频号主，尤其是刚刚入局做视频号的口播类号主，我要特别跟你分享两个核心的叙事技巧，一个叫拐弯思维，一个叫比喻思维。

什么是拐弯思维？

就是你本来要讲一个话题 A，但是你不直接讲，而是先绕到话题 B，顾左右而言他。等到观众的兴趣和情绪都被你激发起来了，你再切入正题。这是我本人在讲干货时经常使用的一个手法。下面是我的一条小爆款口播视频（见图6-4）的文案，你可以感受一下，在这条内容里我是如何运用"拐弯思维"的。

▶ 图6-4

营销的本质，就是说服你！

看过《芈月传》的人都知道，秦国的宣太后有个非常喜欢的男宠叫魏丑夫，宣太后临死前下令说："我死后魏丑夫得为我殉葬。"于是大臣庸芮就出面对太后说："您觉得人死后还有知觉吗？如果明知人死了不会有知觉，又何必把生前所爱的人置于死地呢？如果人死了还有知觉，那您到时候向先王认罪都来不及，哪里还顾得上魏丑夫呢？"宣太后一听有道理，就打消了让魏丑夫殉葬的念头。

这件事记载在《战国策》的第四卷里。今天之所以给你讲这个故事，是因为有人问我，做好营销应该读什么书？我就给他推荐了这本书。他说，经典营销书那么多，你怎么给我推荐一本古代历史书呢？我说，没有比它更经典的营销书了。

营销的本质是啥？其实就是说服你的对象去做一件事，或者不去做一件事，而《战国策》就是这样一本书，处处是说服、处处直指本心，读懂了它，你才真的读懂了营销。推荐给你！

通过这条视频文案你可以看到，我为了表达一个有些枯燥的观点，先绕一下，讲一件不那么枯燥的事，这就是"拐弯思维"。但是请注意：你只能拐一个弯，你如果拐了两个弯、三个弯，观众就会不知所云。

什么是比喻思维？

同样地，你本来是要讲一个话题，但是也不直接讲，而是先打一个有意思的比方，做一个类比，等到观众明白这个比方的意思了，你再紧跟着切入正题。这也是我本人惯用并且认为十分管用的一个叙事手法，如下面这一条视频（见图 6-5）的

▶ 图 6-5

核心文案，我其实从一开始就使用了比喻思维。

如何开口就让人知道你读书很多！

李小龙曾经是我的一个偶像，他说：自从我创立了截拳道以后，就再也没跟人提起过我曾经学了多少种功夫，因为说再多没用，衡量功夫的最高标准也是最简单的标准，就是你能否在最短的时间内将对方打倒。

最近我在视频号看到的最多的内容之一，就是说自己一年要读多少本书，有的说一个月读一本，有的说一周读一本，还有的说一天读一本。读书自然非常重要，但我个人觉得，没必要把读书多这件事挂在嘴边，因为读书最简单的目的就是：提升认知、拓展边界，以及指导行为。一个真正读书多的人，他一开口就能让人一眼识别他的认知非常通透，通透得仿佛真理。一个真正读书多的人绝不会只读某一类书，如一些商业书。他的知识边界是很宽广的，这样的人往往一开口也能见真知。还有最重要的一点：读书最终是为了指导我们的行为，也就是让我们成为一个知行合一的人。一个知行不能合一的人，最起码是一个没有把书读通的人。

所以，让我们做一个不需要说自己读书很多，但是一开口就让人知道读了很多书的人吧！

现在你有没有发现，这两种手法其实有一个相同点，就是都先不直说，因为直说以后可能会显得很没劲，所以都先说另外一个比较能引起观众兴趣的话题。

但是拐弯思维和比喻思维又有所区别，区别在于：拐弯思维的前后两个话题 A 和 B，是有直接关系的，而比喻思维的前后两个话题可以是没有任何关系的，它仅仅像是给大象插上了一对翅膀，让它更加容易飞起来，飞到你心里去。这就是比喻的神奇之处。

总之，无论是拐弯思维还是比喻思维，它们的好处显而易见，就是能够大大地加强你视频号内容的故事性，让你可以把复杂的问题说简单，把难懂的话题变得让人"秒懂"。故事思维的运用方式虽然看起来千变万化，但你只要好好掌握了魔力演讲的两个齿轮工具，再加上拐弯思维和比喻思维这两种叙事技巧，你视频号内容的故事力必定会大大加强，而在此基础上，你的观众的黏性也会越来越强。

上面我们从做视频号的心术一直讲到了内容应该如何去做。下面我们来看北斗星座的最后一颗星，也是你最期待、最关心的第七颗星，叫"变现"。

▶ 第七颗星：变现

对于视频号而言，变现其实是一个非常含糊不清的词。在这一章的开头我们就说了，正因为它含糊不清，所以导致大多数人都在一味地追求视频号的"直接变现"。这看起来似乎也没有毛病，因为每一个人的视频号，一定都有一个最直接的变现方式，比如有些人的视频号适合接广告，有些人适合做直播带货，甚至有些人还能够直接从视频号的粉丝里捞到客户，等等。但事实上，视频号的直接变现力量是非常弱的。

举一个最简单的例子：我是做营销咨询的，也经营着一家营销咨询公司，服务年度大客户，但是做视频号这么久以来，我从来就没有在视频号上转化过一个大客户，那么视频号对我来说还有什么变现价值吗？所以说它的直接变现力非常弱，因为它本身只是一个做内容的工具，你很难把你做的视频号上的内容直接拿去卖钱。所以我曾经在公开演讲中提出了一个概念：视频号最大的价值，不在于它自身的变现能力，而在于通过策划和布局以后，它对你本身的生意模式产生的巨大赋能。

我们现在都知道，视频号是整个微信生态中的一环。公众号主要是通过图文的形式来呈现长内容；朋友圈是一种强社交属性的链接工具；直播间能够生动而立体地展示我们自身的方方面面；小程序是帮助我们做电商的；微信社群让我们和用户之间能够随时产生紧密的互动，我们可以在里面为他们提供服务；企业微信便于我们对人员进行集中管理；微信支付让用户可以给我们付钱，从而达成交易。那么视频号在这个生态圈里究竟是什么角色，它到底有什么本质的作用呢？

有人说视频号是超级名片，有人说它是内容的储存库，更有人说它是引流的入口。这些说法可能都对，但也可能都不是那么准确。我认为，视频号对生意的赋能其实体现在四个字上：因人而异。

换句话说，视频号在整个微信生态里是什么，取决于你想让它成为什么，取决于你自己本身要做什么，然后你在你本身要做的这摊事里面，给视频号找一份差事，让它来帮助你更好地达成那个目标，这就叫视频号对你生意的"赋能价值"。再简单地说，你如果想让你的视频号发挥出最大的变现力，一定不是靠直接接广告，不是靠直播打赏，不是靠直接卖货，而是必须在你本身的生意模式和生意闭环中，找到一个"空缺处"，然后让你的视频号来填补这个空缺。而这个空缺，我就称之为视频号的"赋能点"。并且这个赋能点，由于号主的不同、事业的不同、项目的不同以及生意打法的不同，呈现的形态也是不同的。这就有点像我们小时候玩的七巧板，同样都是七块板子，但是100个小孩有100种玩法。视频号其实也一样，由于它对我们每个人的赋能点都是不同的，所以100个人就有100种可能的变现方法。

举一个近在眼前的例子，还是拿我"峰帅聊营销"这个号来讲：我这个号看起来是在聊营销，事实上它所有的目的和内容，都是因我本身的生意模式而产生的。如你所知，我当时要做一个俯头帮营销平台，但是在这个项目和生意模式里，最重要也最难的一环，是要把很多营销领域的专业导师汇聚起来，所以这个"空缺处"，就是我的视频号应该具备的真正的赋能点。这样一来，我做这个号在很大程度上就是为了让那些优秀的导师和专家来信任我峰帅，以后能够慕名而来。但是在此之前，我必须首先赢得观众的呼声和信赖，也就是得让观众喜欢看我讲的这些营销知识才行，这样才能提升我的势能以及可信度，这就是其中的逻辑关系。所以我才会用故事思维来聊营销，并且还必须在这些内容中展示我为人处世的风格。结果我的确赢得了很多观众的呼声，同时也逐渐得到了很多导师们的信赖，然后俯头帮这个平台才慢慢地走上正轨。

所以你看，对于"峰帅聊营销"这个视频号，我从一开始就认准了一个赋能点：这个号必须能够帮助我汇聚很多专业导师。基于这样一个赋能点，我才能够笃定地把这个号给做下去。而如果要说变现，我这个号现在变现了没有呢？当然变现了，它把"峰帅"的个人品牌给传播出去了，然后又把俯头帮这个大项目给推动了，如果这不叫变现，还有什么叫变现呢？并且它在持续变现，甚至未来还会持续变大现。但是曾几何时，有人对我说："你做视频号做了半天，又不接广告，又不直播带货，你不会变现啊！"我不是不变现，更不是不会变现，而是不愿意那样变现。因为我知道，那根本就不是视频号最大的变现价值。如果那就是视频号最大的变现价值，腾讯就一定是个大傻瓜了。事实上腾讯没有做一个傻瓜，它恰恰是多元化、多途径地让人利用视频号来发展自己的生意、赋能自己的生意。真正成了傻瓜的，是我们很多号主自己。

再举一个简单的例子：我有一个非常优秀的学员叫海伦学姐，她是一个目标管理教练，现在的盈利模式是一对一咨询，给人梳理目标、确定目标、实现目标，她希望未来自己可以开培训班，甚至做学校。那么你看，如果海伦学姐未来要做成这样一个生意模式，她就面临着要招加盟商、要招合伙人，以及要招生。所以对于海伦学姐而言，她视频号的赋能点其实跟我很类似，也就是她的难点、卡点和空缺点都在招募加盟商以及合伙人这件事上，于是她视频号的所有策划和内容，都应该暗暗地指向这个目标才对。但是在内容的呈现上，她也必须首先赢得直接用户的呼声，只有这样，她才能把"目标管理"这盘棋，借助视频号的赋能下得更好，而视频号的价值在她身上才会得到最大限度的实现。

此外还有其他很多例子，你自己也可以按照这样的路径来思考。比如你是一个微商团队领导者，你是一个职业的投资人，你是一个地产中介，或者你是一个保险人等，在这些行业领域，如果你要通过视频号来直接变现，几乎是不可实现的，但是如果你找到了视频号对你生意的那个赋能点，变现只不过是时间问题而已。

通过以上这些举例，有三个非常重要的点值得你引起重视。

第一，对于视频号而言，所谓的变现并不是变钱，而是"变人头"。

我们任何人的任何一种生意，都是由不同角色的人组成的，但是其中一定有一种人是你的卡点和难点，你不是卡在直接用户上，就是卡在间接用户上，或者卡在你的加盟商上、卡在你的上下游合作伙伴上，而你的视频号最大的赋能价值，就是你可以设法让它来帮助你解决这个人头上的卡点问题。

第二，说一千道一万，你最大的变现力永远都不来自你的视频号，它只是你诸多的应用工具之一，你最大的变现力是你对自己本身的生意模式、终生事业的规划和布局。

这也是为什么这门课从一开始就要花很长时间，来确定我们的个人定位、确定我们十年以上的事业定位的原因。视频号的规则会一直变，因为它要掌控我们，所以你必须在下一次的规则变化之前，尽快地布局好自己的生意模式，从而让视频号来服务于你，而不是你被视频号牵着鼻子走。

第三，视频号之所以能够对你的生意产生赋能，是因为它所提供的内容价值。

你的视频号内容价值越大、它能为观众和用户解决的问题越多，它对你生意的赋能就越大。换句话说，应该如何衡量你的视频号对你生意的赋能价值？点赞不代表价值，转发不代表价值，你和一帮人在一起互帮互助，把数据搞得很漂亮，也不代表价值。真正的价值在于，你视频号的内容能够给人好处、让人高兴。

说到这里，我们回到这一章的副标题：视频号不是钱，而是存钱罐。但是它存的也不是现金，而是你的内容价值——能够"给人好处、让人高兴"的那种内容价值，能够填补和赋能你生意模式中某一处空缺的那种内容价值。

这些价值才是真正能够产生无限变现力的燃料。所以我们不妨再打个比方，如果你的生意是一艘要上太空的火箭，那么你的视频号就是火箭尾部的助推器。你不能指望这个助推器自己变成火箭上太空，当助推器把你生意的火箭送上天以后，它会燃尽，燃尽以后，它的使命也就完成了。

如果用逆向思维来看，检验你的视频号是否真做得好，不是看你现在做得好不好、数据怎么样、接了多少广告、带了多少货，而是假设有一天视频号没有了，你的生意能否仍旧越来越好。如果能，这说明你在做视频号的时候,已经把这个赋能点做得非常好了,你已经让视频号对你的生意产生了非常大的赋能价值,就像火箭已经上天了,可以不再需要这个助推器了——这段话,请你务必仔细思考。

所以,做视频号以及使用一切工具,一定要保持绝对的清醒。这一章内容虽然没有去讲如何拍视频、如何剪视频、如何推广视频号,但是你必须真正地明白:工具、你和你的生意之间,到底谁是主人、谁是仆人?现在你应该知道了:你的生意模式永远是最大的主人,视频号只是你做个人品牌的工具之一而已。正因为如此,你做一切动作,最终只应该剩下两样最重要的东西,一样就是你的个人品牌,另一样就是你的生意模式,也就是整个北斗七星模型最后所指向的那颗北极星。关于这一颗北极星,我们会在第四模块的"生意闭环放大器"部分再来详细探讨。

以上就是我们对"视频号北斗星座"这个应用工具的全部拆解。

此外,我本人做视频号这么久以来,我认为有三个非常普遍也非常关键的实战问题,借助这一堂课,我也来为你做一些简要的回答。

第一个问题是,到底要不要日更?

我的回答是:日更并不是做视频号的标配,内容更新以后给人的那种期待感和价值感才是标配。所以在这样一个标准下,我认为一周有一到两次更新就足够了。但是反过来讲,你如果真的要日更,也没有什么不对。

第二个问题是,我们都知道现在视频号直播依然火热,那么你做视频号到底要不要直播?

我的答案也很明确:要,能直播尽量要直播。因为我们也说过,直播其实比视频号内容本身更能生动立体地展现你自己。但是我不赞同没来由的直播,想起来就直播一下,打开手机就叨叨,然后讲一些可有可无的废话。我提倡的是"策略性直播",也就是你直播前一定要做好策划,要进行认真的准备,并且你的直播一定要给观众价值,同时还要最大可能地帮观众节省时间。请记住:你做一场毫无效益的、没来由的直播,其实就相当于是在谋杀彼此的生命,同时也充分证明了你的单位时间太廉价了。所以一定要进行策略性直播,让直播也同样对你的个人品牌、对你的生意产生赋能作用。

第三个问题是，做视频号要不要做社群？

我的回答也是：要。我们说过，社群在本质上其实跟视频号并没有必然的关联，但是社群是未来最具有价值的私域领地，也是最能够直接产生交付价值和变现价值的阵地，所以我认为每一个做个人品牌、做生意模式的人，都应该认真地去经营自己的社群。关于这一点，我们也会在第四模块的"私域资产放大器"部分进行详细讲述。

核心内容回顾

在这一章的一开始，我首先基于自己做视频号的经验和心得，为你总结了做视频号的三大卡点和怪病，以及相应的三类无形的派系，基于这些卡点和派系，我们确立了这节课的目的，就是"如何笃定地做一个有效的、有价值的视频号"，接着我给出了第六套个人品牌应用工具，叫"视频号北斗星座"：第一颗星叫心术，讲的是长线主义；第二颗星叫策略，讲的是保底思维；第三颗星叫定位，我提出了一个公式：视频号定位 = 属性 × 发力点；第四颗星叫内容，也就是你的视频号内容既要有垂直力，又要有扩展力；有了内容还得有风格，所以第五颗星讲的是如何界定自己的内容基调；第六颗星讲的是叙事，也就是在做视频内容的时候，应该带着故事思维去做；最后的第七颗星叫变现，所谓变现，不是真的拿你的视频号去直接变现，而是要找准视频号对你生意的那个赋能点。在此基础上，你的整个视频号才能指向那一颗坚定不移的北极星，也就是你的生意模式或者说"闭环力"。

第七章
价值变现放大器

你的价值一输出，就是一串糖葫芦！

你一看这一章的名字就知道：这是一堂教你直接赚钱的课。

为什么它紧跟着"视频赋能放大器"呢？

在上一章里，我们讲了一个非常重要的观点，就是视频号不是钱，而是存钱罐，并且这个存钱罐存的是你对于别人的价值。

那么你的价值又是用来干什么的？

你身上那些独一无二的价值，其实有两个作用：第一个作用，是对他人有益，让他人有收获；第二个作用，是对自己有利，也就是它能够给你自己直接带来收入。所以本章我们就要来讲，如何把你身上储存的那些价值直接变成钱，也就是我所说的"价值变现"。

"价值变现"这个词，用现在更加流行的一个词来说，其实就是你耳熟能详的"知识付费"。我在导言里就提到过，人跟人之间现在已经不再是单行道了，而是彼此之间都是双行道，我对你有价值，你对他有价值，他对我也有价值。这是现在人人都在做知识付费的一个大基础。

但是我首先要告诉你的是，现在做知识付费、做价值变现，你必须对以下三个大前提具有高度的认知。

第一，我们人人都是独一无二的，人人也都拥有独一无二的知识和价值。在这样一个基础上，人人都能够把自己的知识和价值直接变现。前面我们说

应用工具七：价值变现金字塔

◎ 价值变现 "8+2 思维"

1. 4
   - 做运营
     - 播种子
     - 立口碑
     - 做裂变

2. 3
   - 给交付
     - 认知
     - 路径
     - 标杆

3. 2
   - 出框架
     - 底层逻辑
     - 实操心法
     - 具体做法

4. 1
   - 定选题
     - 刚需相
     - 爆款相

1. 糖葫芦思维
2. 产品思维
3. 方法论思维
4. 工具思维
5. 终结者思维
6. 轻重思维
7. 摄奴思维
8. 规模化思维

1. 累积思维
2. 切割思维

了，每个人身上的价值有两个作用，一是成就他人，让别人得到收获，二是成就自己，让自己得到收益。但是你看现在，大家一窝蜂都在做知识付费，其实把重心都放在了"付费"上，事实上我们应当记住：知识付费的重心首先在"知识"，其次才是付费，这是第一个大前提。

第二，在传统商业时代，人人都做知识付费和价值变现这件事绝无可能。以前有没有知识付费？当然也是有的，比如开一个线下培训班，但是一个老师充其量也只能教几十个学生，并且一上课就是几个月甚至一年。而在互联网的环境下，每个人就如同长了无数根触手，于是在理论上招生是没有上限的，一个老师一次招几十个学生、几百个学生，甚至招成千上万个学生都不再是天方夜谭。所以有人说：只要你敢教，就一定有人敢学。我甚至经常开玩笑说，就连我们老家农村那些大字不识一箩筐的农夫，都可以讲课，用他们的知识来变现。他们有没有文化？的确没什么文化，但是他们真的很有知识，比如种菜的知识、杀猪的知识、种田的知识等，这些都是我们所欠缺的。所以，不要说你没有什么课好讲，你只要活着，就对别人有价值。

第三，因为现在人人都可以讲课、都可以做知识付费，所以有正必有反，也因此产生了一种不好的现状，就是鱼目混珠、水平不佳的授课老师大有人在。于是很多人就对此现状开始抱怨，或者对知识付费不屑一顾。事实上我反而认为，应当这样认识：正因为越来越多的假知识、假价值出现了，日复一日，当有一天潮水慢慢消退的时候，才更加显得真知识、真价值的宝贵，到那个时候，真正有价值的知识付费才能够大行其道。所以现在做知识付费的其实有三种角色：一种是假知识变现者，一种是怨天尤人者，一种是真价值输出者。那么你如果做知识付费，在这三者之间，你更愿意选择做哪种角色？我想答案应该很明显，当然要做一个真价值输出者。所以切记：从长期来看，环境越乱，对真价值输出者其实越有利。

既然如此，为什么现在做知识付费，有人做得比较成功，有人做得不那么成功呢？

要回答这个问题，你首先要搞清楚另一个问题：对于知识付费而言，到底什么叫成功？

我专门做了一个价值变现自检坐标图（见图 7-1），基于这张图，我们衡量知识付费是否成功，就有了两个维度：第一个维度是你的课好不好；第二个维度是你的课好不好卖。

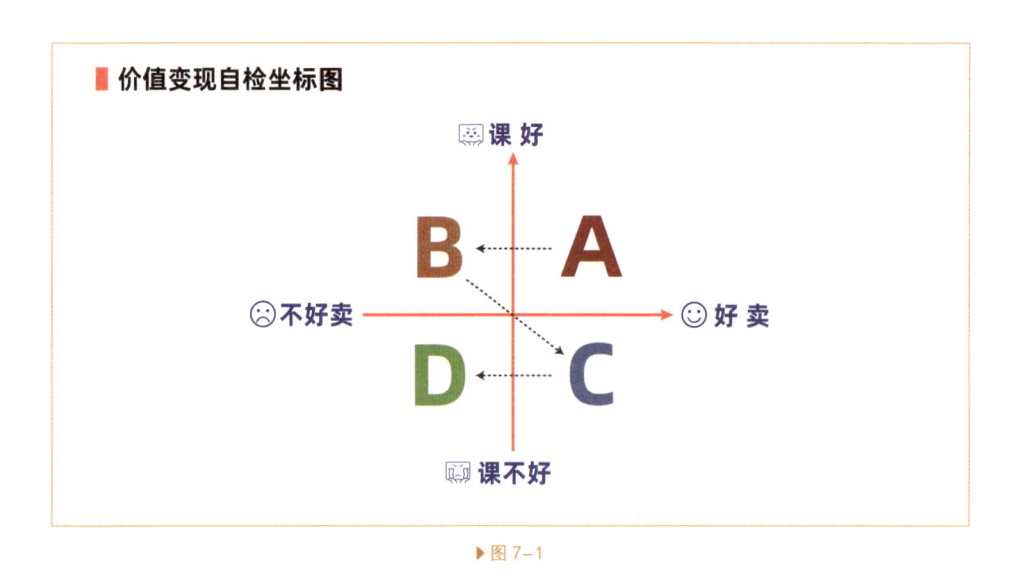

价值变现自检坐标图

```
            课 好
              ↑
        B ←—— | ——→ A
              |
  不好卖 ←————+————→ 好 卖
              |
        D ←—— | ——→ C
              ↓
            课不好
```

▶ 图 7-1

当我们把这两个维度变成一个坐标，就可以看到，同样是做知识付费，会产生四种情况：

第一种情况是，课本身很好，而且又卖得很好。

第二种情况是，课很好，但是卖得不好。

第三种情况是，课本身其实并不怎么好，但是卖得很好。

第四种情况很糟糕，就是课本身不好，最后卖也没卖好。

在这四种情况里面，课本身很好，说明你打磨得很好，而课卖不好，说明可能是运营不到位。

所以你对照这张图可以自检一下，如果你现在已经在做知识付费，那么你正处在哪个象限呢？如果你接下去准备开始做知识付费，你又希望自己在哪个象限去做呢？

毫无疑问，当然首选是 A 象限，也就是课本身好，又卖得好。其次应该选 B 象限，就是你的课很好，但是一时之间没有卖好。为什么应该选 B 象限？因为你的课没卖好其实还有得救，但是假如你的课本身不好，就彻底没得救了。接着你才能选 C 象限，也就是你的课本身不怎么好，但是因为你运营做得很好，所以你或许还能把它给卖出去，好歹还能让自己赚到一点钱。这种情况其实就是我们经常说的"割韭菜"，我本人是不提倡的。但是对于 D 象限的情况我们应该坚决杜绝，就是你的课本身不好，最后也没有卖好，总之一切都是草草了事。

所以对照这张图你就很清楚地知道了：你如果要做知识付费、做价值变现，就应该努力做到那根横轴以上。

那么到底应该如何去做好知识付费呢？

其实在写这节内容之前，我也想找一些书、找一些课来做参考，但是我发现居然找不到有谁好好分享过这个课题。很有可能是大家都忙着让用户来付费了，所以没有人真正愿意来告诉你，到底应该怎样去做好知识付费这件事。

所以我只能根据自己已经得出来的一些结果和经验，再加上我正在落实的一些计划和战略部署，把它们进行一番相对比较系统的梳理，然后总结出经验来分享给你。

下面我要先跟你分享的，是我总结提炼出来的一套心法，也就是我们做价值变现的 10 个思维，我称之为"8+2 思维"。这 10 个思维并不是分散的，而是互相关联、融为一体的。很多时候我们做不好知识付费和价值变现，其实就因为这 10 个思维里面的有些思维被你忽略了，或者说你没有用好它们。而反过来说，如果满分 10 分的话，当你用好了前面的 8 个思维，也就意味着你至少可以在价值变现上做到 8 分。在此基础上，如果你再把最后 2 个思维用好，那几乎可以无限接近于 10 分了。

你可能会说："峰帅，你是不是在吹牛啊？"

接下来，我就来为你拆解一下这"8+2 思维"。老规矩，在拆解的过程中，我会随时以自己已经做成的以及正在做的价值变现为举例样本，来帮助你理解和思考。

价值变现的"8+2 思维"分别是：糖葫芦思维、产品思维、方法论思维、工具思维、终结者思维、轻重思维、授权思维、规模化思维以及累积思维和切割思维。

▶ 第一个思维：糖葫芦思维

糖葫芦你一定吃过，中间一根竹签，串起各种水果。那么我们做价值变现，跟吃糖葫芦有什么关系呢？简单地说，这其实是一个布局的问题。也就是说，你一旦开始做价值变现，那就是一辈子的事，你就要像吃糖葫芦一样，有前段、有中段、有尾段。

知识付费的前段，做的是渗透——用户渗透。注意，并不是做引流。有时候我们推出一门课程，前期会开设售价 1 元或者 9.9 元的公开课，让很多人来听，这叫引流课。引流的目的，是转化更多的学员来报名正式的课程。而我们这里说的做"渗透"，目的是扩大你知识付费的影响力，但是你讲的课仍然是正式课程。比如我有一门小课叫"小口号·大生意"，售价 299 元，这就属于渗透课。这样的渗透课有什么特点呢？它的客单价一般都比较低，通常都是两位数，最高三位数，这样用户普遍的接受度和下单率会比较高，一次次这种低客单价课程的发售，有利于不断地扩大你的影响力。

在此基础上，糖葫芦的中段，做的是壁垒，或者叫江湖地位。中段的课程，客单价不高不低，一般是四位数，比如我的这门"个人品牌放大器"课程，客单价是从 1999 ~ 6999 元递增的模式。注意，做这样的课程时，你的用户基本上都是社会中坚力量，各行各业的精英都会有，他们对于知识的消费观念是介于理性和感性之间的。也就是说，你不太容易"割"他们的"韭菜"，同时你的价格又不至于高到拒人于千里之外。于是，当越来越多这样的学员成为你的忠实用户的时候，你得到的社会认可、民众呼声就会越来越高，相应地，你的江湖地位也就越来越高，于是你的价值壁垒也就会越来越高。壁垒越来越高，你就会越来越难以被人复制。并且当你在做这些中段的课程时，你的收益相对来说会有一定的保障，有时候课程发售得好，甚至会产生比较大的营收，比如几十万元甚至上百万元的业绩。但是反过来说，这样的课程，磨课成本也很高，比如我的这门个人品牌课，平均一节课就要打磨 10 天以上，那么十节课就是 100 多天，也就是要 3 个月以上，这就是为什么我第 0 期的学员班推进得比较慢。

正因为如此，所以你还需要布局糖葫芦的尾段，只有做尾段，才是真正的做利润。前面说的前段和中段，一般在线上进行交付，也就是所谓的网课，但是当你做尾段的时候，通常做的是线下课。线下课的普遍客单价都比较高，得往五位数甚至六位数去做了。比如我在个人品牌课的线上课以外，还会进一步推出五天的线下课，以及峰帅弟子营、峰帅个人品牌教练营等，这些课的价格就都是五位数以上了。但是在做中段课程的基础上再做尾段课程，它的磨课成本其实跟中段差不多，区别仅仅是增加了线下的第三方成本，这样算下来，整门课程价值变现的总体利润就会更高。反过来说，虽然它的学费比较贵，但是带给学员的交付感，以及学员的获得感都会比中段高很多，因为上课是面对面近距离交流，沟通会更加细致。我们可以想见，报这类课程的学员，一定以理性消费为主，虽然每一次招生的数量未必很多，但是每个用户对你来说都是精英中的精英，对于我本人而言，我甚至会从这样的线下课学员中去发展一些合伙人。

以上就是第一个思维，叫糖葫芦思维，也是你在做知识付费、做价值变现的时候，首先应当考虑的整个布局问题。

▶ 第二个思维：产品思维

产品思维这个词我们都不陌生，但是对于知识付费来说，到底什么是产品思维呢？

简单地说，产品思维就是基于你自身的特点和优势，像打造产品一样去打磨你的知识交付。既然是打造产品，就一定会涉及产品定位、产品研发、产品调研、产品定价、产品推广、产品销售，以及销售以后带给用户的产品的体验感、产品的价值感等，这些都要去考虑。并且未来你的产品还会需要迭代，就像小米、华为的手机产品，每年都在迭代推出新的款型、新的功能，包括我们每天都在使用的微信，还有视频号这些软件，它们也时刻进行着功能上的迭代。相应地，这也是做价值变现的一种最健康、最科学，也最长效的方式。也就是说，当你要开始做知识付费的时候，你首先应该关心和关注的是自身的优势和你能够带给用户的真正的价值，在此基础上，再来推出你真正有用的知识产品。当然，在这个过程中，也需要适当地去考虑用户的感受，根据用户的感受来不断优化你的产品。

简而言之，以产品思维去做价值变现，可以用八个字来解释，就是：一次成型，终生迭代。在这样的前提下，你才能让你的价值变现实现长尾效应。也就是说，时间过得越久，你的口碑会越好，同时你的课也会卖得越好。

比如我会推出的另一门大课叫"营销通关课"，跟个人品牌课一样，我会将我 20 多年的职业营销经验和我自身所学，进行系统化的梳理和提炼，花极大的心血去打磨，相信这样一门课也会非常有价值、非常受欢迎，因为这就是我们经常说的，用产品思维打磨的，带有"匠心精神"的产品。

但是放眼看去，现在绝大多数人做知识付费，其实仅仅用到了简单的"用户思维"，也就是这个市面上什么东西热门就做什么课，做得起来最好，做不起来就扔掉，马上转身去做别的，并且美其名曰"小步快跑，快速纠错"。在我看来，这种就是所谓的"快餐课"，这种课的最大问题，是"救急不救穷"，也就是一时半会儿可能有点用，但是从长远来看，价值并不高，甚至多数情况下连救急也救不了，因为开发者根本没有像对待一个自己的产品一样，好好地去打磨过这门课程。

▶ 第三个思维：方法论思维

什么叫方法论？听起来似乎有点高深，简单地说就是你所输出的那些知识，不但应该有料、有价值，还应该是成体系的，而且这个体系应该是带有你自身特色的体系，也就是：自成一派。

你听到这里可能会叫起来："让我讲一门课我都已经够费劲了，还要有什么方法论，这个太难了！"

其实所谓的方法论并没有那么可怕，你在做课的过程中，只要满足了三个条件，你就已经在做自己的方法论了。

第一个条件：你的课一定要有"底层逻辑"。你所讲的一切知识，都应当是从你的核心价值观里生发出来的，这一点我们之前已经反复强调过，一切都要基于你自己的核心价值观，没有核心价值观，你所说的一切都是飘在天上的，或者是人云亦云的。

第二个条件：你的课里面一定要有"心法"。基于你的总结和提炼，把你所得出来的那些规律告诉别人。

第三个条件：你的课还必须有具体的"做法"。并且这些做法都是基于你自身实操的经验和实际的成果而得出的。

关于这三个条件，后面还会有更加详细的阐述。

举个例子来说，今天我讲这节课，其实就严格遵循着以上三个条件，所以这节课就是有方法论的。甚至再缩小了看，当我说了前面那些话，当我在告诉你"做知识付费一定要有方法论思维"的时候，这本身也是一套小小的方法论。

所以我们每个人在各自的领域内，其实都可以形成一套自己独有的方法论，但是有个前提：你一定得沉下心来，要不骄不躁，要踏踏实实。这是我们做知识付费时，对心境的一个要求。

此外在方法上，应当做到八个字：融会贯通，少而穷尽。

融会贯通，就是你在自己的领域里，要看得足够多、了解得足够多，只有这样你才能博采众长、自成一体，而不是只守着自己的一亩三分地，在讲课时像一只井底之蛙，讲来讲去就那么点东西。

少而穷尽这个概念我们以前也讲到过，就是你在你的课程里所给出的方法是全面的、系统的，但又不是无休无止的。事实上我们看到的或者上过的很多课，都是零敲碎打、拼拼凑凑，这里拿一点、那里搬一点凑出来的，听听似乎都有道理，但是当你把整门课听完以后，总感觉这里缺一点，那里没有讲透。其实归根到结就是因为，这门课的设计和打磨没有用到方法论思维。而一门用到了方法论思维的课，就算把它放在一堆同类型的课程里面，它也会让你觉得鹤立鸡群。

▶ 第四个思维：工具思维

工具思维，也可以叫作模型思维。这一点很好理解，就是你的课除了要传授别人很多知识点、很多方法，你最好还要用心提炼出一个一个的应用工具。现在很多人都习惯用各种软件做思维导图，讲完一节课或者一门课以后，做一个思维导图给学员。这种方法我一直不太提倡，因为思维导图最多只能起到一定的内容概括和指引作用，但是它说明不了你这门课程本身的含金量。真正能够高度精准体现出一门课程的质量的，只有应用工具。

比如你所看到的，在"个人品牌放大器"这门课里，每一章都会配有一张原创的实操工具图。再比如，我今后还会开设一门课叫"追问"，这是一门讲述以目标为导向、用提问的方式来开展营销工作的系统性大课。在这门课程里，我的主要任务就是详细地拆解我制定的一幅实战工具图，叫"追问方阵"（见图 7-2）。

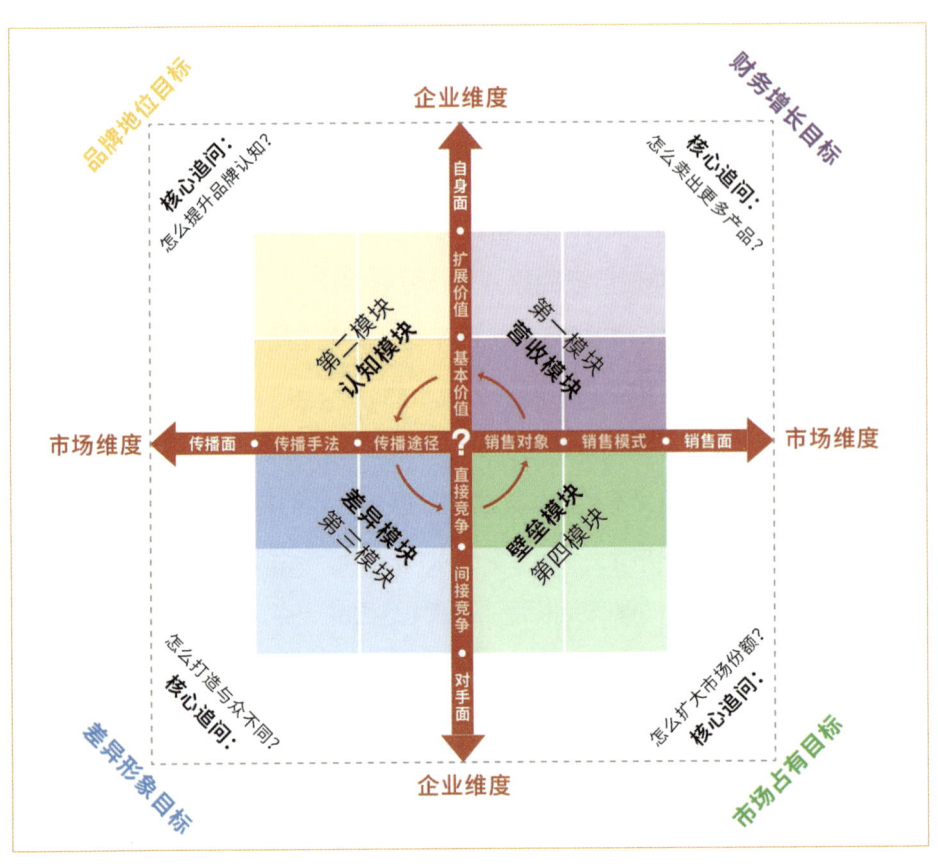

▶ 图 7-2

当你看到这样一个一个的工具和模型时，心里会立马觉得：“这门课好像很有料、很有权威感的样子！”

没错，工具思维这一必杀技，在我们做知识付费时有三大妙处，其中第一个妙处就是会让你的课给人一种学术性上的权威感，而有了权威感就会带来信赖感。

但是它又并非纯粹的学术，它的第二个妙处是，很多人即便记不住你课程里所有的知识点，听过课以后很多东西可能一时想不起来，但是一旦看到那些工具图，也可以慢慢地回忆起来，并且把工具图拿过来对照着就能用，这叫好懂、好记、好用。我们在做工具图的过程中，需要遵循非常关键的八个字，"可以落地，解决问题"——你的工具就是为了帮用户落地和解决问题的。

工具思维的第三个妙处是，你的工具还可以反过来检验你做的课是否足够有逻辑、课的内容是否足够经得起推敲。比如我本人在做每一个工具图时，有时候设计完一张图觉得很完美，但是我会发现课程里有些内容跟工具图对照起来有漏洞，也就是课的内容并不能百分百撑起这张工具图，那么这时候我就需要反过来调整和优化课程的内容，直到课程内容跟这个工具图丝丝入扣。

▶ 第五个思维：终结者思维

终结者思维就是你要么不出手，出手就要力争做"细分赛道第一人"。

比如我的这门课，在上课的过程中就被学员誉为"个人品牌课程里的终结者"，事实上我本人在磨课的自始至终，的确是在力求成为"用营销思维讲透个人品牌闭环的第一人"。

再比如前面提到的"小口号·大生意"，我之所以推出这样一门看起来很冷门的小课，也是为了填补了整个文案市场的一个知识空白。换句话说，当我把这门课做出来以后，以及当我用课里所讲的方法，为那么多学员写下了"管用十年"的个人品牌口号时，我就成了这个细分赛道里的第一人。

所以，你在你的领域里做知识付费，如果你是后浪，就要努力做到"长江后浪推前浪，把前浪拍死在沙滩上"，要有这样的魄力。但如果你本来就是前浪，后面有人在追赶，也在做跟你一样的课程，你也要努力做到"长江后浪推前浪，再推我就把你拍死在沙滩上"。总之你在这个领域里的江湖地位，不能轻易被人占据。而前面所讲的糖葫芦思维、产品思维、方法论思维和工具思维，就在很大程度上能够助你成为这个细分赛道的第一人、这个领域的终结者。你只需要保持一种姿态和心态：即便我一时没有达到，也一定要以这个标准去做。孔子的七十二弟子之一曾子说过一句话："心诚求之，虽不中，不远矣。"只要你诚心诚意地去做，即便最后没有完全达到目标，也差得不会太远了。

如果做到了以上五个思维，其实你已经具备了做好知识付费的"内力"。修炼好了自己的内力，你就大概率能够做好一门课，甚至能够做好一系列课程，并把你的价值进行有效的变现。但这时候，你还需要具有"轻重思维"。

▶ 第六个思维：轻重思维

这个思维准确地说应该叫"重轻思维"，或者更准确地说叫"先重后轻思维"。

什么是重，什么是轻？简单地说就是六个字：重交付，轻运营。

也就是说，对于知识交付本身而言，你在做一门课的时候，必须向你的用户进行重交付，用前面所说的五个思维进行"压倒性投入"，从而把你的课打磨得足够有分量、足够有价值。只有做出这样的课以后，你才没有后顾之忧，不用担心别人来超越。但是在后续的销售上，你要尽可能做到轻运营。所谓轻运营，就是用最少的人力、物力、财力，让你的课产生最大的变现效果以及持续变现。

这个道理和逻辑其实非常好理解：正因为你在前期的交付上投入得足够多、交付得足够重，所以才为你后面的轻运营创造了更大的可能性。但是如果你反过来，交付做得很轻，后续在运营上却投入了很大的精力和时间去销售、去招生，这时候你要注意，一定是有问题的。最大的问题是，你的课没有办法持续销售、持续变现。事实上，市面上这样的课占绝大多数，以至于做到后来课卖不下去。

其实我自己在做俯头帮的过程中，也踩过这样的坑。2020年下半年，我们召集平台上各个导师推出了一组系列课程，叫"素养课系列"。我们当时只花了很少的时间去磨课，有些导师只用了两三天甚至一天时间，就把自己的课给磨出来了。正因为如此，我们在后面的运营上花了很大精力，最终这一系列的课程也没卖出去多少。后来我就深刻意识到了这一问题，所以我现在做课是反过来运作的：重交付、轻运营。关于这一点，我们后面还会继续说。

以上我已经为你拆解分析了六个思维。

请注意：如果这六个思维是告诉你"如何做好"你的知识付费，那么接下去我要说的这两个思维，就是要告诉你"如何做大"你的知识付费。之所以把这两个思维放在一起讲，是因为它们互相有关联，但是又各自有侧重。

▶ 第七个思维：授权思维

授权思维，简而言之就是让别人替你去讲课。

通常的知识付费，都是一个老师始于讲课，止于讲课，课讲得再好，也无非就是"桃李满天下"，一人赋能多人。但是这里讲的授权思维，是把你的知识和课程进行模式上的复制，或者换句话说，你要为你的知识和课程寻找代言人。

于是这就会产生下面两种授权。

第一种授权是，你的学员百分百原封不动地把你的课程复制过去，然后讲给他的学员听。比如你作为"个人品牌放大器"课程的学员，当你学完了这门课，并且得到了我的授权以后，也可以去讲这门课，这叫"百分百授权"。

第二种授权更有意思，就是你作为我的学员，并且得到了我的授权以后，以我的课程为"母本"，在你自己的细分领域内，有针对性地去讲课。

比如我的学员富妈妈天语学完了"个人品牌放大器"课程以后，经过我的授权，就可以对这门课进行一定的改造，然后开一门课叫"富妈妈·宝妈个人品牌放大器"，也就是专门去教她的那些宝妈用户们如何做自己的个人品牌，这叫"针对性授权"，或者叫"改造性授权"。

再比如我的另一个优秀学员，做个人品牌教练的湮叔，他如果也得到了我的授权要去讲这门课，其实应该讲的是"湮叔·教练个人品牌放大器"。

所以你也一样，理论上每一个优秀学员都可以在得到授权的情况下，针对自己的用户群体，把你的课拿去冠名、改造和授课。这样一来，无论采用哪一种授权形式，你的课程和知识都得到了有效的复制和传播，从而形成了一定的规模化效应。

但是很显然，这种规模化效应仍然太小，因为再怎么复制，它的源头都是你一个人，你就好比是一个放射出光芒的太阳，但是产生的是一种"单点辐射状"的规模效应。

所以在授权思维的前提下，我们完全可以做得更加高级，也就是第八个思维，叫"规模化思维"，或者叫"平台化思维"。

▶ 第八个思维：规模化思维

规模化思维，顾名思义就是：由你发起，在你的垂直领域内建设一个平台。这个平台有可能是一个 App，或者像俯头帮一样是一个小程序，或者就是一个单纯的社群，然后你以自己的知识付费模式和课程质量为样板，让更多属于这个垂直领域的优秀知识付费老师参与进来，大家一起在这个平台上授课、做知识付费。

这时候，你自己只变成了整个垂直平台上的其中一个老师，但是却达成了真正意义上的规模化效应。

第一，每一个加入进来的知识付费老师都是一个小太阳，都会放射出自己的光芒，辐射到各自的用户群体中，但是跟"授权思维"不同的是，现在形成了一个"多点辐射"的平台规模效应。

第二，平台上的每一个知识付费老师在做价值变现的过程中，他们的用户与用户之间会产生交集和叠加，也就是你的用户和我的用户很多时候具有共同需求，我们是共享用户的，因此就会产生多元化的知识消费。这样一来，每一个知识付费老师都能更好地扩大个人影响力，逐渐走向共赢的局面。

第三，在此基础上，你作为一个发起人，如果设计一种科学的利益机制，包括收益返点机制、分润机制等，你就可以享受到平台上每一位老师的变现收入。简单地说，他们在平台上通过价值变现赚到的十元里面，可能有两三元是要分给你的，这时候你就从"让别人替你讲课"转化到了"让别人替你赚钱"的状态，这才是真正意义上的"规模化思维"。

举一个具体的例子：

我在做完了"小口号·大生意"这门小课以后，就开始以此为样板，招募"营销人智库"系列课程老师，俯头帮平台的工作组会跟选拔出来的老师一起，来打磨、运营以及在俯头帮平台销售他的课程。这个模式其实就是规模化思维的一次实际应用，那些招募和选拔出来的小课，已经跟我峰帅本人的课没有任何关系了，但是通过这种方式，我们可以让更多优秀的知识付费者和优秀的课程，都汇聚在俯头帮这么一个平台上，从而让更多人受益。

你或许还记得我曾经说过：局部化生意是一人赋能一人，比如点对点的咨询；规模化生意是一人赋能多人，比如讲课；而超规模化生意，就是我经常说的众人赋能众人。也就是说，当有一大群和你一样优秀，甚至比你更优秀的知识付费者走到一起，你们共同赋能一个更大的、对你们的知识有需求的群体，这就叫"众人赋能众人"。所以我一直强调：任何一个垂直细分领域，理论上都应该形成这样一个平台，而这样的平台其实任何人都可以是发起人——可以是我，可以是你，也可以是他，只要我们都属于一个共同的领域。我认为，这就是我们做知识付费、做价值变现最应该去努力的方向。

你可能会说："我现在个人品牌势能还不够，才刚开始准备做知识付费，平台化运作我做不到啊！"错！现在做不到不代表以后做不到，你从一开始做知识付费时，至少应该有这样一个更高的设想：如果由我牵头来做一个"众人赋能众人"的小平台，这个平台应该是什么样子呢？

当你有了这样一个具体的设想，你再基于设想倒推回来，就会对你现在的目标和行动产生更加明确的指引，也会让你拥有更强的使命感。这一点，我们在第四模块会有进一步的讲述。

到这里为止，我已经讲了做知识付费的八种思维。你盘点一下会发现，这八种思维已经非常完整，它甚至形成了做价值变现的一个小闭环：从糖葫芦思维到产品思维、方法论思维、工具思维、终结者思维、轻重思维，再到授权思维和规模化思维，这是一个非常完整的闭环。

但是我还要再给你两个补充思维，这两个补充思维会让你今后在做知识付费的过程中，想做长线就做长线，想做短线就做短线，想慢就慢，想快就快。

▶ 第一个补充思维：累积思维

我在视频号里曾经讲过这么一个故事：

明朝有个学者叫顾炎武，他读书的时候有一个习惯，就是读着读着有了一个什么感想，就在一张纸片上把它写下来，然后随手往一个篓子里面一丢。积累了很久以后，他把篓子里面的纸全部倒出来，一张一张地检点，然后重新加以组装、扩充，最后写成了一部旷世巨著，叫《日知录》，翻译成现代文，意思就是"每天收获一点点"。

这就是典型的"累积思维"。

在上一章里也讲过，我做视频号的时候，一开始就是抱着输出课程的目的去做的，也就是用视频号去积累、梳理和总结我在营销上这么多年来的经验与心得，为日后开设一门"营销通关课"做储备。

通过这种累积的方法，最后形成重量级的书或者课，这就印证了八个字：日日不断，聚沙成塔。

这个道理非常浅显，我们很小的时候就知道："不积跬步，无以至千里；不积小流，无以成江海。"但是当你认真地把它用在知识付费上的时候，才会真正体会到它的威力所在。你每天只需要思考一点点、行动一点点，日积月累，用不了一两年，你就有很大的概率做出一门"终结者课程"。

例如，我做了一个中等客单价的个人付费社群，叫"峰帅盲盒文案教室"

（见图7-3），看起来我每天只是在群里跟大家随意聊聊文案，实际上我是在做为期一年的素材积累，准备开一门文案大课。因为我一直认为文案课是天底下最难讲的课，所以很久以来都不敢专门去讲一门文案课。但是有了"盲盒文案教室"，我就可以时不时地在这个空中教室给大家讲一讲文案的方方面面，从文案的底层逻辑，到文案的精气神，再到各类文案的写作技巧，内容随心所欲、不拘一格，工作组的小伙伴随时把我聊过的内容汇总给大家。当我这样聊完一年以后，就可以把这些内容进行重新梳理、组装和扩充，变成一门像模像样的大课，同时也形成一本文案专著了。

▶图 7-3

所以，无论你现在是否已经在做知识付费，是否已经有了一门优秀的课程，我建议你从此刻开始，就要日日不断、聚沙成塔，为你的"终结者课程"做好准备吧！

▶ 第二个补充思维：切割思维

这个思维跟"累积思维"恰恰相反，它其实意味着八个字：切割需求，快速输出。

假设你现在已经有了一门好课，你还可以进一步根据更加细分的用户需求，把你的这门课拆分成 N 门小课，然后把它们进行重新输出，并且是快速地输出，从而让你的这门课程产生多次价值裂变以及变现。

还是以我自己为例：当我把这门个人品牌课全部讲完以后，除了前面提到的"小口号·大生意",我还可以把它拆分出一系列小课,例如,"好课才好卖""从认识你到认准你""赢在闭环力",等等。

如果累积思维是让你的课做得慢、做得稳,那么切割思维其实就是让你的课做得快、做得巧,从而把你身上的价值变现能力发挥到淋漓尽致。

以上就是我根据自身做知识付费、价值变现的经验,以及我正在做的一些事情,为你提炼总结的 10 个思维,或者叫"8+2 思维",这也是我们做价值变现的"心法"所在。如果你在做知识付费时,心里能够时刻揣着这 10 个思维,在方向上就不会跑偏,并且你的价值变现之路将会越走越远。

这里我给你再举一个我的学员麟公子的例子。

麟公子有一份比较稳定的主业,他的副业是教宝妈们做副业。所以我在为他做个人咨询时,就给了他一句高度凝练的个人品牌口号:"跟麟公子,做副业王"。应该说,这句口号为他的个人识别度和业务转化率带来了立竿见影的提升。但问题是,麟公子做的是教宝妈们做文案变现,我认为这是远远不够的。我经常说,一句个人品牌口号,就是一个人的终生事业战略。所以麟公子正确的改进方法应该是,从现在开始深入研究宝妈们的副业变现到底有哪些路径、有哪些心法、有哪些做法,从而针对宝妈们不同的情况和不同的个性,来帮她们做出符合她们自身优势和特点的副业定位和具体规划。而当有些宝妈们拿到实际结果以后,又可以再一次把她们的经验复制给情况类似的其他宝妈。但是现在麟公子只是简单地把"副业变现"局限在"文案变现"上,这就做得太狭窄了。因为道理很简单,并不是所有宝妈都适合做文案变现,或者说并不是所有宝妈都有能力做文案变现,一旦有些宝妈没法根据麟公子的咨询和辅导,或者根据他的课程来实现有效的副业变现,那么麟公子就撑不起他那句"跟麟公子,做副业王"的个人品牌口号了。所以在这种情况下,麟公子应当好好运用"8+2 思维",循序渐进地做实他的事业战略。

那么问题来了,你可能又会问:"峰帅,你讲的这 10 个思维听起来都很有道理,但是假如我连一门课都没做好,又如何去运用这 10 个思维更好地进行价值变现呢?或者就课程本身而言,我应该如何做好一门课呢?做好一门课,到底有没有什么有效的路径和方法?"

下面我就要给到你第七套实操应用工具，叫"价值变现金字塔"（见图7-4）。你也可以把这张图叫作"课程打磨金字塔"。

应用工具七：价值变现金字塔

价值变现"8+2 思维"

1. 糖葫芦思维
2. 产品思维
3. 方法论思维
4. 工具思维
5. 终结者思维
6. 轻重思维
7. 授权思维
8. 规模化思维

1. 累积思维
2. 切割思维

金字塔四层（从下往上）：
- 1 定选题 · 刚需相 · 爆款相
- 2 出框架 · 底层逻辑 · 实操心法 · 具体做法
- 3 给交付 · 认知 · 路径 · 标杆
- 4 做运营 · 播种子 · 立口碑 · 做裂变

▶ 图 7-4

真正要做好一门课，中间的过程还是挺复杂的。但是根据我本人做课的体验和经验，做好一门课的核心环节，无非四个，我们对照这个金字塔，从下往上依次看，四个环节分别是：定选题、出框架、给交付和做运营。选题，决定了你要做一门什么样的课；框架，决定了这门课你会怎么做；交付，决定了你这门课将会带给你的学员、你的用户哪些价值，以及带给他们什么样的价值感、获得感、体验感；最后的运营，决定了这门课你会怎么卖，以及能不能卖好。

接下来我们就从金字塔的底层开始，向上一层一层地做一次解析。

▶ 定选题

首先我们来看"定选题"，也就是你到底应该做一门什么样的课。

但是在这个问题之前，我们必须先接受一个大前提，就是无论你处在什么行业领域，只要你想讲一门课，大概率市面上已经有人在讲了，甚至可能已经有很多人在讲这门课了。比如我讲的"小口号·大生意"这门课，其实很有可能也已经有人讲过了，只不过我不知道而已。

基于这样一个情况，你从一开始就要给自己的课定两个标准：第一个标准叫"刚需相"，也就是你这门课不是一门小众的课，而是应该有很多人有需求；第二个标准叫"爆款相"，也就是你的课看起来像是非常好卖的样子。如果我们用人来打个比方，"刚需相"来自一个人的内涵，就是说这个人很有魅力；而"爆款相"来自一个人的外表，就是说这个人一看就讨人喜欢。比如我们经常会说谁谁谁是"妇女之友"，这样一个人很大程度上就是既有"刚需相"，又有"爆款相"。

应该如何获得刚需相

假设你要做一门课、写一本书，要使其有刚需相，非常重要的一点是：你必须熟悉在你这个行业领域里面，别人讲过什么课、写过什么书，以及卖得怎么样、口碑怎么样，这就是古人所谓的"知己知彼"。而反过来，假如你在做一门课之前，两耳不闻窗外事，只管自顾自地做课、写书，那么很有可能你做这门课、写这本书会变成自娱自乐。

切记：深入市场、了解行情、洞察对手，是让你的课拥有刚需相的第一步工作。就像毛泽东在《反对本本主义》里面说的，"没有调查，没有发言权""调查就是解决问题"。所以调查工作非常重要。在这一步工作的基础上，接下来你还要做到：人无我有，人有我不同。这其实也正是你事先要做调查工作的真正目的所在。

比如我的学员华姐，她是一位工程造价师，假如她要做一门课，叫"如何做好一份工程造价？"你认为这门课是刚需还是非刚需？再比如我的另一位学员，做心理咨询的镜子姐，假如她也要做一门课，叫"如何做一个成功的心理咨询师？"请问她的这门课是刚需还是非刚需？严格说来，这两门课都不是刚需，因为它们都瞄准小众市场。

这里我们常常会有一个误区：没人涉足的领域就是蓝海。有时候我们做一门课，调查下来发现这门课没人做过，并不一定因为它是蓝海，而是很有可能别人已经做过调查，发现做它吃力不讨好。相反，我的"小口号·大生意"这门课就属于绝对的刚需，也就是"人无我有"的，所以我果断地做了这门课。但是，起初人们并没有意识到它对于生意有那么重要，换句话说，用户自己并不知道它是不是刚需。所以我提出了一个既重要又实用的营销概念，叫"冻结用户需求"。很多时候你一定要用你的理念，来把用户内心的"真需求"给冻结住，因为用户的主观需求是非常善变的，用户的主观认知也常常是错误的。所以最后，"小口号·大生意"这门课引起的反响还不错。

但是作为一门课，仅仅有"刚需相"、仅仅做到"人无我有"是不够的，事实上很多看起来非常刚需的课，因为讲的人太多，已经成了红海，所以反而变得不是刚需了。例如，俯头帮曾经推出的一系列"素养课"，其中有一门叫"销售素养课"，还有一门叫"文案素养课"，这两门课一个讲销售，一个讲文案。这两个领域绝对属于红海，因为讲的人太多了，所以这时候我们再推出这样的课，即便它是刚需也无济于事。所以我们还需要做到"人有我不同"，也就是要有"爆款相"。

应该如何获得爆款相

用我的话说就是"三千宠爱集于一身"，也就是你的课得有一个好课题和一句好口号。

好课题、好口号又来自哪里？来自你对这门课背后那个"真痛点"和"真价值"的挖掘，从而让你的课产生一个跟它们不一样的差异化定位。

比如我的这门个人品牌课，其实它绝对是红海课程，但是我事先挖出了它的一个"真痛点"：个人品牌根本不需要打造，你只需要把你身上原本就有的宝藏放大、放大、放大，所以人人都可以做好个人品牌。接着我又确立了这门课的一个"真价值"：让你放大以后的个人品牌，对你的生意加速刚好够用。在此基础上，我才确立了这门课程的一个"真定位"，就是：用营销思维讲透个人品牌。所以最后我定下了"个人品牌放大器"这样一个课程名，同时在宣发的过程中，我也给了它一句口号："放大你的个人品牌，高效加速你的生意。"这就是把一门原本看起来属于红海的课程，变得具有"爆款相"的切身案例。

而我们前面说的"素养课"就是一个活生生的反面例子。以前我们在开设文案课的时候，把它叫作"文案素养课"，结果压根没几个人报名，这件事让我深以为耻。于是从那时候开始，我就吸取了教训，后来在做文案这一版块的知识付费时，也特别小心，当我正式成立文案教学社群时，就给它起了"峰帅盲盒文案教室"这么一个名字，同时我也给了它一句口号，叫"渗透式学文案，一年后无死角"，于是也立刻有了爆款相，爆款到这个客单价四位数的空中教室进入资格还没有正式发售，就有几十位学员抢先报名进入了。

再给你举一个小例子。

我有个学员叫尔东辉，现在已经是俯头帮"超级伙伴工作组"的成员了，她是专业做视频的。做视频对于现在而言当然是刚需，但同时这个领域也是一片红海。所以如果尔东辉做一门课，课程名叫"如何做出酷炫的视频"，显然已经不够用了，因为这个名字没有爆款相。但是如果把课程名改成"让你的视频有更多人看"，就立马有了爆款相。事实上这也是尔东辉应当确立的一个更高的个人品牌定位，也就是说她不仅仅是一个视频剪辑师、视频特效师，更应当是一个专业的用视频来赋能他人的个人品牌和生意的人。

总而言之，当你做一门课程、做一种知识付费和价值变现产品时，要么应该讲别人没有讲过的，要么应该讲得跟别人不一样。在这个过程中，只有你自己走心了，你的课最后才会深入人心。

下面我们再来看"价值变现金字塔"的第二层和第三层，也就是当你确定了一个课题、确定了讲什么以后，就需要"出框架"和"给交付"了。

这里我为什么要将这两个层面放在一起讲呢？因为事实上它们是紧密相连、有因果关系的：只有你的课程内容框架设计到位，你才能满足用户对体验的期待。

▶ 出框架

一份优秀的课程框架，看起来是变化多端的，甚至可以说一千个老师就有一千种做课的方法，但是在你的课程框架里，有三个要素是必须包含的。

第一个要素：底层逻辑

也就是你的这门课以及你的每一节课为什么要这么设计。

所以你在做课纲的时候，首先一定要问清楚自己三个问题，而这三个问题恰恰也是你的课纲里必须包含的三个内容——

第一个问题：你看到了什么现状？

第二个问题：在这个现状里面，你看到了什么问题？

第三个问题：对于这个问题，你认为应该从什么方向去解决？

如果你的课程框架能回答清楚这三个问题，你的课就能够给出一个合理的、科学的底层逻辑。必须再一次强调：你的所有回答，一定是基于自己的核心价值观的。

举一个近在眼前的例子。

这一章"价值变现放大器"针对的现状是什么？我看到的现状是：人人都在做知识付费，老师多如牛毛、课程多如牛毛，以至于想学习的人根本无从选择。那么这个问题来自哪里？来自老师们普遍缺乏匠心精神，从而导致知识付费课程也普遍缺乏深度的价值。在这样一个前提下，我认为解决的方向应该是：基于我一贯坚守的长线主义、保底思维的价值观，我必须倡导知识付费从业者用一种"闭环思维"去做价值变现，从而使得做知识付费的人和用户双方都能得到最大限度的收获和收益。

所以，底层逻辑决定了你这门课或者这一节课的厚度。

第二个要素：实操心法

也就是你在课里给出了哪些必须遵守的法则。

但是这些法则从哪里来呢？你也要问自己三个问题，或者说你在课程框架里给出的这些法则必须符合三个标准——

第一个问题：你给出的这些实操心法，符合你前面所说的那些底层逻辑吗？

第二个问题：你给出的这些实操心法，是基于你自己的研究而得出来的原创性结论吗？

第三个问题，也是最关键的一个问题：你给出的这些心法，都是你自己的实战经验所得吗？

换句话说，你本人用这些心法拿到结果了吗？总而言之，我们不能说一套，做一套，也不能东拼西凑，更不能原封不动地去抄袭别人的成果，那就不叫讲课，而叫转述了。所以，唯有你自己拿到了结果，你的课才具有真正的可信度，否则你的课就很容易变成一门假想的伪学术性的课程。一门假想课是无法证实也无法证伪的，而你做一门课，要的恰恰是证实——证实课里讲的一切都是有效的。

所以我始终在提倡：你讲课一定要讲自己已经拿到结果的东西，然后把你已经拿到的结果，总结设计成符合以上标准的课程。这既是对用户最大的负责，也是对自己最大的负责。唯有具备这种实操心法的课，才具有真正的差异化、生命力和价值感。

所以，实操心法决定了你的这门课或者这节课的深度。

第三个要素：具体做法

也就是你的课到底会教别人怎么做。

在这里，你也要问自己三个问题，这三个问题也是环环相扣的——

第一个问题：你的课里有切切实实的步骤吗？

第二个问题：这些步骤能够浓缩成一个应用工具吗？

第三个问题：有没有更多的案例来验证你的这一个工具？

有步骤，才有最明确的指引性和落地性；有了工具，才更加便于用户去记忆和实操，这一点我们在前面的"工具思维"部分里也讲过；而有了足够的案例，才能给用户更多的借鉴和启发，从而让他们能够更好地理解和应用你的工具。

所以，具体做法决定了你这门课或者这节课的宽度。

▶ 给交付

以上讲的是应该如何出一份优秀的课程框架。相应地，一门优秀的课程交付给用户时，这个交付看起来也是难以捉摸的，因为一千个用户就有一千种学习体会。但是有三个价值,是每一个用户都希望你的课带给他们的。

第一个价值:认知

因为你的课有扎实的底层逻辑,才会让用户在认知上得到根本性的升级,这个是他们想得到的。

第二个价值:路径

因为你的课有明确的路径,即实操心法,而且是基于你自身结果的心法,才会让你的用户在内心里看到一种清晰的希望,这个也是他想得到的。

第三个价值:标杆

因为你的课有标杆,即切实的步骤、工具和案例的支撑,会让你的用户在行动上真正地落实课程教授的知识,而一门课最终必须让人落实下去,才会有真正的结果,这当然也是你的用户想得到的。

所以你的课唯有做成这样,才能够给用户真真正正的价值以及价值感,反过来,你的个人价值也会因此而被不断地放大,因为这时候用户自己就会说你好,会来传播你、来推荐你。

但是这仍然不够。当你定下了一个好课题、给出了一份好课纲,并且也能给用户很好的交付,这时候还要考虑第四个非常重要的因素,叫"运营"。

▶ 做运营

我们最开始就说了,做知识付费、做价值变现,最理想的一种状态就是:课本身做得好,并且也卖得好。而卖得好的命脉在哪里?其实就在运营。由于这一章的重点更多是讲"如何做好你的课",所以关于如何运营、如何卖好课,我们只讲最重要的三个任务,即播种子、立口碑、做裂变。

第一个任务:播种子

我们都知道,种子放在土壤里面会生根、发芽、开花、结果。事实上,前面所说的一切心法、做法,以及带着长线主义去做知识付费和价值变现的这种理念,对于用户而言就是土壤。因此除了做好知识本身的生产和交付,你在运营上最重要的一件事,就是要培育好你的种子,尤其是你的第一批种子。

老子说过一句话，我们都耳熟能详："道生一，一生二，二生三，三生万物。"根据我本人做课和卖课的体会，一门课的运营，最重要的是你前10个精品用户，然后是前50个精品用户，然后是前100个精品用户。正因为有这样一个体会，我前面才会提出"一次成型，终生迭代"的产品思维，也就是你得做连环性的课，而不是做一次性的课。只要你的东西足够好，只要你一直在卖一样好东西，用户怎么可能不越来越多呢？

所以我们在运营上千万不要看别人好了就眼红，就想着一门课发售一次就有几千人、几万人进来，然后在营收上就突破几百万元、上千万元，这跟你一做个人品牌就成为网红一样，是小概率事件。对于我们做知识付费而言，最关键的问题是：谁是你的第一批用户、你的第一批用户质量怎么样，以及你如何对待你的第一批用户。

你的第一批用户都是你的种子，而种子质量好不好，很大程度上取决于你如何培育种子。

所以在培育种子上，有三个动作你必须做到：第一个动作叫"亲密接触"；第二个动作叫"全力赋能"；第三个动作叫"严格筛选"。

什么是亲密接触？就是你在做种子培育的过程中，一定要跟你的学员距离拉近，至少你们是在一个特定的学习群里面，或者在线下进行授课、交流以及更多的探讨，因为只有这样，你们之间才能产生对彼此的了解，尤其是让你的用户在获得了价值的前提下，对你形成感情。

接下来，只有你全力赋能你的学员，才能让他们真正受益，让他们对你产生感激之情，甚至是感恩之情。

最后，只有通过严格筛选，你才能把稻田里的那些稗子，或者本身就不适合播种的那些种子给它剔除掉。

关于"严格筛选"这一点，我的学员最熟悉，因为在我的课程学习群里就有一个明确的"抱出机制"：只要你没在规定的时间内进行听课复盘，或者只要你没有及时地提交作业，就会被抱出学习群，此后只能看视频自学，我不再对你进行任何辅导，并且这个机制是不可逆的，你想要再进学习群，就只能重新交学费报名了。这就是一个经过我慎重考虑而采用的严格筛选机制，换句话说，我一边讲课，一边也在筛选种子。当用这样的心去做一门课时，哪怕一开始我只培养了10颗种子，这10颗种子也会让我生根、发芽、开花、结果，也会让我拥有口碑。

第二个任务：立口碑

在立口碑这一点上，我曾经提出过一个非常重要的词，叫"口碑后置"。在目前这样的环境下，虽然大家都在说流量为王，但我始终坚持一个观念，就是做任何一个产品，包括我们做知识付费产品，归根到底，与其求流量，不如求口碑，而且一定是做了事以后才会有口碑。为什么口碑那么重要？因为口碑是最有效的营销，关键还是免费的营销。在之前的内容里，我提到过《战狼2》这部电影，它在上映前夕几乎不做任何宣传，但是上映以后的口碑做得一级棒，所以成了中国目前为止票房史上的奇迹。

那么问题来了：口碑是很重要，但口碑究竟是怎样形成的呢？在这里，我要给你三个重要的"独家心得"。

第一个心得你早就知道了，是我峰帅一贯提倡的，叫"重交付"，也就是从你磨课开始，一直到讲课，再到批改作业，你都要尽最大的可能做到压倒性投入。

第二个心得听起来有点违背常理，就是不要关注用户的满意度，要关注用户问题的解决程度。

居然不去关注用户的满意度？没错，因为用户满意不满意，是一个主观因素，当你把目光放在用户的满意度上时，你就会过多地去注意那些不必要的因素，比如用户会给你各种反馈和建议，有些建议是对的，有些建议根本就是错的，而且用户很多时候会有情绪等，这都会影响用户的满意度。但是这时候你不能去关注这些，你要关注的应该是用户的实际问题，他们那些实实在在的、与课程有关的问题，你有没有在解决，以及解决到了什么程度？只要你把用户的问题给解决了，最后用户一定会有高满意度。这里面的逻辑其实非常清晰。

立口碑的第三个心得是，可给可不给的，要多给；可拿可不拿的，不拿。

什么叫"可给可不给的，要多给"？比如我峰帅做这门课，除了重交付以外，最好还要比学员期待的多交付一点，这样大家才会有一种惊喜感。所以我经常会基于课程的内容，在学习群里额外给大家讲一些超纲的内容，指不定哪句话会对大家有用，这样大家的获得感就会更强，也会启发他们去自行解决更多的问题，时间一长，口碑自来。

反过来，"可拿可不拿的，不拿"又是什么意思呢？很简单，比如在招生过程中，我们工作组强拉进来的学员，我不收，或者有一些学员不明所以，抱着"试试看"的怀疑心态来付费报名，这样的学员我也不收。总之不要为了一些短暂的小利益，去损失教和学的那种纯粹性。所谓教和学的纯粹性，就是你心悦诚服地学，我甘心愿意地教。只有这样，才能形成一种良性的循环，彼此才能在一个纯粹的氛围中，去达到一个比较好的解决问题的结果。这种心态，我称之为做知识付费的"标准心态"。当你带着这样的一种标准心态去做课，想没有口碑都是难事。

但是我们追求口碑，最后应该如何去检验自己是不是已经有了口碑呢？

我有一个非常简单的标准分享给你，就是你在做知识付费的过程中，自己不要发或者尽量少发朋友圈来宣传你自己有多么多么好，包括晒一些截图告诉别人，今天又收了多少学员、收了多少学费等，而是要看是否有很多你的用户、你的学员在主动地发朋友圈推荐你。道理很简单：如果你自己发的朋友圈多于你的用户、你的学员为你发的，那么你的口碑相对来说一定是弱的；而反过来，如果你的用户、你的学员主动发朋友圈推荐你，比你自己发的还要多，那你的口碑一定是越来越强的。这样一检验，你就知道了自己的问题可能出在哪里。如果你的口碑还没有那么好，要不就是你在交付上还不够细腻，还没有做到极致，要不就是你没有为你的用户、你的学员解决他们的某些重要问题，要不就是你该给的没有给，不该拿的却拿了。

总而言之，播种子和立口碑是如此重要，以至于我的"个人品牌放大器"这门课竟然是从第 0 期开始招生、开始上课的。为什么？其实就是为了告诉自己，也告诉学员：第 0 期是试运营状态，为了让我自己更加用心、全力以赴地去播种子和立口碑。

只有在做好了这两步的基础上，你才能够去谈论后续的裂变，因为这时候，你的种子用户也有了，你的口碑也有了一定的基础，只管大胆地、没有后顾之忧地去做推广就是了。

第三个任务：做裂变

有了种子和口碑，裂变其实是早晚的事。所谓裂变，就是真正意义上的"道生一，一生二，二生三，三生万物"。

给你举一个很有意思的例子，也是我自己始料未及的例子：

如之前所说，我的这门个人品牌课除了有线上集训营，还有线下弟子营，于是从第0期开始，我们就规定了两种弟子营的报名方式：一种是学完课程，通过各种考核和面试以后，有机会获得免费送的10个名额；第二种是你可以跳过一切考核门槛，直接付款9999元占位，然后等待课程结束以后面试。我原本以为一定是争取免费名额的弟子居多，这几乎是毫无疑问的事，但是没想到，课还没上到一半，几乎所有学员都用9999元来直接占位了，甚至把下一期弟子营的10个名额也都给占满了。最后的结果是，预定名额突破40个，远远超出了每期10个弟子营名额的设定。

后来我思考了一下，我想不是因为学员们钱多得没处花，而是大家可能真的感受到了这门课程的价值，或者说还没有上课的同学听到了已经上过课的同学发自内心的口碑。所以这是让我感觉到非常欣慰的一点，也是让我有更多的激情和耐心把我的所有课程打磨好、交付好的一个非常重要的原因。

说到这里你可以体会到，所谓的做裂变，其实我们应该追求的是"被动裂变"，而不是通过各种强买强卖的手段，通过各种挂羊头卖狗肉的手段，通过各种促销手段、各种打"早鸟价"的手段来进行的裂变。当然，在一门课程正式交付以前，招生动作和发售动作还是必要的，比如你需要开一些公开课，或者给学员们做一些体验式咨询，然后做一次正式的群发售，甚至像我们工作组偶尔还会做几场拍卖，有很多手段可以用。但是归根结底，所有这些手段都只是辅助，你在运营上仍然要追求一个标准：80%的精力应当放在前期的做课和交付本身上面，剩下20%的精力才放在运营和卖课上。

在这个过程中，即便一下子做不到那么好，也至少应当把它作为一个长期的运营方向和运营标准。也就是说，至少应该这么去思考、去追求，因为我们做课、做知识付费、做价值变现，本身就是一件长期的乃至终生的事，所以要用很长很长的时间，去做我们价值变现的"糖葫芦"。

核心内容回顾

在本章的一开始，我讲了做知识付费和价值变现必须具备的三个认知：第一，人人都有价值；第二，在这个互联网时代，人人都可以把自己的价值进行变现；第三，环境越乱、伪知识付费越多，其实对于真知识付费越有利。基于这几个认知，我给出了衡量价值变现做得好不好的两个维度：课好不好，以及课好不好卖。在此基础上，我跟你分享了如何做好知识付费的一整套心法，也就是"8+2思维"，包括：糖葫芦思维、产品思维、方法论思维、工具思维、终结者思维、轻重思维、授权思维和规模化思维，这8个思维形成了做知识付费的一个小闭环，同时我又给了你两个补充性的思维，一个叫累积思维，一个叫切割思维，而这2个思维是为了让你做价值变现的时候，可长可短、可快可慢。有了这样一套心法，我进而给你设计了第七套应用工具，叫"价值变现金字塔"，这也是你在具体打磨一门课程时需要参照的工具，所以也叫"课程打磨金字塔"。这个金字塔包括了四个非常重要的层面，从下到上：第一层是定选题，包括如何让你的课具备刚需相和爆款相；第二层是出框架，也就是一门优秀的课程必须有底层逻辑、实操心法和具体做法；第三层是给交付，这是对应出框架而言的，也就是一门优秀的课程必须给用户几个明确的价值，包括提升认知、指引路径以及树立标杆；最后第四层是做运营，我重点向你拆解了做运营的三大任务：播种子、立口碑和做裂变。总而言之，我向你提出了一个非常重要的观念：我们做一门课也好，做自己终生的知识付费和价值变现也好，都应该冲着"重交付、轻运营"这样一个方向而去。希望这节课能够对你接下去做课、做知识付费、把自己宝贵的价值进行直接变现，起到实实在在的启发和指引作用。

第四模块

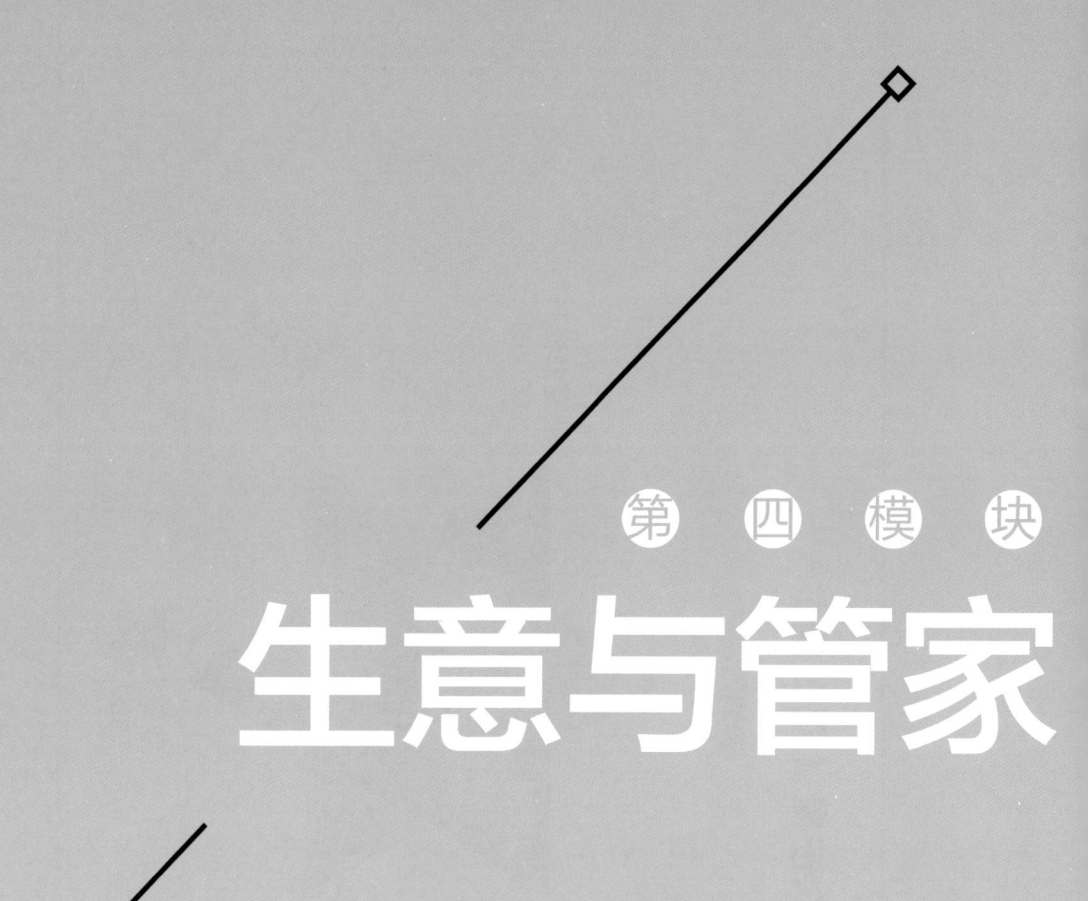

生意与管家

应用工具八：私域资产六芒星（双三角）

裂变力资产
(80/20)

合作力资产
(同感同行)

影响力资产
(重度口碑)

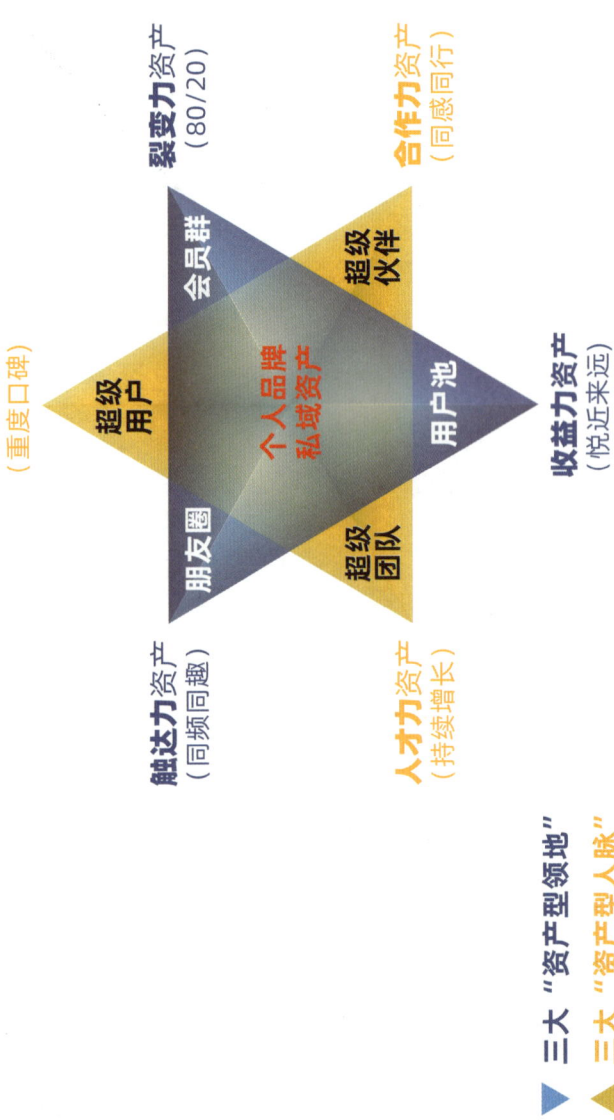

会员群

超级伙伴

超级用户

个人品牌
私域资产

用户池

收益力资产
(悦近来远)

朋友圈

超级团队

触达力资产
(同频同趣)

人才力资产
(持续增长)

▶ 三大"资产型领地"
▲ 三大"资产型人脉"

第八章
私域资产放大器

看好你院里那片鱼塘，别管你门前那条河流！

我们终于来到了本书的最后一个模块！这个模块一共有三堂课，这一章要探讨的是第一课，叫"私域资产放大器"。

在上一章里我们讲"价值变现金字塔"这个工具，讲到最后一步"做运营"的时候，我说运营有三个核心任务，叫播种子、立口碑和做裂变。当然，生意并不仅仅是做知识付费，比如你可能还得卖产品、做服务，还得经营团队，等等。但是在现在这样一个互联网时代下，播种子、立口碑、做裂变这一套运营原理，对于任何一门生意都是适用的。你可以把这一章内容理解成是对上一章的延续和深化。

说到私域，你一定会想到一个词，叫"私域流量"。事实上在做这一堂课的过程中，按理老习惯，我总共翻阅浏览了11本讲私域的书，有纸质书，有电子书，这些书写得优劣参半，但是不论好坏，只要讲到私域，无一例外都使用了"私域流量"这个词。但是这里我必须告诉你：私域流量其实是一个伪概念。之所以会有"私域流量"这个说法，很明显是受了"公域流量"的自然影响。

我们来打个简单的比方你就一清二楚了：什么是公域？公域就好像你家门前的那条河流。而私域，就是你家院子里的那一片鱼塘，所以这一章的主旨就叫："看好你院里那片鱼塘，别管你门前那条河流！"

为什么别去管门前那条河流呢？

我们知道，所有讲流量的课或者书，有几个词是一定会说的，而且说的频率非常高：一个叫"获客"，一个叫"留存"，一个叫"转化"。之所以会出现这些词，并且做私域的时候也会用到这些动作，只说明了一个问题：你只围绕"流量"这个词去做事，其实一切都是没有把握的，或者都是不可控的。换句话说，你做事的整个过程有很大的运气成分，甚至是赌博成分在里面。当这样一种情况体现在营销上的时候，我称之为"不确定性营销"。正如我早年刚刚入行时，很流行用一句名言来形容客户："我知道我有一半的广告费打了水漂，但是我却不知道是哪一半。"现在你如果把这句话用在获取流量的过程中，也一样适用："我知道我有很多钱、很多精力都浪费了，但是我不知道在哪个环节浪费了。"

还是用河流跟公域流量来打比方，假设你要在你家门前的那条河流里去抓鱼，一定会出现这么几种情况：

第一，你撒一把鱼饵下去，可能半天都没有鱼游过来，因为河水是流淌的。反映在你的运营过程里，这叫"触达率很低"。

第二，你可能在河边待了很长时间，但是你抓到鱼的概率很低，而且即便抓到了鱼，还得付钱给管理处，因为那是公共河流。这个反映在运营中，就叫"获客成本很高"。

第三，正因为是公共河流，所以还会有很多人跟你一样，一起在河边抓鱼，这就导致了你最后能够抓到的鱼越来越少，反映在运营中，就是我们经常说的"没有红利了"。

第四，即便你天天待在河边抓鱼，河里的鱼也不会认你，因为鱼不是你家的，这叫"用户黏性很低"。

第五，你不能私自在公共河流里养鱼，所以这条河流对你来说是不能持续产出鱼的。换句话说，你每次在这条河里抓鱼，都只能一次性消费，也就是我们经常说的"没有复购率"。

以上情况，都是我们在追逐流量时产生的一些基本共识。

但奇怪的是，现在绝大多数讲私域的课或者书，一边在说着"公域流量的红利期已经过去了"，一边仍然在跟你说应该如何从公域流量入手，去获客、去留存、去转化、去做复购。从互联网运营的路径和手段来看，这当然无可厚非，但是请你仔细想想：这样真的是在做私域吗？

我们前面说了，只要你去追逐流量，你就是在做一种"不确定性营销"，这一点也跟我一贯倡导的"保底思维"大相径庭，因为你无论做个人品牌还是做生意，首先要确保的就是"不败"，所以应该做"确定性营销"。此外我们也说了，私域就好比你家院子里的那片鱼塘，是你家自己的地盘，既然是自己家的地盘，你为什么又要去获客？为什么又要去考虑留存、转化和复购这些问题？你会不会觉得这里面的逻辑很别扭？

所以请你注意：我们这一章内容不会去讲如何获取流量、如何留存、如何转化这些概念。并不是说这些技术手段毫无用处，而是这些概念所说的私域是一种"伪私域"。你仔细回顾和观察一下就知道，这也是你已经学了许多这一类通过追逐流量来做私域的招数和手段，但是最终仍然没能做好私域的重要原因。

你可能会说："现在国家已经发布了新政策，那些公共平台不可以再垄断流量资源了！"我甚至还看到有人说，以后的世界就是"公域私域化、私域公域化"这么一种状态了。意思就是说：你的就是我的，我的就是你的。对于这种盲目的预测，我称之为"流量乌托邦"。你用常识去想一想就知道，这样的乌托邦永远不可能出现。事实恰恰相反：公域开放以后，只会让公域流量的争夺变得越发激烈，也会让私域变得更加宝贵，因为但凡以主动追逐公域流量为前提去做的所谓私域，仍然是"伪私域"，仍然会导致绝大多数人做不好私域。

而我们今天要的，是"真私域"！

什么叫真私域呢？这就涉及本章的两大核心内容了：第一块核心内容是"如何看待私域"，第二块核心内容是"如何对待私域"。

我必须提醒你的是，接下来的内容在某种程度上可能会颠覆你的认知，所以你大可把这章内容看作你今后做私域的一份"纲领性文件"。在此基础上，假如你再回过头来学习一些技术层面的知识和技巧，会让你做私域变得事半功倍。

我们首先来探讨：应该如何看待私域？

前面我们说了，做私域不是在公共河流里面去抓鱼，而是在你自家的鱼塘里面去养鱼。

在我的农村老家，很多人家里都有鱼塘。那么假如你要在你自己家的鱼塘里面抓鱼，会遇到什么不一样的情况呢？

第一，当你撒一把鱼饵下去的时候，鱼立刻就一窝蜂地围过来了，这叫"触达率极高"。

第二，如果你在自己家鱼塘里钓鱼，半天就能钓满一水桶鱼，而且还不用给别人付钱，因为你是在自己家地盘上，这叫"获客成本极低"。

第三，因为鱼塘是你自家的，没人跟你抢鱼，除非哪天有小偷来偷你家的鱼。所以你只要好好地养鱼，这些鱼就是你的，这意味着你家的鱼塘对你而言，"红利期永远存在"。

第四，你家鱼塘里的鱼只属于你，这叫"用户黏性极高"。

第五，非常奇怪的是，你家养的这些鱼，除了会生出小鱼之外，还会莫名其妙地生出很多龙虾、甲鱼等周边物种，你只要每年定期把鱼苗放到鱼塘里去，它自己就会持续产出，也就是"复购率极高"。

此外还有非常重要的一点是，如果你每年不把这些鱼收上来，鱼就会变得越来越多，这种情况就是我们上一章所讲的，也是我们所追求的，叫"被动裂变"——事实上这些鱼并不是你把它们催生出来的，而是它们自己生出来的。

通过以上这样一对比，你应该能发现：鱼塘已经变成了你家的一个非常重要的资产。

这就是我们看待私域的一种全新的视角。

所以从此刻开始，我想请你把"私域流量"这个伪概念在你大脑里抹掉，希望你只记得一个词，叫"私域资产"。

那么什么叫资产呢？

财会出身或者做理财投资的人，非常容易理解"资产"这个概念。但是我们在这里不探讨金融概念，我们只需要知道，"资产"是跟"负债"相对的。

如果一定要用最通俗的话来说明到底什么是资产，那么这么多年以来让我印象最深刻的解释，就是20多年前美国的罗伯特·清崎在他的超级畅销书《富爸爸·穷爸爸》里说的：凡是能够把钱持续不断地往你兜里放的那些东西，就叫资产；而反过来，凡是把钱不断地从你兜里往外拿的那些东西，就叫负债。根据我的理解，即便你是有钱进账的，你可能依然是负债。我本人并不是学金融的，也不是财会出身，只是在创业的过程中对这个概念和观念有了越来越深刻的体会，同时我也鼓励每一个创业者都应该具有资产思维和负债思维。

那么请问，在你自己身上，你能够想到的资产有哪些？

我来举几个例子：

第一，黄金是不是资产？人们一般会认为它是资产，但是我现在认为，黄金很难说是资产，它如果放在那里一直不动的话，并不能够持续不断地让你有钱进账，而且黄金也有可能贬值。

第二，股票和基金是不是资产？科学地说，肯定是资产，这个你一定非常熟悉。

第三，知识产权是不是资产？如你写了一本书、做了一门课，只要这本书和这门课一直在卖，也就是我们所谓的长销，那么它就是资产，就能够源源不断地给你带来收益，甚至你的知识产权还可以传给下一代。这也是为什么我在上一章里强调说，你如果做课或者写书，一定要尽可能做到"一次成型、终生迭代"，因为在你把你的知识做成资产后，它就会不断地产生收益。

同样的道理，在营销传播领域，很多人说现在已经是互联网媒体的天下了，诸如户外广告牌、楼宇广告牌、机场灯箱这些固定的传统媒体没什么用了。这种观念实在是大错特错。我的学员叮咚是做潮州户外媒体代理的，我就跟她说过：户外媒体永远比互联网媒体要有价值得多，因为客户投放互联网媒体其实是属于负债，他的钱不断往里砸，投放效果并不可控，但如果投放的是户外广告牌，在他投放了一年、两年、三年甚至更久以后，这块广告牌就相当于变成了他的资产。所以你会看到，像慕思床垫这样的一些品牌会永久性地占据机场里的很多块灯箱位，因为只要机场里有人，就一定会长年累月地看到它的广告，就会积累起强大的品牌效应。而这些广告如果是投放于互联网媒体中，就起不到这样的效果，因为根本不知道哪些人群会看到这些广告，在很大程度上，这叫"盲投"。

你心里应该会说："还有房产，房产也是资产。"我认为在今天看来，房产也得一分为二地去看。如果你买了一套房子，在没有房贷的情况下，你把这套房子给租出去了，或者说你有房贷，但是你的租金大于房贷，那么这套房子就是你的资产；而如果你买了一套房子还得月供房贷，或者说你虽然把它给租出去了，但是租金却小于你的月供，那么这套房子对你来说就是负债。

这里我要再举一个对于开公司、做企业的朋友而言非常重要的例子，也是非常典型的例子：

请问你公司里面招聘的员工和团队是不是资产？在以往的观念中，很多经营者包括我本人在内，都把人力资源看作成本，至少财务做账是把它归入成本的，但是我现在坚决认为，人才在理论上是最大的资产，并且这个观念会直接决定你在运营团队和公司的过程中如何评估人才、如何选拔人才、如何管理人才，以及如何回报人才。简而言之，能够不断地为公司创造价值、带来收益的人才，就是资产。反过来，如果你的团队不断地让公司产生支出，甚至让财务出现赤字，那么这时候你的人才就属于负债，你就应该慎重地考虑如何调整你的管理方式以及你的事业了。

此外，还有一个与我们每个人都息息相关的例子：

其实很多人对于事业和职业这两个概念，都傻傻分不清。什么是职业？简单地说就是你现在的工作，也就是你每天主要忙活的那一摊事。那什么是事业呢？如果用资产的眼光来看，事业就是你身上所有能够为你带来收益的那些资产项的总和。如我有个朋友，一边在企业里做销售，一边自己还在做自媒体，一边还写书、讲课，这些资产项的总和就是他的事业。

所以切记：你的人生中最重要的是你的事业，而不是你的职业。这就是为什么我公开鼓励学员麟公子这种一边有着稳定的工作，一边做着副业的人，同时也是这门个人品牌课的最后一章要讲"斜杠力"的原因，因为你的主职未必能够让你的收入轻松覆盖你的支出，更未必能够让你实现财富自由。

什么是财富自由？千万不要相信"有三套房、两辆车、全身都是名牌就叫财富自由"的鬼话，因为这样的人很有可能还处于负债状态。如果我们以资产和负债的概念去衡量，只要你人生的收益永远大于你的支出，那你就是财富自由，跟有几套房、有几辆车，甚至跟你每个月收入是多少没有直接关系。财富自由是你的收益和支出叠加以后产生的一个相对值的概念，而不是一个绝对值的概念。

举了这么多例子，你应该已经非常清楚到底什么是资产了。资产就是那些能够不断给你带来钱的东西。相反，负债就是会不断带走你的钱，或者是相当于钱的东西，如你的时间、你的精力。

所以现在回过头来看，所谓的"私域流量"的概念，其实相当于在让你用一种负债的方式去做私域。在这个过程中，虽然你看起来像是打了鸡血，你获客了，并且还真给你带来一些收益，但是你可能从来都没有计算过，这个"伪私域"从你这儿带走的钱、人力、物力和精力其实远远大于你所得到的那点收益，原因就在于其整个过程是不可控的，并且运作成本越来越高。所以你必须做真私域，或者叫"资产型私域"，也就是那些能够持续不断地让你的收益大于付出的那种私域。

我们还是结合鱼塘的比喻来看，真私域有三个特点：

第一，可以随时在线。在你的地盘上，你私域里的资产随时保持着在线的状态，你一招呼它就出来了，这一点在公域里几乎不可能做到。

第二，可以随时触达。因为你私域里的资产是被你掌控的，所以你的信息和指令随时可以触达它们，就像你在自己家的鱼塘里钓鱼一样。

第三，可以随时成交。你私域里的资产是为你所用的，所以在一定的情况下，你随时可以在里面做成交。就好比因为你家的鱼塘反复产鱼，所以你可以反复卖、反复吃。只有在这样一种情况下，你才能做"确定性营销""可控性营销"，或者叫"资产型营销""持续增长型营销"。

但是说起来容易做起来难，这样的真私域到哪里去找呢？我们到底应该从哪里入手，去做这样的真私域呢？

前面我花了那么大的比重跟你分享私域的"资产观"，只是为了让你从今往后深深记住"私域资产"这个正向的、科学的、持续增长性的概念,也就是应该"如何看待私域"。

接下来我们就来探讨本章的第二个核心内容,即"如何对待"你的私域、如何来做私域。为此,我要为你介绍的是第八套应用工具——"私域资产六芒星"(见图8-1)。

应用工具八:私域资产六芒星(双三角)

- 影响力资产(重度口碑)——超级用户
- 触达力资产(同频同趣)——朋友圈
- 裂变力资产(80/20)——会员群
- 人才力资产(持续增长)——超级团队
- 合作力资产(同感同行)——超级伙伴
- 收益力资产(悦近来远)——用户池

▼ 三大"资产型领地"
▲ 三大"资产型人脉"

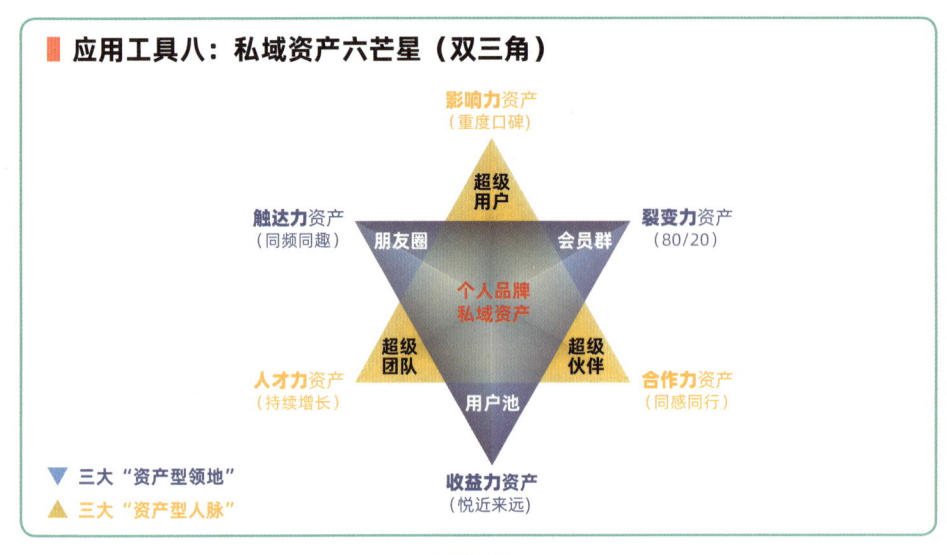

中心:个人品牌私域资产

▶ 图8-1

这颗六芒星其实是由一正一倒两个等边三角形叠加而成的,所以我又将这个工具称为"私域资产双三角"。

我们为什么要用这样一个双三角模型呢?通过这张图你可以看到,它里面囊括了我们所说的做真私域、做资产型私域的"六股力量",或者说如果你要做好真私域,就必须养护好你私域系统里面的"六大资产"。

第一个资产叫"触达力资产",也就是你的信息和指令能否最大限度地触达你的私域。

第二个资产叫"裂变力资产",就是你的私域能否裂变得越来越多,而且最好是我们说过的"被动裂变"。

第三个资产叫"收益力资产",也就是你的私域能否最大限度地为你带来收益,也就是钱。

以上三股力量或者三种资产代表的是你的真私域在什么地方、你应该在哪里养护它们。通过这张图也可以看到，它们分别在你的朋友圈、你的会员群和已经成为你用户的人构成的用户池里面。但是这个用户池其实是一直被我们忽视的，这一点我们后面会具体说。

第四个资产叫"影响力资产"，也就是你的私域能否让你的影响力越来越大。这种影响力有可能是你企业的影响力，也有可能是你个人品牌的影响力，在这里我们主要偏重于讲个人品牌的影响力。

第五个资产叫"合作力资产"，也就是在你的整个私域中，能够跟你发生合作关系，并且持续产生价值的那一部分资产。但是这一部分资产在我们做私域的时候往往会被严重忽视。

第六个资产叫"人才力资产"，简单地说就是你的员工、你的团队，他们是真正相对稳定地跟你在一起持续创造价值的资产。但是这一块资产通常也是容易被忽视的，所谓"最亲密的人最容易被忽视"。

以上这三股力量、三种资产代表的是你的真私域究竟是哪些人群、哪些角色。事实上只有当你的用户群体、伙伴群体和团队群体分别称得上是超级用户、超级伙伴和超级团队的时候，这三种私域才成为你的真私域。

通过这样一个工具图，我们就能清晰地得出下面这个公式：

真私域 = 三大资产型领地 + 三大资产型的人脉

这个公式可以说是我通过切实的践行所总结出来的一个有效的逻辑，或者说是一种资产配比组合，也就是在确定性的资产中去做私域。最关键的是，这个公式代表着人人都可以做到的一种私域做法，也是我本人从今往后会不断深入践行的一套逻辑。

事实上，当你深刻理解了私域资产的双三角模型时，你从今往后看待私域的视角，以及你养护私域的行动，都会跟过去全然不同，其中最大的不同就是，你会始终带着一种资产的思维去做私域，也就是你做的私域要么是能够让钱一直往你兜里放的，要么是能够让你的人力、时间和精力越花越少的，并且你今后所做的每一个动作，都会是笃定的和目标导向的。

我们说过，你可以把本章内容看成是做私域的"纲领性文件"，你也完全可以把我给你的这个工具图当成是你做私域资产养护的一套"纲领性要诀"。

下面我们就来逐个探讨一下这里面的每一股力量、每一种私域资产，在我们养护它的时候，究竟有哪些关键点需要遵守。

首先来看三大资产型私域领地：朋友圈、会员群和用户群。

事实上我们所说的"真私域"这个概念，你也可以称之为"纯私域"，也就是说但凡跟公域流量搭上一点边的，都不算是资产型私域。就好比你家院子里的鱼塘如果跟外界的河流之间有了一条渠，那它就不算是你家的鱼塘了，因为鱼会慢慢跑光。根据这个道理你就会明白，诸如微博、公众号、抖音、快手、小红书、视频号这些公众平台，虽然都带有私域的性质，但说到底它们都属于"入口型公域"，也就是说它们只是往你的私域中导流的，所以在本章的内容里，我们一律不讨论。

用这样的标准一衡量，可以说真正称得上是"真私域"的领地首先是微信生态里面的朋友圈，其次是你手里握着的各种社群，尤其是会员群。但是还有第三个被我们大大忽略的资产型私域领地，就是我们所说的用户池。什么是用户池？很简单，就是那些已经向你付了费、已经成为你用户或者客户的人。你想，我们做私域，做来做去最终求的不就是这一部分私域吗？但是在通常情况下，我们却把这群人跟其他人一视同仁，这是个很大的问题。

▶ 第一个私域资产领地：朋友圈

我给朋友圈的一个属性定义叫"触达力资产"。

应该说，自朋友圈诞生以来，它对于我们来说的意义早已不言而喻，经过多年的发展，朋友圈目前应该已经成为我们整个私域的落脚点。但是现在有人开始感叹说，短视频平台兴起以后，朋友圈已经废了、没落了，因为朋友们不再给他点赞了，也不跟他互动了，货在朋友圈里也不像以前那么好卖了，等等。但是果真如此吗？

对于这种情况，我个人有三点看法：

第一，其实不是朋友圈废了，而是你的朋友圈废了。在我看来，很多人的朋友圈还是好好的，包括我自己的朋友圈一直都比较正常。

第二，无论其他的社交平台、电商平台变得如何兴旺发达，你无法否认朋友圈始终是你私域的落脚点，即便是号称公域和私域都打通了的现在，最终仍然要把流量沉淀到你的微信、你的朋友圈里。

第三，也是最关键的一点，你必须知道，你在你的朋友圈里永远不可能同时取悦和打动所有人，他们不给你点赞、不跟你互动、不向你下单很正常，就算是你的亲戚，也不会天天跟你互动、跟你打招呼。但是反过来讲，如果你的朋友圈里的那些人曾经跟你有过很多互动，现在却不怎么互动了，以至于让你感觉到朋友圈没落了，这时候你得想一想到底是为什么。

有一个非常简单的原因：你可能已经忘记了你的那些好友当初是在什么场景下、因为什么原因而跟你加的微信。他们当时加你的微信一定有某种原因，但问题是加了你以后，你从此再也没在朋友圈里让他们看到过他们想看的内容。你想想是不是这个道理？

例如，某个人加我微信可能是因为我曾经推荐了一本书，他觉得非常不错。但是如果他加了我以后，发现我的朋友圈里天天只卖货，从来也不讲什么读书的事，久而久之他自然不会再跟我互动，也不会为我点赞了。

再例如，假如你是一个喜欢宠物的人，你的一个朋友也喜欢宠物，某一天你们加了微信，但是加了以后他发现，你每天只会发一些炒股的内容、理财的内容，久而久之他也不会再跟你互动、给你点赞了。

又例如，某个人因为听了你的一次演讲，觉得很有启发，但是当他加了你的微信后，看到你每天只会晒一些吃吃喝喝，或者一天到晚晒自己的孩子，特别烦人，那么他还会给你点赞吗？当然不会。

所以，有很多情况会导致你的朋友圈慢慢没落。这个时候，你需要做一件事，就是所谓的"激活"你的朋友圈。但是我们经常使用的那些激活朋友圈的手段，只是拼命地发圈刷屏，或者有事没事给好友们发一条私信，甚至发一条小广告，等等。

说到这里，我要跟你分享的一个观念是：朋友圈，朋友圈，理论上它汇聚的应该都是跟你"同频同趣"的人。但是请务必注意，所谓的"同频同趣"，其实指的都是"局部的同频同趣"。也就是说，你发出来的内容并不能取悦每一个人，总有人爱看，也总有人不爱看。那么这个时候你应该做的是基于"同频同趣"这个目标，让恺撒的归于恺撒，让上帝的归于上帝，也就是说要让你的朋友圈里总有"一部分内容"能够被你的"一部分好友"所喜欢，这才是能真正激活朋友圈的原理所在。

基于这样一个原理，我总结了以下三个核心动作，可以让你在养护朋友圈私域时，相对有效地提升朋友圈触达力。

第一个核心动作：好友等级化

你要将你的朋友圈好友进行一个基本的标签分类，把他们分成"三六九等"，但是在此之前，你要先做一个很笨但是非常有必要的动作，就是把你的好友一个一个点开看，进行一次基本的预判。预判什么呢？第一，哪些人是可以触达的，也就是你发的内容这些人应该是能看到的。第二，哪些人是可以跟你互动的，也就是你发了朋友圈以后，这些人会经常给你点赞、给你评论。第三，哪些人是可以被你打动的，甚至是可以因你而成交的，这些人可能就是你的潜在用户。基于这三个标签的分类，你对你所发的每一条内容就大致心里有数了。在你有了这样的预判以后，你在发朋友圈的时候甚至还可以"艾特"（@，意为提醒、通知）某些人。有时你可能还会遇到一些意外的惊喜，如你预判不会跟你互动的人突然跟你互动了，那么这时候请注意：你一定要进行一个反向维护动作，你得回复他一下，或者找个机会也要给他点个赞。

在前面三类标签分类的基础上，你还得预判一点：有哪些人是肯定不会跟你互动的。如有些人已经有几个月甚至一年都不跟你互动了，或者他们只会在一种特定的情况下才会跟你互动，那就是给你私信发小广告。如果是这样的一些人，我建议你果断把他们删除了，不要有任何惋惜。

如果把朋友圈看作是一块领土的话，那么把好友等级化就是你掌握领土权、掌握触达力的一个重要开端。这个过程也相当于你在做朋友圈的CRM，也就是客户管理系统，对你的微信好友进行一次深度的盘查。

第二个核心动作：内容栏目化

这个道理很简单，既然你已经把朋友圈好友进行了一个大致的标签分类，紧接着你就应该根据自己的事业内容、生活内容、家庭内容、爱好以及你内心经常会思考的一些东西，来设定你朋友圈的主题栏目。简单地说，你的生活层面加上你的事业层面，或者说你的物质层面加上你的精神层面，就是你可以去设定朋友圈栏目的基础。然后你就应该像写杂志专栏一样去发你的朋友圈，这个时候对你的那些朋友圈好友而言，叫"萝卜青菜，各取所需"，你会发现总有那么一两个栏目内容会有人点赞、评论，这说明他们喜欢看你这一部分的内容。所以，只要有一个栏目是这些人所钟爱的，那么他们对你而言就已经处于"激活状态"了，也就意味着他们不会屏蔽你，甚至还会忍受你所发的其他那些他们并不喜欢的内容。

例如，我本人的朋友圈中带"#"号的栏目包括峰帅写诗、峰帅读书、峰帅写字、峰帅亲子、峰帅说事儿、峰帅与俯头帮、峰帅的小欢喜等，包含了几乎所有我生活层面和工作层面的内容，也包含了我物质层面和精神层面的一些内容，未来我可能还会把这些栏目调整得更加丰富。当我这样设置了我的朋友圈内容时，出现的最显著的一个效果是，原先有些人都已经不太给我点赞、不太跟我互动了，突然又跟我互动了起来，而且每一条内容互动的人群是不太一样的，他们并不完全重叠。这个有趣的现象你可以自己去探究一下。

当然，也并不是说你每天只能发这些设定好的固定栏目内容，那就太僵化了。偶尔当你情绪上来的时候，也可以发一些零碎的东西。但总体而言，还是要以发栏目化内容为主，为的是让你的朋友圈形成一种强个性、强特质、强识别性，让人一看这个栏目就知道是你，甚至你哪天没发内容的时候，他们还会有一种期待感。

但无论你是发固定栏目内容，还是发一些情绪性的内容，养护朋友圈私域一定要坚守一个最大的原则，那就是真实。就像我们在第一章里所讲的"做透真实"，从而让你的朋友圈内容显得更加立体化，呈现出一种我称之为"魅力人格体"的特质。我们之前花了那么长时间来放大个人品牌，从定位的确立，到符号的建设、如何向外进行表达、如何进行内容的输出、如何进行价值变现，再到这一章的私域资产，走了那么长的路，其实目的之一就是把自己变成一个具有"魅力人格体"的人，而魅力就是信任的大前提和大基础。当你有了"魅力人格体"以后，反过来就一定要让你的朋友圈成为你本人的360°形象代言人。

当你把朋友圈内容栏目化后，这些栏目内容什么时候发比较好呢？

第三个核心动作：推送时点化

也就是你的内容要在一些相对稳定的时间段里发布，这样久而久之也有助于形成你个人的一种特质。但是这种时点化的设定是因人而异的，因为我们每个人的朋友圈的生态特征和好友的活跃情况都不一样，这就需要我们自己在前期进行一些测试，然后逐步调整节奏，最后形成一系列固定时点。

一般来说，我们可以把总体时点分成早晨、上午、中午、下午和晚上。还是拿我自己来举例：我早上常常会发一首我自己写的诗或者微小说；上午的时候，我会发一些我的读书心得；到了中午，大家开始休息了，休息的时候往往能够相对聚焦地去刷一些朋友圈内容，这个时候我会发一些跟我的工作、生意有关的信息和内容；到了下午，大家会有些犯困，甚至会比较忙碌和烦躁，我就会发一些比较有趣味性的内容、想法或者段子；到了晚上，大家忙活了一天，相对来说此时是比较自由和安静的，我又会发一些跟工作有关的内容；周末的时候，我可能会发一些跟家庭、亲子有关的内容。

但是我看到很多人说，每天一定要在朋友圈发十条以上内容，以确保时时刻刻都在激活你的朋友圈，让你的内容时刻保持触达率。对于这种"手段"，我个人是一点都不提倡的——一天在朋友圈发十条内容，这叫"朋友圈扰民"。但是也不能一概而论，如你是做微商的，你的整个生态基本就是卖货圈层，或者说是创业圈层，那么当大家都在这样一种氛围下的时候，或许就有必要不断地去展示自己的产品，甚至在朋友圈不断地去卖货，尤其当你的这个微信号是工作号的时候你可以这么做。除此之外，你的朋友圈应当避免一味地发布单一内容，如一直晒你的订单、晒你的产品等。

以上就是对朋友圈这样一个触达力资产进行养护的核心内容。

▶ 第二个私域资产领地：会员群

我把会员群定义为"裂变力资产"。但是这里讲的会员群，你可以理解成是一种"泛会员群"，也就是说你手里所有的社群都算会员群，当然主要指的是付费社群。

毫无疑问，社群对于我们生意的价值已经越来越大，发挥的作用也越来越大，从变现和成交的角度来说，它的价值和作用甚至远远大于朋友圈。这是什么原因呢？

第一，从公域到朋友圈，再到社群，你的私域已经经过了二次沉淀，来到你会员群里的那些人，他们的目的更加纯粹，要么是冲着获取知识来的，要么是冲着赚钱来的，或者是冲着搞事儿来的，总之就是冲着有利可图来的。

第二个原因是，在他们来到你的会员群以后，就相当于来到了一个小生态里，就从只跟你一个人进行单线条的社交，变成了一种网状的社交。在这样的一个小生态里面，各自每天接触的内容会更加丰富多彩，彼此之间的链接和获得利益的可能性也被放大了很多倍。

第三个原因是，在会员群里的每一个会员其实都是一个小太阳，他们也都是拥有各自私域的，于是在特定的诱因或者氛围之下，就可以实现一种"人带人"的效果，也就是我们所谓的"拉新"，他们会把身边的朋友带到你的会员群里来，这就使得整个社群变成了私域裂变最重要的一块领地，在这个社群里面，你如果要进行批量的成交转化，成功的概率也会变得越来越大。如现在越来越被重视的"群发售"，就是基于这个道理。

正是因为这样一些原因，所以通常在运营社群的时候，有一个首要的任务就是把群做大，让社群里面的会员变得越来越多。但问题是，把群做大、让人越来越多，你的会员群就变得优质了吗？未必。

你去看我的视频号，可以看到我早期曾经做过一条视频，我说孔子是中国历史上第一个创办民间教学的老师，并且他也是第一个真正开始做教育社群的人。听起来有点搞笑，但事实的确如此。《史记》上也记载了孔子有弟子三千，其中比较出挑的、有名有姓的有 72 个人，其他的一些弟子名不见经传,甚至我认为很有可能是孔子弟子的弟子。三千个弟子是什么概念?就相当于现在 6 个 500 人的付费社群。注意,是付费社群,而且是满员群。那么这 72 个出挑的弟子又意味着什么呢?意味着只占总人数的 2.4%,也就是说,每个付费社群里只有 12 个弟子是冒尖的,那么这 12×6=72 个人,我们在营销上就称之为"意见领袖"。但是这 72 个意见领袖仍然不是个个都顶尖,孔子经常挂在嘴边表扬的也就只有 10 个人,后人称之为"孔门十哲",这 10 个人就是现在我们常说的"超级用户"。这一点我们后面还会详细说。

我之所以跟你举这样一个例子,是想告诉你一个事实:在你的会员群里面,不要指望所有的马儿都是千里马,其实永远只有极少数的会员才是真正的活跃分子、积极分子,是你的潜在用户,或者是你的成交用户。除此以外,所有其他会员都只不过是跟随者、观望者或者潜水者。基于这样一个事实,你如果要运营好社群,要让社群变成最佳的可裂变资产,就必须遵循一个我经常提到的法则,就是"80/20 法则"或者叫"极少数法则",具体而言就是:你社群里 80% 的新人其实都是由 20% 的优质会员带来的,有 80% 的事都是由 20% 的人搞起来的,并且你的社群有 80% 的收益也都是由这 20% 的人带来的。对于这种情况,我和我的团队在做俯头帮各种社群的运营过程中,可以说是深有体会。

基于这样一个简单的分析,我总结了三大社群运营的原则,通过这三个原则,可以很大程度上提升社群资产的裂变力,它们分别是少数引领原则、坚持收费原则和去中心化原则。

但是在此之前,你也必须做一件非常重要的事,而且是要长期地去做,就是像对待你的朋友圈一样,为你的社群建立一套 CRM 客户管理系统,你对社群里的每一个人,除了要有他们的姓名、性别、所在的地区、职业这些客观的基本信息数据库,最重要的是一定要了解当初每一个人为什么会加入进来、他加入进来以后参加过什么活动、消费过多少产品,以及往你的社群里推荐过多少新人,因为这些信息都能够深度反映你的会员对社群的参与度、认可度和消费力这些关键因素,所以你要以此为基本标签,来建立你社群的管理系统。

第一个管理原则：少数引领原则

不得不承认，即便你是一个再牛的社群群主，也不要奢望自己能够一呼百应。科学的做法是，让你社群里 20% 以内的那些少数人和你一起来引领剩余的多数人，因为社群里是有跟随效应的。根据我本人和团队一起运营俯头帮种种社群的经验和心得，我认为对于会员群里那些相对比较活跃、积极和优质的极少数会员，一定要注意多让他们参与三件事：管理、竞争、自卖。

第一件事，参与管理。也就是说，你要以会员群"领导班子"的性质，让这些优质的会员协助你和你的工作团队，参与到日常的运营管理中来。但是请注意：我不提倡大家凭着双方的意愿白干活，而是应当拿钱干事，也就是你得给这些参与管理者一定的工作酬劳、奖金或者利润分成，然后随着整个社群的发展，再给予更加丰富、更加优厚的权益，或者开展更加深度的合作。

第二件事，参与竞争。对于一个有战略目标的社群而言，你今后一定会有一些非常重要也非常值钱的岗位需要人手，这时候你一定要优先让这些少数的精英会员参与到重要岗位的竞争中来。例如，我们俯头帮的生态群会设立全国各地的省舵，然后在省舵下面再设立市舵，那么在建立这些全国分舵的过程中，就需要组织会员竞选舵主和副舵主，而成为舵主、副舵主以后，就可以更加全面地享受各种自主管理权、运营权以及收益权。

第三件事，参与自卖。顾名思义，就是要创造机会让这些精英会员去"贩卖"自己。你的会员加入任何一个社群，本质上都是为了实现自身的价值。而实现自身价值有一个重要的途径，就是展示自己和"贩卖"自己。所以一个优秀社群的运营团队一定要着眼于这一点去做运营，通过让会员更好地展示自己和"贩卖"自己，从而让社群逐渐壮大。事实上，我们每个社群都可以根据自己的属性因地制宜地运营。如"得到"，它就会让自己的学员来讲课。我们俯头帮的"营销人智库"也会从学员当中选拔优秀的老师，然后我们双方一起来打磨、运营和发售。还有俯头帮生态群"我来卖自己"这样一个收费的嘉宾分享栏目，以及"快闪拍卖会"、全国城市联动线下沙龙等，都是为了给会员们创造条件，让他们来更好地展示自己和"贩卖"自己。那么请你也来思考一下：如果你要运营好自己的会员群，你会设立哪些动作、哪些板块、哪些活动，让会员们参与到展示自己和"贩卖"自己的过程中来呢？这是一个非常有意义的思考。

第二个管理原则：坚持收费原则

我在做俯头帮的过程中曾经踩过一个坑，可能也是为数不多的一个阶段性的方向性错误，就是在最开始的时候，我们设立了免费的会员群，结果导致会员的活跃度不高，整个社群的价值也不大，社群的发展也变得很迟缓。你如果运营过社群，这样的状况一定也有所体会。

出现这种情况其实也有一个心理学上的原因，就是人类天生对于自己所付出代价的那些事才会引起高关心度，包括你花了钱或者花了精力的东西，因为那些东西对你而言都是付出了成本的，既然已经付出了成本，你内心里就一定会希望有所回报，所以一旦社群里有风吹草动，你就会冒出来看看是否"有利可图"。关于这样一个"代价原理"，在我们平时的业务销售和商务谈判中也时常体现，最典型的一个例子就是，上门来拜访你的那些客户比你去拜访的那些客户最后更加容易成交，也更加容易"伺候"。为什么呢？因为他大老远上门来拜访你，是他付出了成本，所以他会比你更加重视这件事，也就更容易成交。但如果你去拜访他，他仅仅是对你做了一次小小的招待而已，甚至还不是他亲自招待，所以你们后面的洽谈和成交过程就会变得相对比较困难，而且在你服务他的时候，他也会变得相对比较难伺候。

正因为经历过这样一次踩坑，所以俯头帮现在所有的社群都是收费的，即已经不存在不收费的社群，并且不但长期的社群会收费，即便是短期的社群，包括临时快闪群都会收费。

但是需要注意的是，有三种最基本的社群收费形式，你得组合运用。

第一种我称之为"门槛性收费"。这种收费其实就相当于买一张入场券，如俯头帮生态群设定了一个年费，从 19.9 元开始往上递增，一直到 699.9 元封顶。还有我们的"快闪拍卖会"，虽然只是一场场临时的拍卖会，也必须付费，通常是 1 元起进场，这都属于门槛性收费。

第二种叫"进阶性收费"。这个收费就相当于升舱，如我的这门课程，从线上集训营到两天的线下弟子营，再到五天的企业创始人线下课，学费都是递增的。还有俯头帮生态群，会员如果要正式进阶到省舵，也需要再支付更多一些的入舵费。为什么要再收费呢？因为当你进入分舵以后，会获得总群以外更多实实在在的权益。

第三种我称之为"时效性收费"。这个比较有意思，就是在权益上是免费的，但名义上是收费的。什么意思呢？如前面说的"我来卖自己"这个栏目，会员来听嘉宾分享仍然是要付费的，39.9 元起，但是这个费用其实是听课保证金，也就是为了"逼"你把这个嘉宾的分享学习完，并且学完以后还要进行文字复盘，当你完成了这两件事以后，我们会对这种认真学习的会员通过发放红包的形式返现，而且你最后瓜分到的这个红包一定会比你当初缴纳的那个保证金还要多，因为肯定还有一些学员并没有仔细听完课，也没有进行复盘，那么他所缴纳的保证金就被分掉了。所以，在这种情况下的收费只是一种名义上的收费，目的就是为了最大限度地去守护学习的参与度和有效性，用我的话说叫作"学习课程的零库存"。

再例如，参加我们的线上拍卖会为什么也一定要收费呢？目的是为了最大程度保证整场活动举办时的人员在线率。你如果做过群发售一定深有体会，人员的在线率是决定你这场发售能否做得比较成功的先决条件。要想发售好，在线率要高，这一点很多课程和书里根本就不提。你想，当你在群里做一次产品发售时，任你说得再好，结果却没几个人在线，大家都去撸串、看电影了，那么你这个发售还能成功吗？只有当你能够确保最大程度在线人数的时候，50 人也好、100 人也好、300 人也好、1000 人也好，你的发售才有可能成功，而收费就是最大程度确保人员在线率的一个必要条件。

那么只要抓住少数意见领袖，只要坚持收费，对于社群这一裂变力资产的养护就够了吗？

当然还不够，你还得坚持非常重要的第三个原则，即"去中心化原则"。

第三个管理原则：去中心化原则

也就是说你得让你的社群从"以你一个人为中心"，过渡发展到"以多个人为中心"，但与此同时，所有社群又都是"以同一件事为中心"。

这里必须要划一个重点：对于社群运营而言，所有的人和所有的事都必须围绕同一件事去做，这是实现"去中心化"的一个非常重要的原理，你可以把它理解成是"社群的平台化"。

我们之前一直提到平台化这个概念，那么请问社群为什么也应该平台化呢？在上一章里我也讲过，平台化是让你的"单线条生意"慢慢地变成"规模化生意"的一条必经之路，从而让你的私域真正成为裂变力资产。

但是这种平台化并不是一蹴而就的，也应当分三步去做。

第一步我称之为"确立标杆性价值"。

通常来说，我们的社群都能给会员提供多重价值，如人脉链接的价值、知识赋能的价值，以及在社群里进行项目孵化的价值等，但是一定只有一个价值是最高的价值，甚至是唯一的价值，那么这种价值就叫标杆性价值，这个价值你一定要尽早把它给找出来。

如我们俯头帮的社群，它的标杆性价值前面已经说过，就是让会员可以更好地"贩卖"自己，这是它作为一个营销平台社群的最大价值所在，也是存在的最大理由。再例如，我们以前经常会看到一些专门做众筹的社群，这样的社群其标杆性价值就是让会员通过众筹的形式把自己的项目干起来。

所以你应该可以体会到，我们在做社群的"去中心化"的过程中，首先有一个最重要的原则，就是以实现会员的利益为最高目的。

社群平台化的第二步叫"确立群裂变的形式"。

也就是你的社群会以怎样的一个名义去裂变成多个社群，要达成怎样的目的？针对这些问题，你得给会员一个交代、一个理由。

在此基础上，第三步叫"确立多中心体系"。

也就是你的社群裂变出来以后，会员的权益会有些什么样的变化？裂变以后的那些社群由谁来管理？怎么管理？这些社群跟总社群又是一种怎样的责权利关系？对于诸如此类问题的回答，其实就是"去中心化"的核心工作，也是决定你的社群未来的走向和商业价值的关键性因素。

我们知道，现在有很多平台性的社群，都设计了自己的裂变形式，如有城市合伙人的形式、产业联盟的形式等。但是无论以什么名义、什么形式对社群进行"去中心化"的裂变，都应当满足两个目的，第一个目的是会员权益的多元化，第二个目的是社群收益的最大化。

我们还是以俯头帮为例来解释一下。

俯头帮的会员群从一个海纳百川的生态群，向全国各地的分舵进行裂变，最后也是为了达成以下几个目的。

第一是为了让每一个入舵的会员都能享受到最充分的线上和线下权益。我们其实为每一个分舵会员都设定了很多专项权益，包括可以免费学习一些爆款大课，可以比非会员优先参加一些重要的线下活动，还可以参加项目路演，以及跟平台一起进行项目孵化等，有近 10 项权益。

第二，各地竞选出来的舵主、副舵主，以及所形成的管理团队，他们的权益可以得到最大程度的体现。我们对于这些舵主、副舵主和管理团队设定了 15 项特别权益，包括对本地的分舵有自主管理经营权，有官方活动的免费参与权，有官方联名活动的举办权、分舵项目的孵化权，以及对自身分舵中所有产生的收益享有利润分成的特权等，总之每一个分舵都像是俯头帮平台的一个"特别行政区"。

当然，裂变的第三个目的就是让平台的规模能够扩张，平台的影响力也能够相应地得到一个比较大的提升，从而让整个平台的收益最大化。

所以说，从中心化走向去中心化，是我们每个人经营社群私域、做社群裂变时最科学也是最稳固的路径，但是这个过程需要我们付出很大的耐心，一步一步地去实现。

▶ 第三个私域资产领地：用户池

不得不说，用户池作为私域的三大资产型领地之一，几乎是被我们视而不见的一块领地，但事实上它才是真正意义上创造收益的纯资产，所以我把它定义为"收益力资产"。

我们前面说过，所谓用户池就是已经在你这里消费过、多次消费过甚至不但自己消费还拉别人来消费的这样一些人所形成的一个池子。所以在这样一个标准下，就连"潜在用户"都没有资格划入这个池子。记住十个字：给钱不含糊，才是真用户。

我们不是一直在说转化吗？像这样一个用户池都用不着你再去转化，它当然是一个最宝贵的资产。但是我们往往有一种非常奇怪的行为模式，就是明明它已经是你的用户了，已经为你带来收益了，你却不好好对待它，反而热衷于去追逐那些还不是你的用户的人，或者那些所谓的流量。这是很多人的一种"病"，包括我本人曾经也一样，到手的客户不倾尽全力去对待，反而去搞所谓的拓客，去挖掘那些新客户、潜在客户，总之要把他们搞到手，越是搞不到手就越想搞到手，这其实是一种不健康的心态和没脑子的行为。

关于用户池这一部分内容，因为后面马上就要具体地讲到"超级用户"这个概念，所以在这里我们先说"一个原则"和"三个标准"。

什么是一个原则？

《论语》里面有记载，有人问孔子如何治理好一个地方，孔子说了六个字："近者悦，远者来。"也就是你得让那些跟你近的人喜悦，然后远的人自己就跑过来了。

这是什么原因呢？道理很简单，当你把主要的人力、物力和精力都花在了那些真正对你好的人身上、让他们真正高兴的时候，你的声誉和口碑自然就会产生了，然后就会有越来越多的人因为你的口碑和声誉慕名而来。

关于这一点，我自己在给企业客户做营销咨询服务的时候，以前也经常"犯浑"，并且还不是只有我们一家公司"犯浑"，整个行业几乎都这样，就是我前面说的：手里已经在服务的客户，我们经常会对他们产生抱怨，或者在工作中时不时地出一点问题，但与此同时，又会从我们的团队中分出相当一部分人力和精力去挖掘其他新客户，甚至还会参加新客户组织的一些非常无趣和无聊的招标等，这些过程真的是非常愚蠢。回过头来看，其实你手里之所以有一些大客户，都是因为你曾经投入了大量的服务，之后才慢慢地把他们变成了长期合作的大客户。而且最关键的是，你整个公司 80% 以上的收益，都是由这些极少数的大客户为你带来的。

所以，在互联网时代创业也好，做社群也好，一定要把主要精力放在"让眼前的用户喜悦"这一点上。为此，我设定了以下三个标准。

第一个标准是"让给钱多的人喜悦"。也就是在你这里消费越多的人，你给他的权益也要越多。

第二个标准是"让拉新多的人喜悦"。谁为你推荐的用户越多，你给他的权益也要越多。

第三个标准是"让投入多的人喜悦"。也就是谁在你整个的运营工作中参与得越多，你给他的权益也要越多。

这三个标准听起来似乎都有些市侩，但事实上这才是最健康、最良性循环的价值观。

你不妨反过来想：对于那些离你远的人，他们消费不高，拉新也不多，平时也不太关心和参与你的具体工作，如果你对这样的人反而更好，那么请问离你近的人会怎么看呢？就是这么一个简单的道理。

至于你应该给到大家什么样的"更多的权益"，无外乎就是物质上、服务上，以及荣誉上的权益。这一点，我们后面也会具体展开来说。

以上我们花了很大的篇幅，探讨了三大资产型的私域领地。下面继续探讨对于三大资产型的私域人脉，也就是超级用户、超级团队以及超级伙伴，又该如何去养护。

前面已经提到过，私域并不等于就是私域用户，但我们通常在讲到私域的时候，指的都是用户和潜在用户，这是大错特错的，因为这其实仅仅是你的"用户私域"，你的整个私域里面还必须包括你的团队，也就是你内部的工作队伍，也必须包括你的合作伙伴，也就是你的外部工作队伍。事实上，合作伙伴跟你的内部团队一样重要，两者的区别仅仅在于你们是不是时刻在一起蹲点、办公，但是在互联网时代下，这早已算不上真正的问题。所以这是我们在探讨私域的时候，必须澄清的一个严重的误区。

完整的私域人脉，我称之为"超级人脉场"，并且我给了它一个公式：

超级人脉场 = 超级用户 + 超级伙伴 + 超级团队

▶ 第一种私域资产人脉：超级用户

虽然你在做自己的个人品牌，但是请你千万记住：最后能够成就你江湖地位的并不是你自己，而是你的超级用户。

什么是超级用户？

前面我们说过，你的用户就是那些在你这里消费的人，但是用户本身也有轻重之分。通常情况下，我们会把用户类型分成潜在用户、付费用户、复购用户和重度用户（也就是消费次数很多、额度又高的那些用户），如有些人出差只住香格里拉饭店，有些人坐飞机只坐国航、东航的头等舱，那么很显然，对于香格里拉饭店和国航、东航而言，这些人就是重度用户。但是最后还有一类人叫超级用户，也就是不但他自己是你的重度用户，他还会持续地把他可以触及的亲朋好友也慢慢变成你的重度用户，并且他还会发自内心地关心你的发展，时不时地给你提一些建议等。

例如，我有很多学员，像天语、镜子姐、心怡、艺芸、亚辉、黄小皮、赳赳、砚香等，无论我峰帅推出什么课，不但他们自己首先会来报名学习，还会推荐更多朋友来学，正是这样的一群超级用户为我带来了"重度口碑"。

但是反过来说，哪天你如果不着调、不靠谱了，这些超级用户也能够集体废掉你的个人品牌，所谓"水能载舟，也能覆舟"。所以你花大力气用心对待你的超级用户，也就等同于在持续地经营自己的口碑。

那么应该如何去用心对待呢？我总结了两个核心要诀：一个叫深度赋能，一个叫深度授权。

深度赋能

因为他们是你的用户，你本身就应该为他们赋能，但由于他们是超级用户，所以你必须对他们进行深度赋能。

第一，你必须满足他们的短期价值，帮他们打通某些卡点，让他们拿到结果。如我这门个人品牌课的线下弟子营，其实主要形式不再是我单方面站在那里一味地讲课，而是把每期选拔出来的十几名弟子聚集起来，用完整的两天时间，带领大家一起对每一个人的商业路径和行动计划进行逐个的探讨和推演，从而帮每一名弟子把生意模式给打通。打通了还不算，我还要跟每一名弟子进行三个月的线上陪跑，监督、检验和调整他们生意模式的落实情况，直到看到结果。这是我能给到超级用户的短期价值。

第二，还应该给到他们长期价值，简而言之就是：如影随形，终生服务。还是拿我的弟子营来举例，虽说这个弟子营是两天的线下课再加上三个月的线上陪跑，但说到底还不是终生服务吗？你都是我的弟子了，如果平时问我点什么问题，我还能不好好回答吗？

所以在深度赋能这一块，请你也思考一下：从你个人的品牌属性和自己的业务属性出发，你觉得你能够如何做到对你的超级用户进行深度赋能呢？

深度授权

上一章在讲价值变现的时候，我们也讲过"授权思维"，但仅仅是在知识付费的范畴里讲这个概念，现在当我们把它放在一个更加宽泛的生意领域中时，你对你的超级用户就应当有深度和更加全面的授权。

第一种叫角色授权，也就是你得把你自己的私域与你的超级用户进行共享。如俯头帮对于那些超级用户会授予"推广大使"的身份，包括前面所说的在开设了各地分舵、竞选出了各地舵主以后，整个平台的流量和私域其实也是跟每一位舵主共享的。这一点非常重要，相当于你给你的超级用户赋予了一种身份感，或者叫归属感、荣誉感。

第二，除了角色授权，你还得进行产品授权，也就是把你的产品和服务所能创造出来的一系列利益与你的超级用户进行共享。如俯头帮的推广大使也好，各地分舵的舵主也好，他们今后一定是付出越多获益也越多，这相当于赋予了他们实实在在的利益感和价值感。在这个层面你也需要思考：在你的个人品牌经营和业务经营过程中，有什么东西是可以对你的超级用户进行深度授权的呢？如果你觉得似乎没有，只是在卖你的东西，只是在讲你的课，并没有在深度授权上对你的超级用户有一些作为的话，或许你应该反思了：你是不是并没有认为他们是超级用户？

当你跟超级用户的关系养护到再深一层的时候，你就可以考虑让他们成为你的第二种私域人脉：超级伙伴。

▶ 第二种私域资产人脉：超级伙伴

什么是超级伙伴？就是你们之间的关系必须上升到双方事业的层面。这样的超级伙伴包括而不限于你的超级用户，你必须让他们深入地参与到你的事业中来，同时你也要深入地参与到他们的事业中去，对他们进行指导、赋能，跟他们进行合作，甚至你还可以给他们投资。所以我把超级伙伴这一块私域人脉定性为"合作力资产"。

超级伙伴在性质上对于你而言，其实是一种"超容量的外挂硬盘"，当你有了10个、20个、50个甚至更多超级伙伴时，你就相当于在管理一家大型企业，于是你们之间的关系就变成了一种"同感同行"的紧密关系，具体而言可以体现在以下两个层面。

第一个层面：价值共建

也就是你们之间必须是互为创造者，他为你贡献智慧，你也为他贡献智慧。

第二个层面：事业共建

也就是你们之间互为合作者，他深入参与到了你的事业中，你也深入参与到了他的事业中。

举例来说，我们俯头帮有一个"超级伙伴工作组"，工作组的成员原本都是我峰帅的学员，当然他们首先都是超级用户，然后我们在一种不影响各自事业的前提下开展了带薪合作，包括规律性地开会、汇报工作、协作等。与此同时，我也会对他们的事业提出一些建议和指导，如现任工作组总监富妈妈天语，我会帮她重新设计和落实她的整个事业规划，甚至我还开始带她一起写书、一起研发课程，我也希望今后可以成为她创业项目中的股东，这就是一种典型的事业共建形式。

除了这种形式，我再跟你举个例子：

我们非常优秀的新加坡学员揍姨（Zoe），她是一名女性逆袭教练，但是她的课程内容非常庞杂，涉及运动营养、时间管理、精力管理等各个方面。根据本章所探讨的内容，如果她以后也拥有了自己的超级伙伴，就完全可以跟她的超级伙伴一起共建出一套更加完备、更加专业的课程内容以及产品内容。如运动方面的内容是揍姨本人最擅长的，她可以自己做；但是在营养方面，她可以让另一个更加专业的营养师来做；在时间管理方面，再由另一个对时间管理拥有更加丰富的知识和经验的教练来做。这样一来，他们就各自拿出了最优的资源，组合出了最优的内容，共同服务于更加优质的用户，从而实现一种真正的价值共建、事业共建和利益共享。

这样一种模式其实可以运用到任何一个行业、任何一种创业中去，这一点也跟我一贯倡导的"平台化思维"息息相关，而现在把它体现在我们跟超级伙伴之间的事业共建这个层面，我称之为"最小单位的平台化"。

超级伙伴再往后走，就是超级团队了，这意味着"外挂硬盘"还有可能变成"内置硬盘"。

▶ 第三种私域资产人脉：超级团队

在俯头帮中也有这样的情况，如我们的团队成员飞娘子是一个非常认真负责又能干的"90后"女生，她原本是被学员推荐进入超级伙伴工作组的成员，现在已经成了俯头帮的全职运营骨干。

到底什么是超级团队？

我们知道每个公司甚至很多个体都会组建自己的团队，但并不是每一个团队都一定是超级团队。我对超级团队有一个非常简单的衡量标准，就是这个团队只服务于一个目的，即"持续增长"，并且这样的超级团队规模还未必很大，几个人、十几个人、几十个人都有可能是超级团队。

那么如何才能成为超级团队呢？这里涉及团队管理的概念，真要展开讲，一天也讲不完。简而言之，我认为要成为超级团队，必须坚守以下两个原则。

第一个原则：收益导向

也就是你的这个团队所做的一切事都要围绕盈利，更通俗地说叫围绕钱。有时候我们想出了一件非常有意思的事，但是跟钱没有太大关系。所以我经常在开会时跟工作团队说一句话:"这个事情好是好,但是离钱太远了!"所以千万记住:钱是检验商业中一切行动的终极标准。如你打磨了一门课,结果一份也卖不出去,那你这门课讲得再好又有什么用呢?或者说别人学了你的课以后,没法用到自己的生意中去,也不能让他去赚钱,这都属于违背了收益导向。

所以你做每一步动作,既要有"立意",又要有"利益"。甚至在很大程度上,利益可以衡量你的立意是不是真的那么有立意。

第二个原则:目标导向

我们经常说"结果导向",但是我一直强调,结果导向不靠谱,因为"结果"这个东西是不可控的,但"目标"一旦确立,是可以坚定不移的,所以你的整个团队必须让一切决定和行动,都围绕最终目标去展开。我也经常跟团队说:"不怕不好,就怕跑偏。"什么叫跑偏?指的就是偏离了目标。

事实上,在整个团队的工作中,不存在绝对的好坏,但是一定有绝对的对错。

如拿俯头帮社群的运营来说,假设我们策划了一波非常有意思的活动,在社群里面唱歌跳舞打豆豆,什么节目都有,甚至策划得非常完善、非常精彩,奖品也很丰富,但是它跟我们建立全国分舵的目标却没有任何关系,它跟让会员更好地来营销自己、"贩卖"自己也没有任何关系,那么它对于俯头帮这样一个营销平台而言,就纯粹是一个废动作。

有时候你把一件事策划得越好,可能越是南辕北辙,因为它本身就是偏离目标的,所以我们经常说"以终为始"也是这个道理。你的整个团队必须是盯紧目标、倒推行动。或者用我的话说就是:你每一步动作的结束,都得是下一步动作的开始。唯有这样,你的所有动作串联起来才能真正通往最终目标,而只有这样的团队,才能够称得上是超级团队。

你可以看到,以上所说的"收益导向"和"目标导向",它们其实也都是资产思维。

当然前面说了,团队管理是一门大学问,涉及的方方面面太多,这里我们就不往外延伸去做更细的探讨了。作为三大资产型私域人脉之一,今天你只需要形成习惯，用"收益导向"和"目标导向"这两大原则来衡量和培养你手里的团队，你的团队就会无限接近于"超级团队"和"资产型团队"。反过来，如果你的团队开展一切工作都不是收益导向和目标导向的，那它将势必成为一个"负债型团队"。

但是不知你注意到没有，我们在养护这六大私域资产的过程中，其实都有一个重要的共性原则：你必须在利他的前提下利己。正如营销大师科特勒对"营销"这个词的通俗解释，他说营销就是"有利可图地满足需求"。

所以，我们时刻都不要忘了在私域资产层面去检验自己，每天问自己："我今天利他了吗？我今天利己了吗？"或者用科特勒的定义来问自己："我今天满足别人的需求了吗？我今天有利可图了吗？"如果你的回答是"Yes"，那么恭喜你，你已经身在真正的私域资产里了。

核心内容回顾

在本章的最开始，我首先用鱼塘和河流的比喻，跟你一起探讨了流量和私域的真正区别，以此我们得出了一个结论："私域流量"其实是个伪概念。然后我们引入了"资产"和"负债"这两个金融概念并对其进行了说明：能够不断地把钱往你兜里放，或者说能够不断地节省你的人力、物力、精力的那些东西就叫"资产"，否则就叫"负债"。所以私域的确切的叫法应该为"私域资产"，这样才更加准确和科学。当我们用这样的视角来看待私域时，才能够真正地去做一种确定性营销。

在这样一个底层逻辑的基础上，我给出了第八个应用工具，叫"私域资产六芒星"，或者叫"双三角模型"。这个模型包括三大资产型私域领地，也就是朋友圈、会员群以及用户池，我们一起探讨了它们各自有哪些养护要诀；同时还有三大资产型私域人脉，包括超级用户、超级伙伴和超级团队，我也跟大家一起探讨了它们各自的养护要诀。

应用工具九：生意模式闭环力模型

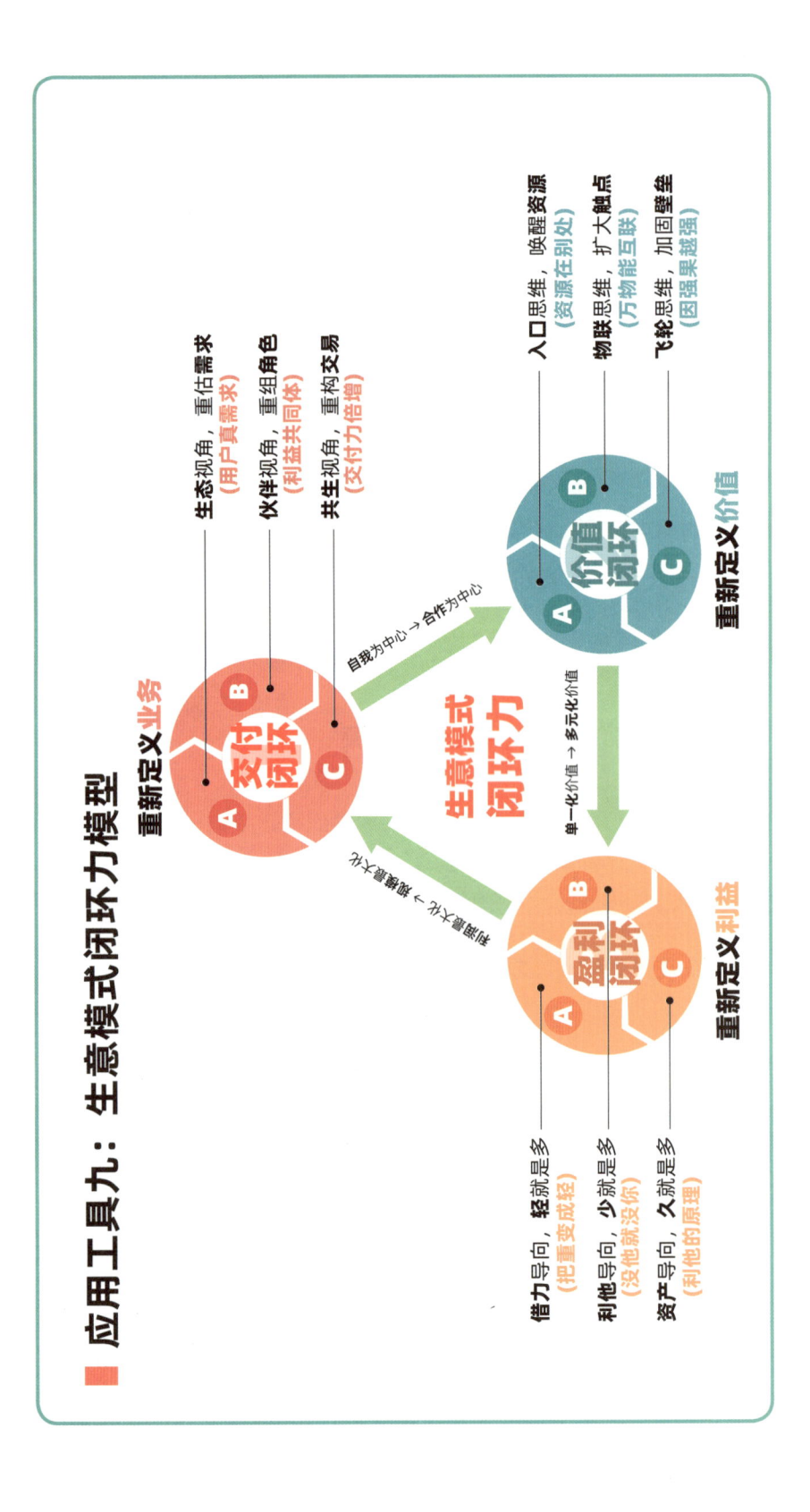

重新定义业务

- 生态视角，重估需求（用户真需求）
- 伙伴视角，重组角色（利益共同体）
- 共生视角，重构交易（支付力倍增）

交付闭环 A B C

自我为中心 → 合作为中心

生意模式闭环力

单一化价值 → 多元化价值

重新定义价值

价值闭环 A B C

- 入口思维，唤醒资源（资源在别处）
- 物联思维，扩大触点（万物能互联）
- 飞轮思维，加固壁垒（因强果越强）

资源少 → 资源多

重新定义利益

盈利闭环 A B C

- 借力导向，轻就是多（把重变成轻）
- 利他导向，少就是多（没他就没你）
- 资产导向，久就是多（利他的原理）

第九章
生意闭环放大器

搭一个舞台，我们一起唱好戏！

这是整个模块甚至整门课程里最重要的一课，叫"生意闭环放大器"，我们要讲的核心内容是生意模式。同时它也是为你的个人品牌画上一个圆满闭环的最后一公里路，因为我们很早就说过，个人品牌是一个商业概念，你做个人品牌，最终就是为了更好地赋能以及加速你自己的生意。

不知道你有没有体会到，学习这门课程就像是攀登一座座山峰。前面我们已经一起攀登了八座山峰，而事实上整门课程有三座山峰是最重要的：第一座是"有效定位放大器"，第二座是"私域资产放大器"，而此刻要攀登的就是我称之为"珠穆朗玛峰"的第三座山峰。

为什么我把这一章称为"珠穆朗玛峰"呢？因为我发现，很多人做个人品牌时，即便定位很清晰，个人符号系统也明确了，对外的价值输出内容也很棒，甚至私域也做得很好，但是往往到了生意模式这个环节就卡住了，很多人始终想不明白，也跨不过去。

为什么会这样呢？

首先涉及一个最简单的概念：什么是生意？

简单地看，生意的本质就是买和卖。在互联网发达之前，人们做生意相对来说很单纯，也就是你卖我买、一手交钱一手交货就行了，因为人与人之间的关系是线性的，都是单行道。也正因为如此，生意的竞争也非常单纯，买东西的时候，只要货比三家，看看谁家的东西又好又便宜，就买谁家的。所以对于做生意的人而言，你只要想方设法提高产品和服务的质量、降低投入成本，你的生意相对来说就会比较好做。与此同时，也在很大程度上形成了"马太效应"，也就是强者恒强，生意好的人会越来越好，而生意不好的人会越来越不好，以至于最后倒闭关张。

但是到了互联网越来越发达的今天，我们做生意就再也不像以前那么单纯了。因为我们说过，人与人之间已经不再是单行道，而是变成了你来我往的双行道，人与人之间的交际是一张网。在这样的环境下做生意，你没法再用"你卖我买"这样一个简单的概念来囊括，很多时候，你甚至再也无法用一句话说清楚：第一，我的东西到底是从哪里买的？第二，他的钱到底是从哪里赚的？

我们先往大了说。

例如，你上淘宝购物，你真觉得你是在淘宝上买的东西吗？并不是，你其实是在淘宝的某一个店家买的东西。反过来讲，淘宝是从你和所有卖家这里赚的钱吗？其实也不是，淘宝赚的是什么钱？它赚的是竞价排名、广告费、定制装修费，以及其他很多你看不见的钱。

如果你看明白了这里面的赚钱逻辑，你也就明白了为什么最后有的商家输掉了，有的商家赢了。

我们再往小了说。

例如，我有一个朋友，他是做地铁站投币饮料机生意的，你坐地铁的时候可能都看到过。但是你以为我这个朋友是靠卖饮料来赚钱吗？那他直接开一个小超市就完了。事实上他是通过卖饮料机上面那块电子屏广告来赚钱的，因为地铁站里人流非常密集，而且客流量比较稳定，是商家投放广告的重地，所以卖广告投放媒体才是他主要的盈利来源。

再例如，上海有一条小马路，我很多年前就注意到，在这条马路上有一个修鞋的老大爷。有一次我一边在他的修鞋摊上钉鞋掌，一边跟他聊，然后我才知道，人家根本就不靠修鞋来赚钱。你想，现在修鞋一天能修几双？大部分人都是鞋穿坏以后直接就扔掉了，所以靠修鞋是赚不了几个钱的。那么这个老大爷真正赚钱是靠什么呢？你想都想不到，他其实是靠卖真皮鞋垫来赚钱的，他家的真皮鞋垫品质一级棒，能秒杀绝大部分的淘宝店家。但问题是卖鞋垫又能赚几个钱呢？而且他的真皮鞋垫的货源从哪来呢？真相是：他自己年轻时是在大型鞋厂上班的，多年下来积累了优越的渠道关系，而那些鞋厂在生产鞋垫的时候，囤积了大量微瑕疵的著名品牌鞋垫，于是这个修鞋老大爷就从鞋厂把这些微瑕疵的品牌鞋垫全"吃"了下来，进价只要2元钱一双，然后堆在他的修鞋铺上卖，卖20元钱一双，他一周能卖出几百双这样的鞋垫。像我这种年轻时喜欢淘外贸服装的老顾客，经常会去他那里买双鞋垫，因为品质确实没得说。

以上这些大大小小的例子，无不应验了雷军说过的一句话，就是"羊毛出在猪身上"。后来有人甚至对这句话进行了进一步的诠释，叫"羊毛出在猪身上，狗来买单"，也就是说你从表面上根本看不出这钱是怎么赚的。这也就是我们在这个时代做生意，跟传统时代最大的区别所在。换句话说，买和卖已经不再像你眼睛所看到的表象那么单纯了。

于是在这样一个情况下，有一个词就越来越被创业者和管理者所重视，就是"生意模式"，或者叫"商业模式"。

我们知道，很多书在讲到这个词的时候，都会引用管理大师德鲁克的一句话："21世纪的竞争，是商业模式的竞争。"言下之意，在现在这样一个时代，商业竞争再也不仅仅是产品、服务、价格、渠道这些因素的竞争了。

那么问题来了，什么是商业模式呢？

对于这个概念，我想你肯定无比熟悉，但是如果我让你解释一下什么是商业模式，你可能会一脸懵圈。我本人从2020年，也就是疫情开始那一年，接触了很多中小微创业者，的的确确绝大多数人都说不清楚到底什么是生意模式，所以也往往说不清楚自己的生意模式，包括在自己的投资人面前，如果让他用一句话来说清楚自己的生意模式，很多人是做不到的。

我通过与很多人的交流及对他们的调查和了解，总结出了大部分人对生意模式普遍存在的以下三种误解。

我有一个朋友，他是做空间设计的自由设计师，也有自己的设计工作室，有一次我就问他："你的生意模式到底是什么？"他说："我现在是给人做家装设计，以及给一些个体户做实体店铺的终端 SI 设计，未来我主要会去给一些创业型企业做 SI 设计。再往后，我想去服务那些 500 强企业，为它们做终端设计。"但是，我这位朋友所说的其实不叫生意模式，只不过是我们经常讲的 2C 还是 2B 的概念，严格说来这叫战略模式，这是第一种误解。

有一些朋友，包括我的一些学员，在学了我的关于私域资产的概念和方法论以后，跟我反馈说："看来我的生意模式太僵化了，我也得借鉴你说的这些方法，对我的生意模式进行升级，我要好好经营自己的私域资产，让我的生意实现健康裂变和良性循环。"此外，我也会跟一些讲课的老师进行一些交流，他们也会对学生倡导说："你光有好产品是不够的，还必须在生意模式上有立体化的发力，如在直播上、在社群经营上、在你的私域上，你要从引流到沉淀到转化到复购，让你的生意形成一个闭环。"听起来很有道理，但其实这是第二个误解，因为这些不叫生意模式，而是叫运营模式。

第三种误解更多体现在我的学员身上，当我在私底下问他们"你的生意模式是什么"时，很多人会告诉我，他的业务有咨询板块、有私教板块，同时也会开一些培训课程，未来还会开发一些周边产品。但是这些也不叫生意模式，而是盈利模式，也就是你通过什么方式来赚钱。

所以你看到没有，很多人对于生意模式这个概念其实各有各的理解，或者说各有各的误解。但是这些误解有一个共性，那就是都跟"怎样赚钱"有直接的关系，所以才会让人混淆不清。

而我之所以说这些都还称不上是生意模式，是因为所有这些对自己生意的说明和阐述仍然带着一种传统生意的视角，也就是说他们只站在自己的立场，从一个屋子里面往外看，只能看到我是什么行业、我是做什么产品的、我的用户是谁、我的竞争对手是谁、我应该如何想尽一切办法把自己的产品做好、我如何把更多的产品卖给更多的客户，以及我如何赚更多的钱等。你从这样的视角看自己的生意，整个思维仍然是线性的思维，仍然是非常简单地看待生意中的买卖关系。而这样的视角和思维有一个非常大的问题，甚至是非常大的危险，就是你根本无法确保自己的生意一直处在一个不败之地。

我们经常讲"保底思维",做生意首先应该追求的就是"不败",但是这种固有的传统视角让你很难确保不败。

我用我的学员来举两个简单的例子。

学员艺芸和温迪都是职业整理师,产品和服务有着很大的同质化倾向,并且还都在同一个城市。那么在这样一个情况下,她俩各自都在做整理师这个生意,应该如何确保自己是独一无二的呢?如何持续不断地创造盈利呢?如何让竞争对手的产品和服务对自己形成不了威胁呢?这时候如果一直用传统视角来看,很难有突破。

再例如,我的学员赳赳、顺顺、晓华都是做健康产业的,并且其中都有一类非常同质化的产品——艾灸产品。那么对于他们而言,又如何在生意中形成自己的优势,如何创造持续性的业绩增长呢?

事实上这样的情况还有很多很多。也就是说,无论你是在一个什么样的领域里创业和做生意,都会有很多很多在产品上、在服务上或者在运营上跟你产生同质化的创业者和生意人,那么一旦他掌握的资源比你更多,如人脉资源比你更广、物质资源比你更丰富,那么他的性价比就可能比你更好,这时候你应该如何让自己处于不败之地呢?

这些都是显而易见的问题,并且这些问题是没有办法通过"物美价廉"这种传统的营销方法彻底解决的,因为无论你再怎么物美价廉,永远都有比你更好的产品,也永远都有比你更低的价格。这也是价格战这种手段在现在的生意中越来越行不通的原因所在。

因此,我们做生意如果要解决"立于不败之地"这样一个大卡点,就必须跳出过去那种生意视角,必须从"生意模式"这个概念上去看待、去思考、去破局。而我们所说的生意模式,也必须负担起以下三大使命。

第一个使命,是你的生意模式必须让你的生意能够随时抵抗竞争,而不是被竞争对手一打就垮了。

第二个使命,是让你的生意持续地保持盈利,而不是当别人用价格战打你时,你也本能地用价格战回击,最后你即便赢了,也是赢得血本无归,正如海明威那本书的名字,叫《胜利者一无所获》。毕竟我们不都是滴滴,背后有巨大的财团对你进行巨额的资金投入，从而让你能够对用户进行疯狂的补贴。但是反过来讲，滴滴当年虽然在国内打赢了优步，但它自己也砸了好多资金，所谓"杀敌一千，自损八百。"

生意模式的第三个使命，就是它得让你的生意能够不断地突破瓶颈、加固你的壁垒。你在做生意的整个过程中，不亏、不败和盈利，这些都只是保底思维，最重要的是在生意的不同阶段能够不断地突破瓶颈，最终稳固你自己的地位，这才是我们需要研究和打理生意模式的最重要的使命所在。

因此，为了实现这三大使命，你必须改变看待生意的视角：你不能再眼里只有自己，不能再从一个屋子里面往外面看，而是要让自己飞到天空中，甚至飞到宇宙中，以一个"俯瞰"的视角，从"生态"的角度去看待自己的生意，就好像从天空中看一片森林或者一个舞台。

这时候，当你的视角变成了俯瞰，你会发现：

第一，你的生意中不再只有你一个角色，你的供应商、代理商、经销商、合作商，甚至你的竞争对手这些角色，都一一浮现在你眼前。当然还有你的用户，但是即便是你的用户，也仅仅只是你生意中所有角色之一而已。除了这些角色，可能还有一些你原本看不见的、还没有直接跟你发生关系的角色，这些角色在这样一个生态里，其实都在各自付出、各自获得利益。

第二，当你用生态的眼光去看待自己生意的时候，你跟所有角色之间不再是"我卖你买"这么简单了。你会发现，有些你正在做的事，其他角色也能做，并且或许比你做得更好。你会发现，有些人手里有一些资源，其实你可以拿过来用的，只不过你一直都没有看到。你还会发现，有些角色存在着一些需求，而这些需求你是能够提供满足的，但是你一直不知道。总之，当你把自己的生意放在一个生态中去俯视它的时候，你就未必再是里面的主角了，你也不是这个生态里唯一的付出者和唯一的利益获得者了。就好比在一片森林中，没有一种生物是真正的主角，大家其实都只是生物链中的一环而已。或者像一座舞台，严格说来也没有一个人是真正的主角，大家都只是一起演出，来把这出戏演好。这也是为什么我给这一章定了这样一个副标题"搭一个舞台，我们一起唱好戏！"。

所以你现在理解到底什么是生意模式了吧？

在互联网的商业环境下，当你用前面所说的这种生态视角去看待生意时，你只是一个生态系统、生态闭环里的利益方之一而已。在整个生态中，所有的利益方在你来我往的过程中，其实都会涉及三件事，或者三个动作：

第一，交付。所有人都在交付，也就是我为别人提供什么产品或者服务。

第二，价值。所有人都在产生价值，也就是我为别人解决了什么问题、创造了什么价值。

第三，盈利。所有人都在盈利，也就是我从别人那里获得了多少利益。

反之亦然：

第一，别人向我提供了什么产品或者服务。

第二，别人又给我解决了什么问题、创造了什么价值。

第三，我让别人获得了多少利益。

这样循环往复，在你的生意系统里就形成了三个小闭环：

第一个闭环叫"交付闭环"，我又称之为"业务流"，也就是各个利益方提供的业务是如何流动的。

第二个闭环叫"价值闭环"，我又称之为"价值流"，也就是各个利益方提供的价值是如何流动的。

第三个闭环叫"盈利闭环"，可以叫"现金流"，也就是在各个利益方之间产生的钱是如何流动的。

因此，所谓"生意模式"，就是由你构建了一个生态系统，在这个生态系统里，你让所有利益方之间的交付闭环、价值闭环和盈利闭环串联了起来，形成了一个大闭环，从而让所有在这个生态中的角色都实现了利益最大化。这样一个大闭环，我就称之为"生意闭环"。

所以，从 2020 年开始，我就在各个场合提出：生意模式就是生意的闭环力，只要你看清楚你的生意所在的这个生态中是怎样一个闭环，就不存在想不清楚的生意模式。而你的生意模式到底好不好、能不能吸引投资人、最终能不能走下去，就取决于你所铸造的这个闭环，它的闭环力到底有多强。如果用一张简图来表示，所谓生意模式，大致就是这样一个关系（见图9-1）：

在整个生意所处的生态中,首先各个利益方会形成一个交付闭环,然后形成一个价值闭环,然后再形成一个盈利闭环,最后这个盈利闭环又持续地带动交付闭环。当这三个闭环同步循环,就形成了一个生意闭环。

但是我们不得不说,生意模式是一个非常重量级的课题,无论对于大型企业还是中小型企业,还是今天的很多小微创业者,都是绕不开的一个课题。它对于你做个人品牌也同样至关重要,你只有时刻看清楚自己的生意模式,才能让自己的个人品牌在生意中时刻发挥出最佳的赋能作用和加速作用。反过来讲,如果你的生意模式本身是混乱的、茫然的,那么你的个人品牌也就成了空中楼阁,早晚会失去落脚点和发力点。

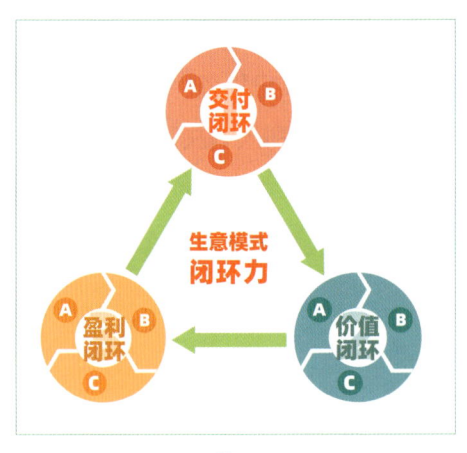

▶图9-1

所以我说,这一章是你个人品牌闭环中的一座珠穆朗玛峰,它非常不容易攀登,但是又必须攀登上去。而要登上这座个人品牌系统里的最高峰,首先要做的是更新你看待生意的视角,用一句话来概括就是:采用生态视角,打理生意模式。

那么到底应该如何从生态视角出发,去打理你的生意模式呢?

在给出今天的应用工具之前,我想先跟你分享一个案例。

这个案例我不敢据为己有,它来自一本书——《超越战略》,作者是魏炜、朱武祥和张振广三位教授。他们三位对这个案例的解析,非常直观地说明了什么是生态视角下的生意模式,并且也非常有意思。这是我们整门课程中唯一一个从他人的著作中转述的案例,这个案例是关于四川航空和四川铁航旅行社的。

如果你乘坐川航的飞机到成都出差或旅游,飞机降落前,你会听到广播通知:如果你购买的是川航五折以上的机票,降落以后会有专车免费把你送到市区。同样,如果你买了川航五折以上的机票,也可以免费从市区乘车到机场。而如果你自己打车,从市区到机场差不多要150元。

但有意思的是：这些免费专车其实并不是川航的，而是旅行社的。开车的司机也不是旅行社的人，而是独立的经营者。更有意思的是，车行原本卖14.8万元的车，旅行社只用了9万元就买了下来，然后一转手，却以17.8万元的高价卖给了开车的司机。你是不是觉得很奇怪：为什么车行会愿意折价卖出这些车？司机为什么又愿意高价购买？

这里面的关键就在于，有人从生态视角出发，设计了一个对所有角色都有利的商业模式。

我们知道，中国航空业的竞争很激烈，所以川航为了与其他航空公司进行差异化竞争，决定通过给往来四川的乘客提供免费机场接送的增值服务，提升乘客的消费体验，从而增加客户黏性、巩固自己的市场地位。但是机场的接送服务并不属于川航的主营业务范围，于是川航就找了在当地做机票销售业务的合作伙伴四川铁航旅行社，希望由它来提供这项增值服务。四川铁航旅行社非常感兴趣，也希望借此机会强化一下自己在潜在订票客户中的影响力。

四川铁航旅行社最开始是这样设计的（见图9-2）：买进一定数量的汽车，然后雇用司机，为川航的乘客提供免费订车和接机服务。从这张商业模式图里可以看到，这里涉及三个利益方：旅行社、川航和乘客。很显然，这是最传统的商业模式，而这种模式的设计，让四川铁航旅行社立刻感觉到了巨大的压力：首先是一下子买进这么多汽车，会对旅行社的现金流造成巨大的压力；其次是旅行社既缺乏车队管理的经验，又要承担车队运营的成本，包括司机的工资、油费以及汽车折旧费等。

怎么办呢？于是旅行社就以生态视角"俯瞰"这个生态系统，去看各个利益方还有哪些潜在的价值没有被挖掘出来。

首先从乘客这个维度看，其实并不是所有乘客都是旅行社和航空公司希望吸引的，真正为旅行社和航空公司贡献主要利润的是高端商旅客户，他们坐飞机通常来不及提前订票，所以买不到优惠的机票，而且他们更宝贵的是时间，所以对于订车和接机服务的价值认可度会更高，于是就可以规定：只有买到五折以上机票的旅客，才能享受订车接机服务。这样就可以大幅度缩减订车接机服务的规模。更重要的是，商旅客户的消费能力更强，群体的特色比较鲜明，一直都是广告商以及各大品牌厂商所青睐的群体。换句话说，对他们这群人打广告，转化率相对比较高。

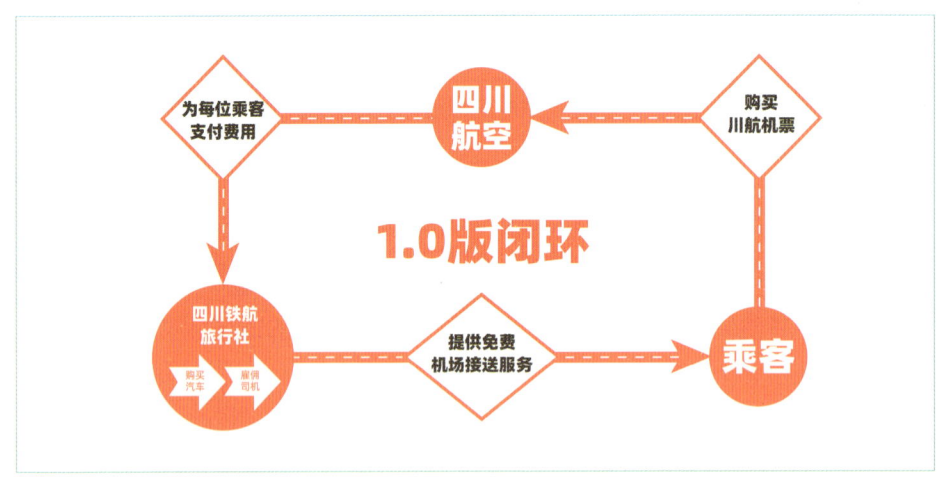

[图 9-2：1.0版闭环——购买川航机票→四川航空→为每位乘客支付费用→四川铁航旅行社（购买汽车、雇佣司机）→提供免费机场接送服务→乘客]

▶ 图 9-2

然后再看旅行社这个维度，如果一次性采购上百辆汽车，议价权就很高，就可以从车行那里获得一个比较好的折扣价。而且，一个拥有上百辆汽车的统一车队，就有了类似于出租车和公共汽车那样的眼球效应，完全可以做车身媒体广告了。

最后再看开车司机这个维度，如果不把开车司机当成是旅行社招聘的员工，而是看作像出租车司机那样的独立经营者，那么司机跟旅行社之间的关系就从内部利益关系变成了外部利益关系，这时候，只要能够保证有足够规模的乘客让开车司机盈利，这个车队的管理难度就会大大降低，旅行社的人员成本也会大大降低。

但是这个利益关系应该如何调整呢？巧妙就巧妙在这里，这时候旅行社又把车行拉进来，作为整个生态系统中一个新的利益方进行考量。

旅行社批量采购汽车，选择车行有两个标准，第一个标准当然是要能给一个很好的买车折扣价，第二个标准是车型能够跟高端商旅客户这个人群定位相匹配，从而提升乘客的消费体验感。经过综合比较，四川铁航旅行社最终将采购车型定为 7 人座的商务车。更重要的是：这群高价值商旅乘客本身就是这款车型的潜在客户，车行可以通过乘客的真实乘坐体验，让他们增加对汽车的直观认识，于是商旅乘客的广告价值就跟车行对接起来了。

基于这样一轮分析，以及在生意模式中引入了新的利益方，四川铁航旅行社重新设计了自己的商业模式（见图 9-3）。在如图 9-3 所示的这个商业模式图里，我们可以看到有两个价值闭环：一个是因为旅客乘车、旅行社载客而带来的闭环，一个是因为旅行社购车、车行卖车而带来的闭环。

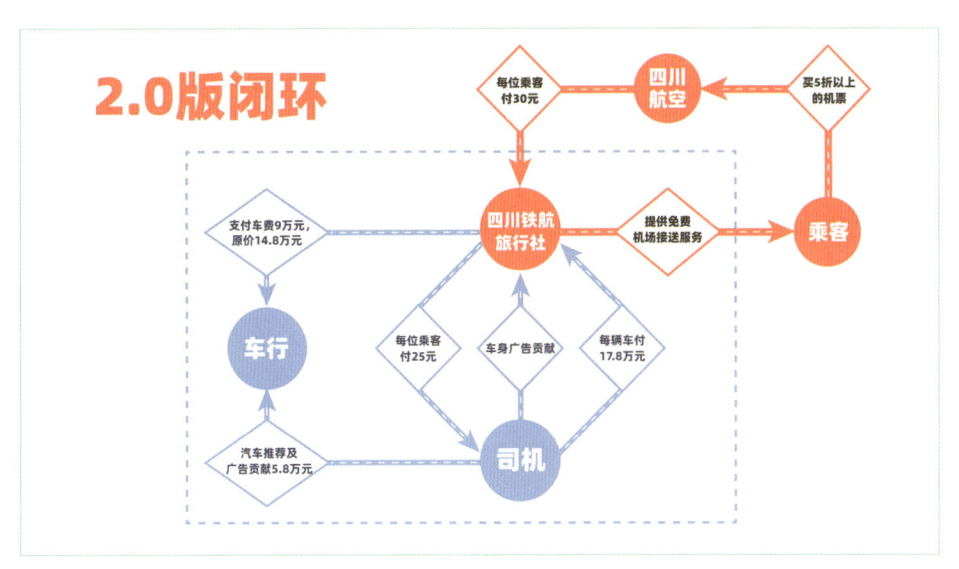

▶ 图 9-3

先看第一个闭环，也就是载客乘车的闭环。

乘客免费坐车，对于每一个乘客，川航付给四川铁航旅行社 30 元，然后旅行社再付给司机 25 元。这是一个多方共赢的价值闭环：乘客节省了差不多 150 元的打车费，还得到了免费接送服务；航空公司虽然付给旅行社 30 元，但是从五折以上的机票里已经赚到了更多，不但没有亏本，还能建立优质服务的口碑效应；而旅行社从航空公司拿到 30 元，付给司机 25 元，每位乘客能净赚 5 元；司机一趟车拉满 7 个人，每人 25 元，加起来一共 175 元，比出租车的 150 元还好赚，最关键的是生意稳定。

再来看第二个闭环，也就是买车卖车的闭环。

原价 14.8 万元的汽车，车行 9 万元卖给了旅行社，旅行社再转手，以 17.8 万元卖给司机，司机看起来似乎买贵了，但是获得了这条载客线路的五年经营权，这同样也是一个多方共赢的价值闭环：第一，车行其实并没有卖亏，因为乘客一上车，司机就会把卖车行提供的广告资料发给乘客，同时在载客的过程中还会介绍这款车。前面我们说过，这群商旅乘客正好是车行的目标客户，所以这一部分对车行的宣传推广费是必须要收的，于是旅行社会每年向车行收取 1 万元的宣传费，五年就是 5 万元。司机每天从机场到市区往返 4 个来回，一年 365 天，一年就要向乘客介绍这款车将近 3000 次，平均算下来，每一趟的宣传费才 3 元多。而且车身上还有车行的热线电话广告，旅行社一个月收车行 100 元，五年就是 6000 元，再加上批量购车的折扣 2000 元，所以最后抵扣下来，原价 14.8 万元的车 9 万元卖给旅行社。第二，这件事对司机也有好处，司机花 17.8 万元买到了一辆车加上五年的线路运营权，比购买出租车牌照划算多了，现在出租车牌照动不动就要几十万元。那么你可能会问："为什么司机不直接向车行买车呢？14.8 万元就能买到了呀！"原因前面已经说了，这样司机就得不到这条线路的运营权了。

现在你可以想一想，在这个生意闭环里，获利最大的一方是谁？当然是四川铁航旅行社，因为这个模式就是它设计的。首先它每辆车以 9 万元买进，17.8 万元卖出，净赚 8.8 万元。旅行社一共有 120 辆车，光这一项利润就超过了 1000 万元。而且每位旅客坐车，旅行社都能获得 5 元的稳定收入，并且还有车身广告的收益。最终，四川铁航旅行社通过这个新商业模式的设计，完成了一个原本看上去不可能完成的任务。

通过这样一个精彩的案例，你现在应该已经清楚地理解了到底什么是生意模式、什么是生态视角下的生意模式，以及在一个以你为主角的生意闭环中，每一个利益方之间的交付闭环、价值闭环和盈利闭环分别是如何形成的，一个强大的生意模式闭环力最终又是如何有意识地被设计出来的。

那么对于我们每一个人而言，在做个人品牌的时候，又如何带着这样的生态视角去考量、去打理我们自己的生意模式，从而让我们的生意持续地保持盈利、持续地突破瓶颈、持续地立于不败之地呢？接下来，我要给你第九套应用工具，同时也是这门课里最重要的工具，没有之一，叫"生意模式闭环力模型"（见图9-4）。

应用工具九：生意模式闭环力模型

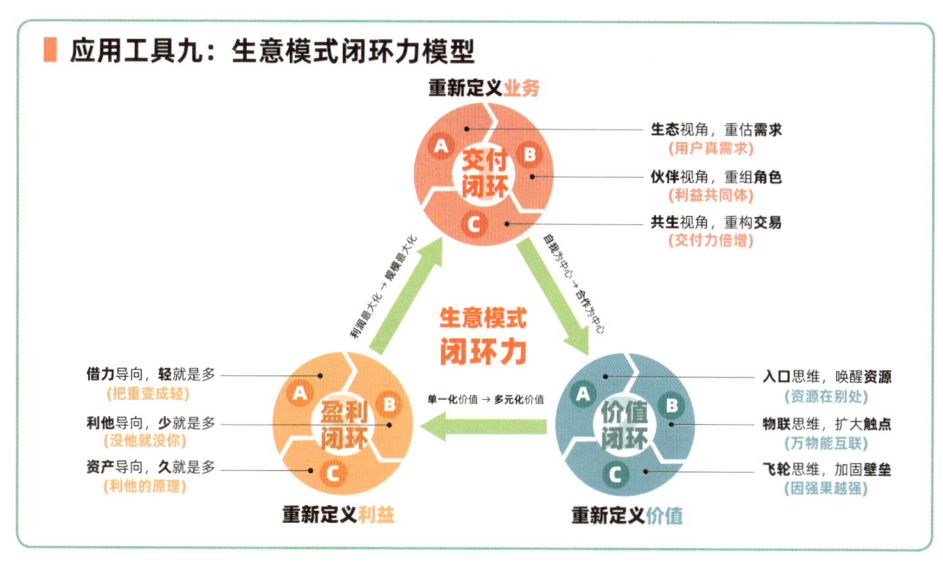

图9-4

这个工具的雏形前面你已经看过了，并且已经知道，任何一个生意模式的闭环都由交付闭环、价值闭环和盈利闭环这三个小闭环组合而成。通过这张模型图你可以进一步看到，当你从生态视角来俯视你的生意时，你其实就跳出了原有的固化思维，开始"重新定义"你生意中最核心的三样东西：

第一样是在交付闭环中重新定义你的业务。原先你的眼里只有自己的业务，现在你还能够看到和你有关的上下游以及所有周边利益方的业务了，你能够看到自己跟所有人之间的关系了，于是你就从以自我为中心变成了以相互合作为中心。比如原先你只知道自己是卖茶叶的，现在在你换了一种视角以后，还能够看到甲是卖冰激凌的，乙是卖鸡蛋的，那么你就可以跟甲合作卖抹茶冰激凌了，也可以跟乙合作卖茶叶蛋了。

第二样是在价值闭环中重新去定义价值。原先在你的生意中，你所能提供给用户的价值是单一的，但是现在因为你看到了自己所处的那个生态，并与他人进行了生意合作，你能够提供给用户的价值就变得多样化和多元化了。如"得到"刚刚创立的时候是卖纸质书的，后来因为拿到了各种图书的版权合作，它就能够卖电子书了，事实上它的电子书业务现在已经远远超出了纸质书业务。

第三样是在盈利闭环中去重新定义利益。原先你一心只想着如何让自己赚得更多，如何追求利润最大化，现在因为你跟他人发生了更多的利益关系，你好他人也好，你差他人也差，所以这时候你要追求的是所有人的利益最大化，也就是在整个生意模式、整个生态中，整体利益规模的最大化，甚至包括你竞争对手的利益。

这个道理很好理解，所谓"唇亡齿寒"，假设你家是种苹果的，他家是种甘蔗的，我家是种橘子的，那么我们三方合在一起，就能够开一家水果店，甚至开很多家水果店。但是当我们在一起合作以后，如果你还是只顾着卖你的苹果，他只顾着卖他的甘蔗，我只顾着卖我的橘子，最后就会导致我们的水果店再也开不下去，然后我们又各自被打回了原形。浙江温州人能够做好生意、做大生意，非常重要的一个原因就是他们明白追求所有人的利益最大化的道理。我们还知道，义乌的小商品市场名扬海内外，但是为什么偏偏只有义乌的小商品市场这么有名？因为它能够把一个村子变成一条流水生产线，别的地方能做到吗？

孟子说过一句话大家都知道，叫"仁者无敌"，但是这个"无敌"，我认为不是"无敌于天下"的意思，而是"没有敌人"的意思。同样，当我们在生态的视角下去看待生意模式时，也不应该再有敌人。所以百年企业的心中是没有敌人的，因为它所图的不是一时之利。只有当你在图一时之利的时候，你才会感到处处是竞争、处处是压力。其实我们每个人的个人品牌都是自己的"百年企业"，所以我们也不应该给自己设定敌人。根据我所给的这张工具图，唯有在这个"盈利闭环"的整体利益规模达到最大化的驱动下，你才能让自己生意的"交付闭环"持续运转起来。

明白了生意的闭环力原理，那么我们在审视、规划和打理自己的生意模式时，在每个小闭环中应该遵循哪些原则呢？我们应该从哪些层面去思考和入手呢？

下面我们就一起对交付闭环、价值闭环、盈利闭环的思维路径和操作规则分别进行一些拆解。因为这是一门个人品牌课,所以我尽量不去拿一些大企业来举例,我会更多地举一些身边的案例,或者以我本人以及学员为例进行说明。我会站在生态的角度,就某些重要原则,提出我自己的看法和建议来供你参考,同时也加深你对于整个生意模式的理解和思考。

▶ 交付闭环

在这个闭环里,当你重新定义自己的业务时,应当遵守哪些规则呢?我要请你记住以下三个视角。

第一个视角:生态视角,重估需求

这个视角我们前面已经重点讲述过了,这是我们整章内容的核心,同时也是你重审和重估自己生意的第一步。重估什么?重估你和你的用户之间的需求关系。在重新评估以后你或许会发现,你的用户需求可能不完全是你现在所看到的这个样子,或者比你想象的要更多。所以我一直强调一个词,叫"真需求"。真需求有时候是明的,有时候是暗的,只有当你了解用户身上这些明的暗的真需求越多、越深的时候,你突破生意现状的机会才会越大。

拿我自己来说,很多学员上了我的这门个人品牌课以后我才发现,其实大家的需求远比我想的要多、要宽、要紧迫。例如,有些学员还对产品发售这一能力有需求,有些学员有自己的企业,所以对企业战略的需求很大,有些学员对如何做社群运营有明确的需求,还有一些学员对如何做好自己的目标管理有需求,等等。他们这些额外的需求,理论上都属于我的赋能范围和交付范围,或者说是俯头帮的交付范围,但问题是我一个人没法交付这么多,并且客观地说,我也未必都是最合适的交付人选,这时候,就必须进入第二个视角。

第二个视角:伙伴视角,重组角色

在上一章"私域资产放大器"里,我特别讲到了一个概念,叫"超级伙伴"。当你重新审视和评估了你的用户需求,发现了更多需求点以后,超级伙伴对你来说就变得至关重要了,甚至连你原本的竞争对手都有可能变成你的合作者。因为你要对你的用户需求进行更充分的交付,你就要从你的伙伴中挑选并与他们组合，以便一起来对用户进行交付。

还是拿前面的例子来说：当我发现我的学员有更多、更细化的需求以后，我就开始从我的超级伙伴中去寻找合作者，例如，富妈妈天语原本是我的学员，但是她非常擅于群发售，所以我就请她来专门开一门课，叫"赢在群发售"。我有一个同行朋友，他非常擅于给企业做战略，原本我们算是业务上的竞争对手，但是现在我完全可以请他来，替我做一门关于企业战略的课程。在我的学员和朋友当中，还有精通社群运营管理的人，有擅长目标管理的人，有懂得如何为企业主避坑的专业财务以及专业律师等，我们都可以进行合作，共同对用户进行交付。这时候，我们之间就形成了一个"利益共同体"。到了这个阶段，在整个生意的交付闭环中，就必须进入第三个视角。

第三个视角：共生视角，重构交易

"共生"这个概念最早是陈春花提出来的。因为你对你的生意交付角色进行了一次重组，你和你的合作伙伴成了一个利益共同体，于是这时候，你的整个生意模式中买方和卖方的交易结构也就发生了改变：原本只是你向你的用户进行交付，现在变成了你加上你的合作伙伴，共同来向你的用户进行交付。反过来也一样，你的合作伙伴这时候可能也需要联合你一起，来向他的用户进行交付。于是你们就自然成了一种"共生共荣"的生意状态。

其实不止于此，有可能还会出现另一种更重要的情况：因为你的生意角色发生了重组，所以相应地，你就拥有了更强的交付能力，这时候你的用户也可以相应地变得更加广阔。换句话说，你的用户不再局限于现有的这些群体了，你可以根据你更强的交付能力，匹配更宽广的客户群体。

以俯头帮为例，当越来越多的超级伙伴加入我的交易结构中时，我的交付能力就变得更强了，不再是我峰帅一个人甚至也不是我一家公司向外进行交付了，所以我不但可以更好地赋能现有的 C 端学员和用户，未来还可以赋能更多的 B 端用户。

所以，在你从生态视角审视你生意中的交付闭环并重新评估和定义了你的业务后，你的生意就会变得有更多的可能和更大的格局。

例如，我有一位学员叫陈滢，她是一个儿童阅读指导专家，主要针对

2~18岁的儿童和青少年，对他们进行阅读指导。陈滢现在做得很不错，但问题是，今后在越来越多和她同领域的竞争对手出来以后，她现有的业务模式就不够用了，为什么呢？因为事实上没有一个人可以掌控得住2~18岁少年儿童的所有阅读问题。那么这时候陈滢应该怎么办呢？她就必须重新去评估她的用户需求，重新组合交付角色，然后重新设计交易结构。她可以跟更多细分领域的专家进行合作，如做双语阅读的专家、科普阅读的专家、对历史阅读非常精通的专家等，还可以跟出版社合作，跟电台App合作，开发更多的产品出来，这样她就能突破现有的局限，为用户提供更加全面、更加专业和更加丰满的交付。

那么请你也思考一下：在你的生意交付闭环里，你又会如何重新定义你的业务呢？

▶ 价值闭环

在你整的个生意闭环中，随着你对自己以及他人业务的重新定义，事实上你也相应地重新定义了随之而来的价值。那么在这个价值闭环中，你应当遵守哪些规则呢？请你记住以下三个思维。

第一个思维：入口思维，唤醒资源

说到"入口"这个词，你一定会意识到跟流量有关。没错，这个入口的确指的是流量入口，但这里说的"流量"可不仅仅是用户流量，还包括一个更重要的"资源流量"。也就是说，当你在交付闭环中重新定义了你的业务、引入了新的合作伙伴、重新组合了交易结构时，你的合作伙伴的流量在很大程度上就跟你共享了。但是这时候更重要的是，你的合作伙伴的业务资源其实也跟你共享了。

如在上一章里，我举了我的一个优秀学员揍姨的例子，揍姨作为一个女性逆袭教练，她既要教用户进行运动管理，又要教精力管理，又要教时间管理，又要教营养管理等，但是如果她重新审视自己的业务和价值，她自己就可以只做最擅长的运动管理，同时引入精力管理专家、时间管理专家、营养管理专家等其他利益方来跟她合作。那么这个时候：第一，揍姨整个生意的交易结构其实已经改变了；第二，揍姨的用户流量也相应地增加了，而且增加得很轻松，因为她的合作伙伴的流量在很大程度上已经跟她共享了；但更重要的是，第三，揍姨引入这些合作伙伴本身，其实就是对资源的一种"唤醒"，也就是说，她的合作伙伴为了更好地跟她进行合作，也会进一步地去调用自己的有利资源，而这些有利资源对于揍姨而言，原本其实都是沉睡着的。

所以通过入口思维来唤醒我们生意资源的这个过程，也就是我们放大整体生意价值的一个过程，有了这个价值放大的过程，你在用户心里的权重势必会越来越大。

第二个思维：物联思维，扩大触点

物联，就是万物互联的意思。当你从生态的视角去看你的生意、看用户的需求、看价值的流动时，原本看起来可能跟你互不相干的那些人和那些企业，突然会变得无比相关。甚至当你们结合在一起的时候，会有一种鬼斧神工的感觉，就像前面我们所解析的川航那个案例。这也是很多企业和品牌要进行跨界合作、联名合作的一个很重要的原因。

例如，你熟悉的故宫文创，它曾经跟农夫山泉跨界合作，推出过联名产品，这款产品对于双方的品牌势能以及产品销量，都起到了很大的拉动作用。除此以外，故宫文创还跟其他很多品牌进行过跨界联名，如跟安踏、健力宝、奥利奥、飞利浦等，都进行过合作，并且每一次跨界产品推出来的时候，都会让人感到很惊艳。但更重要的一点是，每一次跨界合作，故宫文创都把它的传播触手伸到了原本完全不属于它的那一片用户群体当中，这就意味着它的用户触点越来越多，所以最后故宫文创变成了一个国民文创 IP，影响力越来越大，并且联名双方各自的用户价值都得到了更大的拓展。你可能会说："因为它是故宫呀！它本身就有独特的背景呀！"但事实上还有很多跟故宫一样带有国字号背景的文创，并没有做起来。

另一个很有意思的例子是，有一次我看到著名的时尚杂志《时尚芭莎》的封面上，老干妈的创始人陶华碧变成了封面人物，穿上了裘皮大衣，再也不是我们印象中那个土里土气的样子。这种混搭你乍一看会觉得很搞笑，其实仔细分析一下，这种极具冲突感的跨界合作，跟前面说的故宫文创是一样的原理。

所以，当我们在打理生意中的价值闭环时，"物联思维"给我们最大的启发或者说提醒是：你千万不要轻易地忽视任何一个可能放大你价值的人。当你重新审视你的价值闭环时，你要试着做一下沙盘推演：把你自己跟一个看起来不相干的人结合在一起，有没有可能产生一种意想不到的惊喜？

举个例子：我有一个做形象顾问的学员叫肖蔓，她是一位非常优秀的女性穿搭导师和心灵美育导师，所以她的主力人群理论上自然是女性。但是根据"物联思维"，肖蔓如果跟一个儿童教育机构或者一个儿童教育专家进行合作，会产生什么样的物联效果呢？她就完全有可能推出"儿童心灵美育"或者"儿童美丽穿搭"这样的课程和服务。她如果再跟一个丝巾厂家进行合作，又会产生什么样的物联效果呢？我们经常说每一个女人都需要一条丝巾，那么这时候肖蔓的自身属性和丝巾厂结合起来，就完全可以打造出一个爆款主题产品或者特定服务。

总之，这种万物相联的思维有助于打破你生意的界限和固有的思维，从而让你为你的用户、为你的合作伙伴以及为你自己带来新的价值流。

第三个思维：飞轮思维，加固壁垒

说到飞轮，你一定会想到"飞轮效应"这个词。这个词是《基业长青》的作者吉姆·科林斯所提出的一个著名的概念，他还为此单独写过一本专著，名字就叫《飞轮效应》。但是近些年以来，在飞轮效应这个概念上被提得最多的一个案例，却是贝佐斯和他的亚马逊。

我们都知道，贝佐斯是从一个开网络书店的小店主起家的，但是到现在，这个网络书店已经发展成了一个庞大的、无可取代的商业帝国，靠的就是飞轮效应。最近我读了一下安德森写的《贝佐斯致股东的信》，感受就更深了。不瞒你说，我本人也是一个飞轮效应的忠实拥护者，尤其近两年来，我自己也是试图本着这样一个思维在做事。并且我现在认为，你要做好个人品牌，如果让我只说一个必须遵循的法则，那就是之前我特别强调过的"80/20 法则"，如果只让我说一个你必须具备的素养和能力，那就是"飞轮效应"了。

对于飞轮效应，你或多或少应该都知道，就是说你的生意就像一只飞轮，一开始你去推动它，让它转起来的时候，会非常困难，但是你日复一日不断地推，当你把这个飞轮推到一个临界点时，飞轮自己就会越转越快，这时候外界再对它产生阻力想让它停下来，就会很不容易，并且随着这个飞轮转得越来越快，还会带动下一个飞轮的转动。但问题在于，绝大多数人都倒在了那个"临界点"，就好像我们长跑比赛，跑到一个"极点"的时候，身体会非常难受，这时候如果你停下来，你的比赛也就失败了，如果你挺过去，再往后面跑，就会感觉越来越轻松。这是我们对"飞轮效应"最普遍的解释。

但其实飞轮效应向我们说明了一个更可贵的原理，就是我们常说的"增强回路"效应，也就是一种因果关系：因越强，果就越强，然后反过来，果又会让因变得更强。比如说亚马逊，它最开始是用更低的商品价格来增加用户的访问量，因为价格低，所以用户的访问量就越来越大，访问量越来越大，就吸引了更多的第三方卖家到它上面来开店，而越来越多的卖家开店了以后，平台整个销售渠道的规模就变得越来越大，平台运营的边界成本也变得越来越低，于是它的利润就变得越来越大，而它的利润越大，反过来又能够更多地去降低平台上的商品价格。所以你看，亚马逊每推动一次飞轮的转动，就会自动地带出下一圈的转动。并且亚马逊更厉害的地方在于，它整个飞轮不但是越转越快，而且是不断地在迭代、在带动下一个飞轮开始转动。如它除了网上卖书，后来又很自然地拓展出了 kindle 电子书以及智能音箱这些自营电子设备的业务。再后来，它又开始向 B 端提供强大的云服务等。但是请你注意，所有这一切动作，贝佐斯都基于一个永远不变的核心观念，就是让他整个生意模式里的各个利益体的价值达到最大化，无论是他的平台用户、平台卖家，还是他所服务的那些 B 端企业。

所以贝佐斯和他的亚马逊，一直以来都深深地触动着我，但是一直以来又让我觉得，这个企业离我太遥远了，简直是神一样的存在。直到 2020 年，在我开始做俯头帮营销平台以后，才越来越能够理解持之以恒转动飞轮的可贵之处，也越来越能够体会到飞轮效应的奥妙和它的威力所在，因为飞轮效应能够让你逐渐加固自己的生意壁垒，从而让你在面对外界的各种竞争和所谓的趋势变化时，越来越接近于让自己难被取代。但是有个前提：你必须要先画出自己生意中的那个飞轮，并且不断地迭代它。关于这一点，我们后面还会再详细说。

▶ 盈利闭环

下面我们再来看生意模式的最后一个闭环，叫"盈利闭环"，这也是我们做生意的最终目的和意义所在。

当我们说到盈利的时候，我写的很多书、讲的很多课都提到有很多种盈利模式可以被你所用，如连锁模式、招商模式、直销模式、微商模式、金融模式、投行模式等。但是我必须告诉你，这些都是因人而异、因你的生意属性而异的，所以这不是我们这一章内容的重点。这一章内容的重点是讲共性，讲每个生意人都可以践行的共性。

那么在生态的视角下，我们在盈利这件事上到底应该注意什么、应该遵守什么呢？事实上，当你从生态视角重新定义了你的业务和你生意的价值时，随之而来的这个"利益"也会自然而然地被你重新定义，这时候你需要遵守的就是以下三个导向。

第一个导向：借力导向，轻就是多

经过前面对交付闭环和价值闭环的深入探讨，我们已经体会到了，生态视角下的生意模式其本质就是"借力获利"，也就是借用他人的力量，让你的生意从重资产变成轻资产，从重投入变成轻投入，从重运营变成轻运营，从而让你在单位时间里面的利益最大化。所以我称之为"轻就是多"。

在互联网时代下做生意，我们每个人都应该学习一种本领，就是要借力，而不是用力。借力越多，你的获利就越大。如我自己就会在俯头帮平台卖书，专门卖营销类图书。这件事最开始我想做，但感觉不太好做，要么版权合作投入太大，要么卖货渠道太窄，要么还得囤货，总之我需要花很多力气才能做这件事。但是一年多以后，因为我跟很多出版社建立了比较好的关系，而且有不少用户和粉丝很喜欢和信赖我推荐的书籍，如我在视频号上、在学员中推荐像科特勒的《营销管理》这种大部头的专业书，甚至推荐像《战国策》这种古书，都会有很多人去买。因此，我完全可以跟出版社进行合作，我不需要版权投入，也不需要囤货，但是我可以做直播带书，还可以在俯头帮平台开一家"营销人书店"，这样平台上的用户就可以对这些合作的图书进行分销，并且可以跟我一起直播卖书，这是一件彼此借力、多方共赢的事情。于是你看，同样一件事，这样一借力，就可以把它做起来了。而且最关键的一点是，卖营销类图书这件事本身就应该是俯头帮营销平台这个飞轮中的一部分。

第二个导向：利他导向，少就是多

关于这一点，我想几乎不用太多的解释你就能理解，因为在传统生意时代就适用这个道理。

我经常跟人讲被我称为"第一国产商战神剧"《大染坊》里的一个桥段：有一个乞丐出身的商业奇才，叫陈六子，他从小就跟着师父学习染布，后来他自己创办的印染厂成了行业巨头。但是后来时代变了，他就强烈地意识到，因为自己不识字，所以在技术和管理上有很大的瓶颈，于是他就请了两个从德国回来的精通新技术的留学生，来跟他合伙做生意，给这两个留学生的回报是倒过来四六分成。这时候有一个合伙人就不爽了，说这分得也太多了，有点过分了。陈六子回答说："一点都不过分，有了他们俩，我好歹还能拿四，没了他们俩，日后我连这个四都没有啊！"

这个桥段给我的印象非常深刻，我认为这就是对"利他导向"和"少就是多"这一原则的最佳注解。当然，我们这里探讨商业模式的时候，所谓"利他"已经不仅仅是指你跟你合伙人之间的关系，其实还包括你跟你的用户之间、跟你的上下游之间、跟你的团队之间，甚至跟你的竞争对手之间的关系。跟他们之间，你让利越多，其实最后反而获利越多、口碑也越好。这样的案例简直是数不胜数，你一定也能说出很多例子，所以我称之为"少就是多"。

但是这里面的原理究竟是什么呢？

这就是盈利闭环里要遵循的第三个导向，叫"资产导向"。

第三个导向：资产导向，久就是多

关于资产这个概念，我们在讲私域资产的时候已经讲得非常透彻了，现在我们把它扩展到生意模式，道理其实也一样，就是说你一定要像呵护你的资产一样，去呵护你生意模式中的所有合作关系和利益关系，无论是跟你的合作伙伴、工作团队，还是跟你的用户以及外部的各个利益方，你都要时刻记得，在生态视角下的生意模式里，你们是唇齿相依的关系，是毛皮相附的关系，是水乳交融的关系。尤其应当记住一点：如果是你们的这种角色合作关系为你带来了生意的繁荣，如果有一天，当"利益"跟"合作"之间产生冲突的时候，请你一定要将利益让位于合作。请你记住我们曾经说过的一句话：可拿可不拿的，一定不要拿。千金难买老来欢，基于稳固合作的利益关系，就是你生意中最可贵的一种资产，而资产就是能够让你持续获利、持久获利的东西。

所以说"久就是多"，一时一地的利益之争，即便让你眼下获得了大利，也有可能是不祥之兆。

关于这一点，我本人也一直在努力地去做到勿贪、勿痴。比如拿我自己的课程分销来说，我和我的团队会尽可能地多让利给那些参与分销的学员和朋友，他们分销得越多，自己赚得也就越多。现在俯头帮平台有了"超级伙伴"团队，我也要求自己在今后的所有盈利项目中，尽可能地让我的伙伴能够分到更多利益。钱这个东西当然人人都要，但是比起整个生意闭环的"利益规模最大化"，比起"持久地获利"而言，你自己一方的利润最大化一定不是排第一位的，你需要经受得住时间的考验。这应当是所有创业者、管理者和生意人终其一生都要修的一门必修课。

以上我为你详细拆解说明了在生态视角下，应该如何去重新定义和打理你的生意模式，相信你对交付闭环、价值闭环和盈利闭环这三个小闭环，也有了一个比较全面的认知。但是请你注意：虽然我们是为了便于理解而把这三个闭环拆开来解析，实际上在真正的生意过程中，这三个闭环它们是同时运转、相互连带的关系，所以你从一开始就要时刻让自己飞在天空中，以一种全局观去审视你的整个生意闭环，以及它所产生的闭环力。

那么基于以上拆解，假如现在我要让你重新梳理一下自己的生意模式，你会从哪里入手呢？

结合前面所讲的一切，你总共可以分成三步来走（见图9-5）。

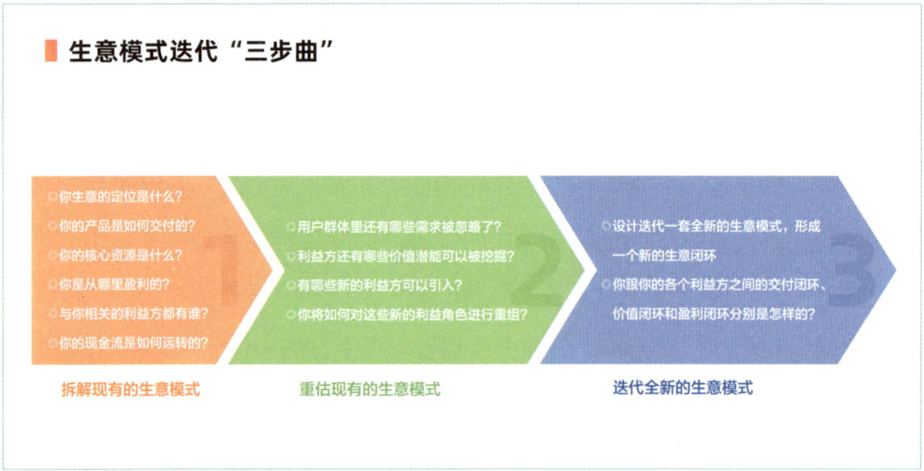

生意模式迭代"三步曲"

1 拆解现有的生意模式	2 重估现有的生意模式	3 迭代全新的生意模式
○你生意的定位是什么？ ○你的产品是如何交付的？ ○你的核心资源是什么？ ○你是从哪里盈利的？ ○与你相关的利益方都有谁？ ○你的现金流是如何运转的？	○用户群体里还有哪些需求被忽略了？ ○利益方还有哪些价值潜能可以被挖掘？ ○有哪些新的利益方可以引入？ ○你将如何对这些新的利益角色进行重组？	○设计迭代一套全新的生意模式，形成一个新的生意闭环 ○你跟你的各个利益方之间的交付闭环、价值闭环和盈利闭环分别是怎样的？

▶ 图 9-5

第一步，你要对你现有的生意模式进行拆解。

拆解什么呢？包括：第一，你生意的定位是什么？第二，你现在的产品是如何交付以及向谁交付的？第三，在做现在这摊生意的时候，你的核心资源是什么？第四，你是从哪里盈利的？第五，现在与你相关的所有利益方都有谁？第六，你跟这些利益方之间的现金流是如何运转的？

第二步，你要重新评估你现在的生意模式。

评估什么呢？包括：第一，在你现在既有的用户群体里，还有哪些隐性的需求被你忽略了？第二，在你现在整个的生意体系里，与你相关的利益方还有哪些价值潜能可以再次被挖掘，从而跟你进行合作？第三，你认为有哪些新的利益方可以引入进来，从而补充你的整个价值闭环？（注意：这些人可能包括你的供应商的供应商、你的用户的用户，甚至还包括你的竞争对手）第四，你将如何对这些新的利益角色进行重组，从而形成一种新的交互闭环？

最后你要进入第三步，就是开始设计一套全新的生意模式进行迭代，从而形成一个新的生意闭环。

包括：你跟你的各个利益方之间，交付闭环、价值闭环和盈利闭环分别是怎样的？目的就是让你的生意突破现在固有的模式，打开一个全新的局面。

到这里为止，关于如何处在一个俯瞰的视角，从生态的角度来重新审视你的生意、重新规划和打理你的生意模式，它的底层逻辑以及操作中需要遵循的路径和具体的做法，我都向你讲解完了。

接下来，我将用一个正在进行中的实操案例，来为你结束这一堂无比重要的课程。同时我也借着这个案例，帮你再一次回顾串联一下前面所讲的核心内容。这个案例就是我本人正在打理的俯头帮营销平台。

作为一个资深营销人，我是如何审视自己的生意模式，又是如何运用本章所探讨的这些关键原则和操作规则的呢？

如你所知，在 2020 年以前，我峰帅就是一个纯粹的营销人，为各类大型企业提供营销战略、策划、创意这样一些服务，简单地说就是传统的 2B 业务这样一种生意类型。但是到了 2020 年，疫情来了，我开始发现，其实中小企业、小微企业甚至个体创业者，他们对于营销有更大的需求，他们更需要了解真正的营销知识，他们更需要去避开营销中的每一个坑。于是我和我的团队就开始筹建俯头帮营销平台，意思就是"俯下身来帮助别人"。所以我跟策略总监老倪还有云姐一起，开始给一些客户做个人咨询，甚至在疫情环境下我们会提供一些免费的营销咨询。

你看，这时候我就从纯粹的 2B 业务，变成了 2B+2C 业务。但是这样一个转变仍然谈不上什么生意模式，因为整个生意中的交付闭环、价值闭环、盈利闭环其实是非常简单的，并不是真正意义上的生态视角。这时候的俯头帮，你可以理解成是 0.0 版，都称不上是 1.0 版。

很快我就发现，我一个人赋能不了那么多用户。在某些营销垂直领域，我认为自己并不是最合适的赋能人选。于是我就开始招募平台导师，在 2020 年 10 月 10 日那天，我做了一场直播首秀，或者叫线上发布会，宣布俯头帮营销平台正式上线。那天我招募了将近 20 位海内外优秀的导师，后来又陆续有一些导师加入进来。

从那天开始，俯头帮才正式进入 1.0 版本，我也正式给它提出了一句口号，叫"俯首甘为营销人，赋能中小企业主"，并且也是从那个时候开始，我才提出了"众人赋能众人"这么一个重要的商业理念。于是我就联合各位导师开始打磨精品课程，但是也踩了不少坑，这一点我在之前的内容里也说过。后来经过几次导师沟通会，我觉得有很多关键点还需要大大加固，于是决定亲自上阵，对各个关键点进行摸底。可以这么说，你现在所看到的我本人开设的各种课程以及所做的其他相关工作，其实都是我在对整个平台的交付质量、价值标准和盈利体系进行一轮标准化的打样。打样是为了干什么？就是为了今后进行模式上的标准化复制。

在这个过程中，我们也开始着力经营生态社群，开始筹建"中国营销人智库"。这个智库是为了招募更多虽然未必是知名大咖或者社会名流，但其实都是各个垂直细分领域的营销精英，我要一轮一轮地把他们招募进来，让他们打磨各类知识产品，从而对更多的C端用户进行赋能。比如我们从学员中会招募的一些精华小课的老师，就是整个中国营销人智库的建设动作之一。

到了这个阶段，我的整个生意模式闭环图才形成了1.0版本的样子（见图9-6）。从这张图里你可以看到，俯头帮以及营销人智库作为平台发起方，是其中一个核心利益方，原先就存在的C端用户群体是另一个利益方，当我们引入了导师群体这么一个角色或者说利益方的时候，整个生意闭环中的交付结构、价值结构和盈利结构都发生了变化、进行了重组，从而形成了一个最基本的生态系统。这一点也是我对很多创业者所提倡的，就是当你在规划自己的生意模式时，一定要先让自己形成第一个"最小生态系统"，因为它将是你后面所有生意进行迭代的第一个里程碑。

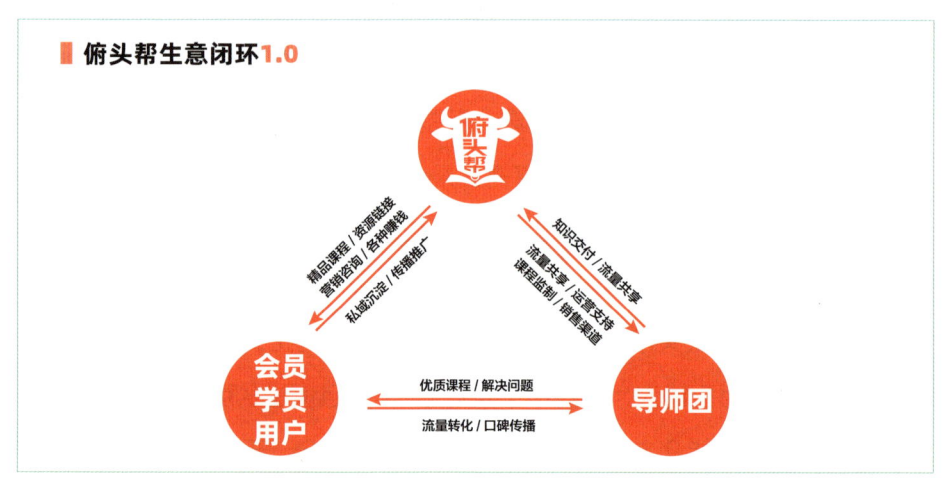

▶图9-6

事实上，在这个1.0版本阶段，经过不断地审视用户需求和价值资源，我还开始着手引入其他一些必要的利益方。如我前面提到的各个出版社，我把它们引入进来，由我自己带头并组织更多学员和生态群成员进行直播带货卖书，同时把这些出版社的精选图书在俯头帮上架，启动"营销人书店"这么一个小闭环。此外，在这么多年做营销服务的过程中，我们手上积累了很多各种各样的礼品公司，现在这些礼品公司说实话也活得不怎么滋润，所以我还开始跟它们进行合作，由我们平台提供创意设计、运营和销售这样一些交付工作，而礼品公司则提供产品的打样和生产交付，我们共同来建设"营销文创商城"这么一个小闭环，如陆续推出的牛头徽章马克杯、峰帅书法T恤、定制刺绣卫衣、中秋礼盒、个人品牌手账本等，都属于这个小闭环里的实物产品。除此以外，未来应该还会引入更多类似的合作利益方。所有这些动作，你可以理解为是俯头帮1.0版生意模式的"增强版"，或者叫"1.0Plus"版（见图9-7）。

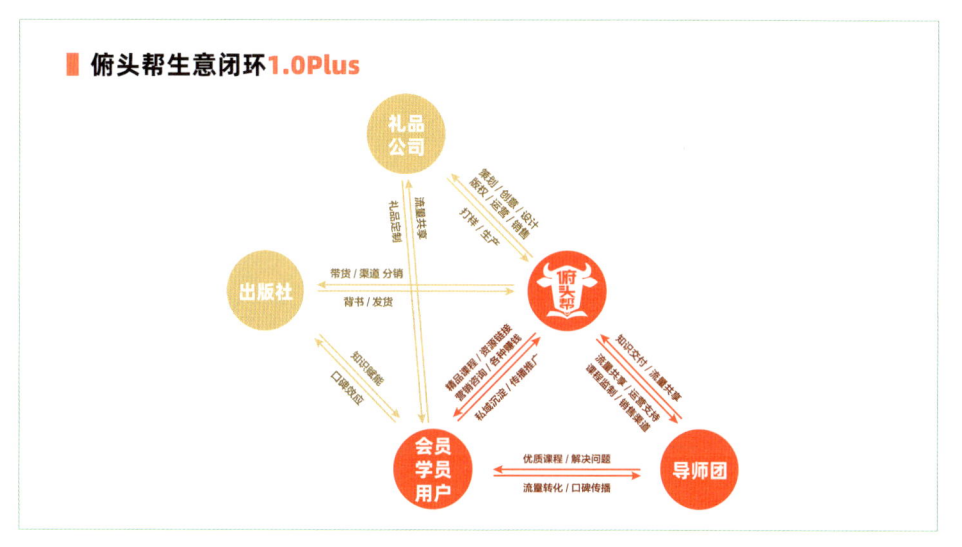

▶ 图9-7

这些都只是在生意模式1.0阶段的一些小迭代，也就是说，我们针对C端用户，在交付上、价值上和盈利上会努力保持一种持续性的突破。

但是不远的未来，在生意模式上还有一次大迭代。因为整个平台上的导师会越来越多，所以正如前面内容里说过的，我们的交付能力也就会越来越强，加上在我整个打样运作的过程中，随着C端用户的口碑越来越好，我们就可以开始针对各类中小企业，开展"升级版"的 2B 赋能业务，如组织平台上不同类型的导师和专家，以"解决问题"为导向，对不同类型的企业进行内部培训、定制课程服务等，去他们的企业进行实地考察和调研，然后通过集体咨询，形成切实的解决方案和服务，在一个一个周期内，为它们实实在在地解决营销和商业困境。

这个时候，俯头帮的整个生意闭环就变成了 2.0 版本（见图 9-8）。

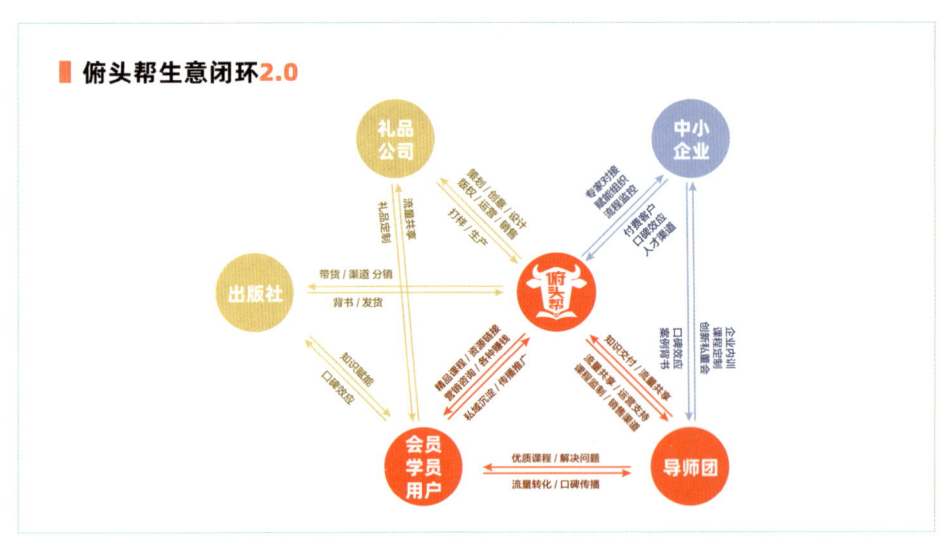

俯头帮生意闭环2.0

▶ 图 9-8

你可以看到，跟 1.0 版本相比，2.0 版本的俯头帮增加了一个非常重要的 B 端利益群体，也就是我们通常所说的大客户，于是整个交付闭环、价值闭环和盈利闭环又会发生一次重要的重组和迭代。事实上，在俯头帮现在的用户中，有相当一部分人本身就是中小企业家，而我本人又是一个服务 B 端出身的营销人，所以俯头帮进入 2.0 版本就显得再自然不过。

但是，这远远不是俯头帮这个营销平台的终局。2021 年上半年，我跟武汉大学研学中心主任易博士交流探讨了很长时间，并且一起进行了一些走访考察，我们发现对于俯头帮而言，其实还有一个非常重要的用户群体亟待赋能，就是高等院校尤其是职校里那些即将走上社会参加工作的学生群体。这个学生群体现在普遍存在一个问题，就是所学非所用、所用非所学。甚至更具体地讲，他们在学校里所学的那些营销知识，基本上是没有战斗力的，从而导致他们走上工作岗位以后就是一个个小白。

基于这样一种现状，俯头帮就可以去跟全国各地的院校进行合作，针对那些有志于走上社会以后从事营销工作的学生，尤其是大三、大四的学生，我们和学校一起来共建"未来营销实战人才孵化基地"，由我们来组织导师和专家设计课程、安排具体项目，为学生提供营销实战培训，并且针对优秀的学生，我们还能以平台的资源和力量，为他们进行就业引荐。

但是这里非常关键的一点是：这件事情如果俯头帮要与各个学校达成合作的话，决不能拍脑袋，而是必须还得跟学校所在的当地政府达成共识，这也是我们事先进行走访考察的原因所在。这样一来，我的生意模式就将进入全新的 3.0 版本（见图 9-9）。

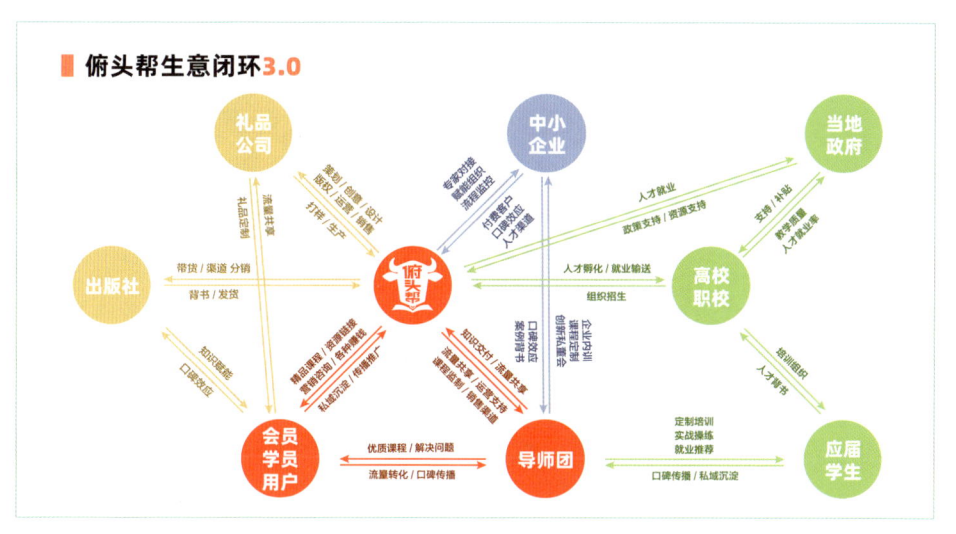

▶ 图 9-9

你可以看到，3.0 版本的生意模式闭环图在 2.0 版本的基础上，又进一步引入了三个非常重要的利益方：第一个是学校招生办，第二个是学校所在的当地政府，第三个就是学校里那些即将就业的学生。然后俯头帮平台上多个利益方之间的交付闭环、价值闭环和盈利闭环又一次发生了重大的迭代：首先俯头帮会提供营销培训、营销实战以及人才就业推荐和输送这样一些交付任务；对于政府而言，需要对学校进行一个政策上的引导，以及批文的下发,甚至还需要对学校进行一定的补贴;相应地,学校的主要交付工作就是组织招生,而不是由俯头帮直接来招生,这一点非常重要;最后是学生这一方,他们当然需要缴纳一定的学费来参加实战培训,优秀的学生结业以后,还会被推荐到相关的就业单位去工作。

想必你已经感受到,我一直以来就在对俯头帮的生意闭环进行着不断的迭代规划,并且在不断行进的过程中,还可能产生多次的小迭代。如果用一张图来概括的话,我所能规划出来的俯头帮生意模式总体框架,差不多就是一个三角形(见图9-10):1.0版本的俯头帮,主要是面向C端用户,也就是赋能中小微创业者;到了2.0版本,增加了B端用户,也就是赋能中小企业;到了3.0版本,又增加了赋能高校人才这样一个闭环体系。

▶ 图9-10

这至少应该是俯头帮未来3到5年,甚至是10年的一个生意模式规划。在这一整套的规划中,有些已经做出了一些成绩,有些正在做,有些即将开始做,有些还没有开始做。但无论如何,从一路走来的历程看,我的整个生意模式闭环从开始直到现在,在大方向上丝毫都没有改变过。至于再遥远的未来,我的生意模式会发生怎样的变化,就只能靠天时地利人和,以及我本身的格局了。

以上就是我基于本章的核心内容,把我自己的生意模式闭环力规划向你做了一次详细的拆解和阐述，我想这是我能够对你讲得最透彻的一个参照案例了。虽然这个案例还没有全部完成，但是正因为如此，或许才更具有借鉴意义、参考意义和启发意义，因为我整个生意模式的规划，从开始到现在，我时刻都让自己"飞在天空中"，从一个生态的视角对它进行审视，从而让我能够不断地去突破思维瓶颈和生意瓶颈。

事实上，根据我这么多年来的观察，真正能够让你的生意突破瓶颈的，其实只有三条路：第一条路，是你掌握了垄断性资源的时候；第二条路，是你掌握了某一种核心技术的时候。但问题是，这两条路都只有极少数的人，甚至只有国家才会拥有，所以它几乎不可复制。于是对于我们绝大多数创业者和生意人来说，持续性突破生意瓶颈就只剩下第三条路了，那就是：构建生态、合作共赢，或者说"众人赋能众人"，也就是这堂课的主要内容。

这是一条几乎人人都可以走通的路，因为我们每个人都可以率先找好一个位置，搭一个舞台，然后让更多人一起来唱一出好戏。

核心内容回顾

互联网时代的很多生意已经不再像我们表面看到的"买卖"关系那么单纯，而我们自己也必须从"生意模式"的角度去看待自己的生意，也就是从俯瞰的视角、从生态的角度去看待生意。

基于这个大前提，我跟你详细分享了一个关于川航和四川铁航旅行社的精彩案例，并提供给你第九套应用工具，叫"生意模式闭环力模型"。在这个工具里，我用交付闭环、价值闭环和盈利闭环这三个流动的小闭环，让你直观地理解了生意模式的闭环中到底包括哪些关键因素，以及我们该如何通过重新定义业务、重新定义价值和重新定义利益，来重新审视、评估和规划我们的生意模式，从而让我们的生意不断突破瓶颈。

最后，我为你非常详尽地阐述了俯头帮营销平台这个我正在亲手布局和运营的案例，我把它从 1.0 版本到 3.0 版本的实战逻辑和规划路径都摆放在了你的面前，供你参考、借鉴和批评。

应用工具十：个人品牌斜杠力坐标

感性
（右脑型）

理性
（左脑型）

无用之用
（素养型）

有用之用
（技能型）

钢琴／雕塑／摄影／书法／篆刻／唱歌／**一生一项**（诗和远方）／篮球／潜水／绘画／园艺／茶道……

记者／演说／网络游戏／考古／算命／天文／地质……

室内设计／陶艺／整理师／烹饪／美容／视频剪辑／导游／保姆／外语老师／婚礼主持……

心理咨询／中医／家庭护理／理财投资／**一生一项**（钱和保障）／写作／会计／育儿／营养师／保险经纪……

第十章
斜杠品牌放大器

人生不只有风起云涌，还有细水长流！

我们终于来到了"个人品牌放大器"的最后一堂课。

事实上到上一章为止，我们整门课的内容已经非常完整了，在放大个人品牌的全套做法上，也已经形成了一个完整的闭环。

比如在内在的根基上，我们学习了如何进行有效的定位，如何建立一套完整的个人品牌符号；在对外的影响力层面，我们一起学习了如何进行有效的魔力演讲，以及跟演讲紧密相关的两个配套工具：左手是一个表达利器，也就是PPT，右手是一套金句思维，从而让你的语言可以像名言一样飞翔；在价值的变现层面，我们也一起学习了如何用视频内容来存储和输出我们的知识、赋能我们的生意，如何把我们的价值变成优秀的课程，从而变成钱，以及持续性地变成钱；最后我们又学习了，在现在这样一个互联网环境下，如何养护我们的私域资产，以及如何重新审视我们的生意模式、重新构建自己的生意闭环。

你看，九节课程，九个放大器，一个大闭环，非常完整。

如果我们根据"目标导向"反推回来，这样一个闭环也成立：当我们画出了一个具有远景的生意闭环时，也就知道了该如何去养护自己的私域资产；再进一步反推，也就知道了针对我们的生意闭环和私域资产，该如何对外输出我们自己的价值，包括如何展示内容、如何打造课程、如何开展咨询等；

同时我们也知道了，为了提升个人影响力，我们应该向外表达什么，以及如何表达；最后再反推到当下，我们也一定会更加清楚自己的品牌符号体系，以及个人品牌定位到底应该如何确立。

既然如此，为什么仍然要讲这第十章呢？我们这门课的口号叫"放大你的个人品牌，高效加速你的生意"，从内容上讲，这个任务不是已经完成了吗？

因为我们说过，你的个人品牌就等于终身个人品牌。但问题是，以上这些难道真的是我们做个人品牌的全部吗？更深一步说，难道真的是我们整个人生的全部吗？

在我看来，人的一辈子，一共可以分成四段岁月：有一段岁月，叫"过去"；有一段岁月，叫"当下"；有一段岁月，叫"未来"，而我们这门个人品牌课就一直管到"未来"这一段为止。但是未来里面还有一段岁月，是我们大多数人都对它视而不见的，叫"当你老了"。

我自己经常会想：有一天，当我老得什么都不想干了，也干不了什么了，在一个晴朗的午后，我坐在墙角边晒太阳，那时候我可能会想到，我这辈子到底做过什么？以及我现在还能做点什么？是拿拿退休金、混吃等死吗？还是我早就已经为这一天打算好了？

你可能会说："哎呀，我们都还年轻着呢，想这些干吗？曾国藩不是说了嘛，'未来不迎，当时不杂，既过不恋。'还没有来的事情你就别扑上去，现在正在做的事情你不要犯浑，已经过去的事情就别再惦记了。"

真的是这样吗？

我们现在来想一想：十年时间，你觉得快不快？

很快，可以说是转眼之间，我峰帅创业都已经十年了。

二十年时间快不快？

也很快，我是一个干了二十年的营销人，现在想起当初刚刚入行那个时候的场景，依然历历在目。

所以我们没法不承认这样一个现实："老了以后"这件事也会很快的，也就是弹指一挥间而已。所以我认为，"当时不杂，既过不恋"是对的，但"未来"还是要迎接的。为什么要迎接？是为了让我们的未来也能够和现在一样，不迷茫、不苟且。而这个不迷茫和不苟且，并非等到我们老了以后才去着手规划，恰恰是从现在开始就应当准备的。

可以说，前面的九章内容主要是讲如何放大个人品牌，如何把自己的生意打理得稳稳当当、红红火火，甚至是轰轰烈烈，讲的是在我们的奋斗之年那些风起云涌的事，但是当我们老了以后，对生意也厌倦了，手机也看不清了，什么活动也懒得参加了，甚至半截身子都要入土了，谁还在乎什么轰轰烈烈的生意呢？这时候如果上天看重你，你的产业或许还能传承下去。如果上天嫌弃你，你即便有点财产，除了应该考虑如何散财，你究竟还能干些什么呢？于是就有了这第十章的课题，叫"人生不只有风起云涌，还有细水长流！"。

什么是风起云涌？也就是我们前面九章内容所讲的放大你的个人品牌、高效加速你的生意那些奋斗的事。

那什么是细水长流呢？也就是本章要讲的核心内容：斜杠品牌。

有人把斜杠这件事称为人生的"第二曲线"，这一点我不是很认同。我认为"斜杠品牌"其实是你个人品牌的一根"平行线"，也就是跟你现在正在走的这条路平行着同步向前，一直通向未来以及你老了以后的那条路。

我在线上集训营讲课的过程中，很多同学一直都嚷嚷："峰帅的这门课实在是太烧脑了，每节课的内容都干得听完以后要喝一桶水！"相信你也一定深有感触。但是这一节课，在上课之前我要向你做三个保证：

第一，我保证不再让你烧脑，而是试着能够让你愉悦。虽然我们前面切入的话题听起来有些伤感，但我想，那应该也是愉悦的、平静的伤感。

第二，这节课我保证不讲干货，全是湿货，但绝对不是水货。

第三，我保证这节课的篇幅不再像之前的那么长，有些话就让我们点到为止、留个余响吧！因为这节课以后，你唯一要做的就是思考、思考、思考，行动、行动、行动！

我们开头说过，上一章内容"生意闭环放大器"是整门课的珠穆朗玛峰，现在既然我们已经登顶珠峰了，就不妨在珠峰顶上搭一顶帐篷、支一张桌子，一起来聊聊天吧！所以接下来的所有内容，我们将以问答的形式，像聊天一样展开。

▶ 第一个问题

到底什么是斜杠？

我在写这一章之前查了一下，"斜杠"这个词最早是 2007 年由美国《纽约时报》的专栏作家玛希·埃尔博尔提出来的，英文叫 Slash，后来演变成了一个新词，这个新词连百度都搜不到，叫 Slasher，也就是我们通常所说的"斜杠青年"。

简单地说，斜杠青年就是指那种拥有很多身份、很多头衔、很多职业或者说很多标签的人。例如，我峰帅是一个资深营销人 / 作家 / 诗人 / 书法爱好者，等等。做这门课之前我也浏览了几本讲斜杠青年的书，但是我发现，这些书讲着讲着就讲成了"如何增加多渠道的副业收入""如何让你的人生多系几根保险带"。即便是"斜杠"这个词的提出者埃尔博尔本人，虽然在《成就斜杠人生》这本书里提倡说"斜杠≠兼职"，但其实她写到后面也有这样一个倾向，就是：让你的人生多一些选择。对于这样的观点，我又得表示不认同了。

我经常问朋友们一个问题："在我们中国，古往今来最牛的一个斜杠青年是谁？"

我认为是苏东坡，我在早期的视频号还特地用一期内容讲过他。

首先，苏东坡是一个政治家，官职最高做到了礼部尚书，相当于现在的教育部部长，可能还要带上文化部、宣传部、外交部的职能，也就是说他是一个部级干部。

第二，他又是一个诗人、词人和文学家，而且在中国文学史上排名非常靠前，如流传千古的"大江东去，浪淘尽，千古风流人物"，就是他写的。

第三，他非常精通音律，又是一个音乐家。古人说"诗词曲赋"，写词跟音乐是分不开的。

第四，他还是一个书画家，而且不是二流、三流，而是一流的书画家，尤其是在书法上。很多人知道，他写的《黄州寒食帖》被誉为"天下第二行书"，排名仅次于王羲之的《兰亭序》。

第五，他还是一个吃货，是一个美食家。"东坡肉"是谁发明的，想必你一听这名字就知道了。

第六，你万万不会想到，他其实还是一个工程师。在北宋的广州城内，就已经有了中国最早的自来水系统，而那个自来水系统的设计师，就是苏东坡。

除了苏东坡，我还经常跟朋友们说起，国外最牛的一个斜杠青年，我认为就是意大利的达·芬奇了。

我们现在一说起达·芬奇，首先想到他是一个著名的画家，画过《蒙娜丽莎》这样一些国宝级名画。但事实上你要知道，画画这件事对于达·芬奇而言，真的只是随便玩玩的业余爱好，甚至他在给米兰公爵写求职信的时候，对于自己画画这些艺术才能，也都是一带而过，稍微提了一下，他主要强调的是自己在科学和工程方面的才能。所以你去看现在市面上出版的达·芬奇手稿，以及关于他的传记，你就会知道，达·芬奇几乎是一个通才。他的主要身份其实是科学家，往细里说，他就是一个建筑师＋数学家＋生物学家＋物理学家＋天文学家＋地质学家＋军事工程师，然后在此基础上，他才是一个画家、一个雕刻家、一个音乐家。所以有人说，"天才"这两个字只是对达·芬奇最基本的一个形容，已经没有什么词可以形容他了。

我以这两个例子为样板，其实是想让你体会到，到底什么是斜杠？

我的定义是：所谓斜杠，就是在你主业以外所掌握的那些专业技能或素养的总和。

在我的这个定义里，请你注意两个词：一个是专业，一个是素养。

说到这里，就要牵扯到第二个问题了。

▶ 第二个问题

斜杠具有什么样的特点？

我们经常说：谁谁谁兴趣太广泛了，他很斜杠。错了，斜杠≠兴趣。

与此同时还有另外一种情况，就是现在我们很提倡也很流行做副业，包括我的学员里面也有不少做副业创业的，于是很多人就认为，像这样的人就很斜杠。其实也错了，前面提到的埃尔博尔也说了，斜杠≠兼职、斜杠≠副业，这一点我是比较认同的。

所以斜杠的第一个特点，我认为就是"专业"，也就是你必须把这件事做到专业的程度才算斜杠，或者用我的话说，最起码是"半专业"的程度。为此我还写过一条金句，被很多人转发了："专业的兴趣叫斜杠，业余的斜杠叫兴趣"（见图10-1）。而说到副业，即便你拥有再多的副业，其实更多只是停留在谋生这个层面。

▶ 图 10-1

斜杠的第二个特点是，它未必是一种技能，也可能只是一种素养、一种修为、一种境界，也就是说它虽然看不见、摸不着，但你就是达到了专业的水准。

比如说冯唐，他是一个著名的"斜杠中年"，除了自己的主业是麦肯锡出身的战略咨询师，后来是医疗投资人，他还有一个非常大的斜杠，就是迷恋古代文物的收藏，尤其是高古玉，也就是中国夏商周这三个时代的玉器。他对高古玉的研究达到了非常专业的水准，专业到什么程度呢？据他自己说，他读过的关于玉器的书籍的定价总额就达到了20万元人民币，而且据说他收藏的高古玉器在中国可以排进前十名。你想他这是一种技能吗？我想这顶多是一种鉴赏力的素养，但是这在他的主业之外，的确是一种极大的斜杠。

既然把斜杠作为整门课程的收尾课，说明我峰帅是提倡每个人都应该具有斜杠力，从而把自己的个人品牌变成一个"斜杠品牌"的。于是我们要聊的第三个问题就来了。

▶ 第三个问题

要做好一个垂直的个人品牌就已经够烧脑、够费劲了，为什么还一定要提倡斜杠呢？

我认为有三个原因。

很多人说斜杠可以让你多一个收入渠道，让你的人生拥有更多的安全保障。对于这样一种说法，我表示"部分同意"，因为在如今这样一个时代，当你选定了一份事业，要把它干漂亮，你要花费的精力和时间其实比以往要多很多。也就是说，你要真正把一件事情做好，难度比以前更大、跨度比以前更长，甚至要花费你一辈子的时间，因为在中间过程中，你要面对的竞争、要思考的因素、要折腾的事情、要避开的坑，都比以前更多。正因为如此，你如果从一而终，一辈子只干这一件事，你所要承受的压力也要比以往大很多。并且一辈子只干一件事对你的生命而言，恰恰是一种很大的资源浪费，所以我们才需要、才应该培养斜杠，因为斜杠可以成为你心灵的一个避风港。而且很奇妙的是：你同样可以用一辈子的时间把它干漂亮，甚至几乎不用承受任何的压力。

比如说我自己，工作累了就写写书法，或者写首诗、写一篇小说，每当这个时候，我不会有任何的心理负担。再比如，我早年有一个女朋友，她的主业是平面设计师，但是她周末的时候非常喜欢做菜，并且还考了厨师证。有一次我就问她："你为什么这么喜欢做菜呢？"她说："你不知道，其实做菜对我来说也是一种设计，而且是让我更加快乐的设计！你看，要买菜、要配菜、要把它们给做出来，对吧？而且还要讲究色香味。"所以这是我们应该做一个斜杠青年的第一个原因。

第二个原因，斜杠是一种对生命的投资。就好比你今天收了一件文物，只要你把这件文物一直好好收着、好好养护着，必要的时候你一出手，就能卖个好价钱。就像我们前面说的冯唐，他收藏了那么多高古玉，如果有一天他把那些高古玉都抛售出去，你想想该值多少钱？斜杠也是一样的道理：投资时间越久，你的身价越高。

第三个原因是，作为一个斜杠青年，你能够更加接近于活出一种"三自人生"：自尊、自主、自由。并且时间越久，这种三自人生的效果就越能体现出来，因为你的斜杠人生、斜杠品牌完全是你自己的选择，你时刻都会有一种掌控现在也掌控未来的感觉。当然其中也包括前面所说的，因为斜杠，你还多了一些可以变成收入的渠道，于是你抵抗风险、打败内心焦虑的那种可能性也大了很多。

除了这三个原因，其实还有一个客观原因，就是你根本不需要纠结自己应该不应该做一个斜杠青年，因为我们每个人本来就是斜杠青年。假如是男性，那么你在家里既是一个父亲，还是一个儿子，到了公司里面，你又是一个领导。同样，假如是女性，那么你在家里既是一个母亲，又是一个女儿，在公司里可能还要管理团队。所以你看，我们每个人原本就是多重角色，并且我们还一直都在努力把每一个角色做好，但是这样的多重角色体现在你一个人身上，你从来不会感觉有什么别扭之处。

但是你可能会问第四个问题："峰帅，你一直不是倡导一生只做一件事吗？而且我们前面已经说了，一生只把一件事做好都已经够难了，如果再加上一个斜杠，该有多分心啊！"

▶ 第四个问题

在时间和精力上应该怎么分配？

没错，我的确倡导一生只做一件事，但那指的是"你这辈子要做的生意"这件事，你在做生意、做事业上，不要动不动就归零，动不动就心猿意马、朝三暮四，所以我们的口号叫"放大你的个人品牌，高效加速你的生意"。但是斜杠并不代表分心，如果你做主业之外的另一件事让你觉得分心了，说明你一定是给这件事加上了"功利性"的因素，比如你希望在这件事上能够立刻变现，或者你希望在这件事上获得什么奖项，或者一定要打败谁等。根据我本人的经验，当你没有了这样的功利之心，那么你做一件、两件甚至三件斜杠的事，非但不会让你分心，相反还会给你带来两样东西：一样是专注，一样是喜乐。而带来这两样东西的原理其实也很简单，就是四个字：水滴石穿。这一点我们放在后面再说。

▶ 第五个问题

对于普通人而言，应该如何确立自己的斜杠？

虽然我们约定这一章不讲干货，但是我仍然要在这个问题上给你一套应用工具，也是我们整门课程的最后一套工具，叫"个人品牌斜杠力坐标"（见图10-2）。

■ 应用工具十：个人品牌斜杠力坐标

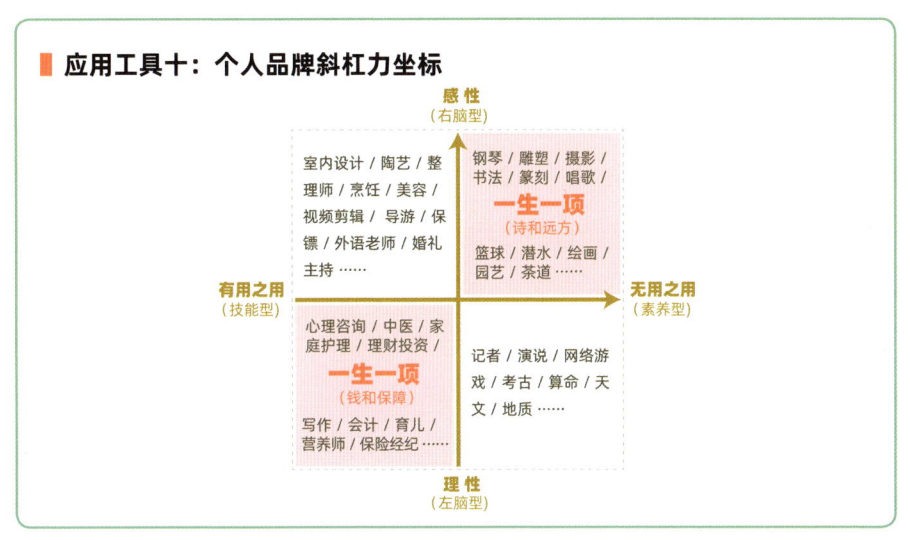

感 性
（右脑型）

室内设计／陶艺／整理师／烹饪／美容／视频剪辑／导游／保镖／外语老师／婚礼主持……

钢琴／雕塑／摄影／书法／篆刻／唱歌／
一生一项
（诗和远方）
篮球／潜水／绘画／园艺／茶道……

有用之用（技能型） ———————— 无用之用（素养型）

心理咨询／中医／家庭护理／理财投资／
一生一项
（钱和保障）
写作／会计／育儿／营养师／保险经纪……

记者／演说／网络游戏／考古／算命／天文／地质……

理 性
（左脑型）

▶ 图10-2

我们每个人一辈子所做的事情，如果你把它放大来看，其实无外乎就是两类：第一类，叫"有用之用"的事，或者说是"技能型"的那些事。哪些事属于有用之用？最简单的一个衡量标准就是，这些事能够直接对他人有用，或者直接可以变成钱。相应的第二类，就叫"无用之用"的事，或者说是"素养型"的那些事，它也有一个衡量标准，就是这件事对别人没什么用，甚至除了让你自己开心以外，对自己也没什么大用，并且也没法变成钱。

如我小时候非常喜欢收集火柴盒、糖果包装纸、明星贴纸这些鸡零狗碎的东西，再后来有很长一段时间还喜欢集邮，所以长辈看我天天捯饬这些，就说我："有空不好好帮家里做点家务，净整些没用的东西！"的确是没什么用，但是收集这些东西让我很开心。

再从另一个维度看，其实我们做的所有事情，放大来看也无外乎只有两种属性：第一种属性是"偏感性"，也就是我们通常说的用右脑比较多，如跟艺术、体育有关的事，都属于偏感性、用右脑比较多的事，或者说不需要你用太多的逻辑思维去做。相应的第二种属性就是"偏理性"，也就是用左脑比较多的事，如我们学习某一种学问、去搞教育培训这样一些事，就需要用到很多的逻辑思维，甚至让你很烧脑。

如果我们把这两个维度分别作为一横一纵两根轴放在一起，就变成了一个坐标和四个象限：

第一个象限，就是那些感性而无用之用的事，如弹钢琴、雕塑、摄影、书法、唱歌、打篮球、茶道等。

第二个象限，是感性而有用之用的事，如做一个设计师、整理师、美容师、视频剪辑师、导游、保镖等。

第三个象限，就是那些理性而有用之用的事，如做心理咨询、中医、家庭护理、投资理财、写作、育儿等。

第四个象限，就是理性而无用之用的事，换句话说，这些事做起来很费脑子，但其实没什么用，如说做记者、演说、打游戏、算命、考古、天文等。

当然，这四个象限里所举的例子，有个别事情的分类可能会引起你的异议。比如对于记者，你也许会说："这怎么会没有用呢？"如对于演说，你也会说："怎么会没有用呢？"其实像这样一些事情，它需要嫁接在某一个环境下或者某一个背景下，才会产生真正的作用。但这些都不是重点，现在我想请你做的最重要的一件事是：

请你拿出一张白纸来，画一个斜杠力坐标，接着请把你当初选为你终身个人品牌定位的那件事以外的所有事情都列出来，然后把这些事都分布填写到这四个象限里去。——好了，这些事就是能成为你一辈子去投资的斜杠事项。

但问题是，那么多事项，你应该如何确定属于你的那一件、两件斜杠事业，用来作为你的终生投资、终生"伴侣"呢？原则上这四个象限里的任何事情都可以成为你的选择，但是现在，我要给你的选择依据是：三个标准 + 一个建议 + 一个检验。

▶ 三个标准

第一个标准是，这件事会永远让你感到愉悦。比如我本人，再苦、再累甚至再丧气的时候，一旦我拿起毛笔开始写书法，就什么烦恼都没了，每个毛孔都会瞬间透露出笑容，即便我腰疼的时候，都能站着写两个小时（见图10-3）。另外，当我每次开始写作的时候，我都会感觉到外面的世界已经离我而去，我会完全沉浸在文字的世界里，它让我感到无法言说的愉悦。

▶ 图 10-3

第二个标准是，这件事你打死都要干。换句话说，就算全世界都认为你干的这件事情是胡闹，你也要干。

第三个标准非常重要，就是只要你愿意，你随时可以把这件事变现，也就是变成钱。例如，很多人都知道，我是不教文案课的，也从来不为钱而写作，但是只要我愿意，我完全可以让我的文字为我带来收入，事实上我也经常这么做。如我现在有一个"盲盒文案教室"的收费社群，而且收费还不算低。我也时不时地会写一本书，这些都叫变现。再比如，我也从来不为钱而去写书法，但是只要我愿意，我就可以把我的字卖出去，一幅字两千元、三千元也经常会有人买。但是原则上我只会单纯地去享受写作或者书法给我带来的那种喜悦感，并且我会以最专业的标准，去训练我的这些斜杠。

所以，只要这件事满足了以上三个标准，你就可以把它列入你的终生斜杠投资计划。然后你会发现，这样的事情其实真的很少很少，比你想象的远远要少，我们每个人一辈子，充其量能有一两件、两三件就已经很了不起了。

一个建议

在三个标准的基础上，我要给你一个建议：在斜杠力坐标的第一象限和第三象限里面，你至少各要选择一件事来作为你的斜杠投资目标。也就是说，你要选择一件"感性而无用之用"的事，让它成为你真正的斜杠，比如弹钢琴、茶道、瑜伽、书法这些，因为它会成为你此生真正的精神港湾，给你"诗和远方"。此外，你还要再选择一件"理性而有用之用"的事来成为你的斜杠，比如你可以学习中医、学习投资理财、学习育儿，也可以像我一样训练专业的写作，因为它会像你的主业一样，给你带来"钱和保障"，尤其是当你老了以后。我们前面说过"三自人生"，而这两种斜杠，就是能够让你的未来真正地享受到自尊、自主和自由，让你老有所依的事情。我们经常说防老，你真正意义上的防老措施，并不是你的存款，也不是你的保险，甚至不是你的儿女，从更广义、更高层次来说，其实是你的斜杠事业。

一个检验标准

接下来我还要再给你一个检验标准，也就是如何检验你选定的这个斜杠，它是不是真的能够在你老了以后让你老有所依。

你会说：我又不能时空穿梭，到未来去先看一看。其实我还真的可以让你时空穿梭，只不过不是穿梭到未来，而是穿梭到过去。这也是我自己惯用的一个手段，方法就是：你把你选定的这件事情放到十年前、二十年前，甚至三十年前去衡量，如果这件事你从那个时候开始一直做到现在，你认为它能不能让你有所依靠？如果能，那么说明你把这件事从现在开始，一直做到十年后、二十年后、三十年后，基本上也一样可以有所依靠。这样一检验，你就大概知道这件事是不是真的靠谱了。

你可能又会问：既然如此，我为什么不像当初用"墙角坐标"给自己的个人品牌定位一样，把这件事作为我的主业呢？

答案很简单，因为你不想把这件事马上变成你的生意。而你当初在给自己的个人品牌主业定位的时候，直接定的就是一门生意，并且还得让你的个人品牌赋能你的生意高效加速。

▶ 第六个问题

我们再来探讨第六个问题，这个问题跟前面有一个问题相关：既然我们现在做的是一个斜杠品牌，那么应该如何管理这个品牌呢？或者说，应该如何分配好我的时间和精力，从而让我的斜杠与主业不产生冲突呢？

正如前面所说：真正的斜杠，其实并不会跟你的主业产生冲突，更不会让你有一种"分心感"，前提是你要做到一点，就是：永远不要忽视"水滴石穿"的力量。怎么做呢？

第一个关键点，你只需要每天或者每周给自己一个固定享用斜杠的时间。

比如我自己，基本上每天中午都会写一个小时左右的书法，再忙也要让自己沉浸一下。如果你的斜杠不是室内项目，而是高尔夫、骑马、篮球这些事外项目，我认为你每周固定安排出 1～2 次去做它，也不是什么难事，因为这件事情根本不需要你"坚持去做"，因为它本身就是你求之不得的事，它本身就应该成为你生活中的一部分才对，就好像我们早晨起来要小便、刷牙、洗脸一样，都是天经地义的事情，你不需要分配时间，更不需要"坚持去做"，因为它已经成为你自然而然的惯性动作。所以对于这样的斜杠事项，只管大胆去做就可以了。

但有一个现实的问题是，如果你有一段时间很忙，做斜杠的时间跟主业冲突了，怎么办呢？也很简单，这时候请你记住：一定要让你的斜杠让位于你的主业。因为这样的情况都是暂时的，而我们在斜杠中所要投入的时间却是一辈子，所以暂时让位无所谓。唯有这样，你的主业跟你的斜杠才能实现"永久性共融"。但是反过来说，如果你长期都很忙，你的斜杠和主业长期发生这种冲突，那只能说明两个问题：第一，可能你对你的主业本身也没有规划好时间；第二，这个斜杠并不是你的真爱，那就更没什么好纠结的了。所以"水滴石穿"的第一点就是，你每天或者每周要给自己一个固定享用斜杠的时间。

你还要做到的第二个关键点是：每次在做这件事情的时候，一定要保持绝对的专注。

在这一点上，我认为几乎是不需要刻意练习的，因为你对你的真爱，不可能不专注，只要它的的确确是你的真爱，那么你只需要在做这件事情的时候，排除干扰、暂时放下工作就可以了。

所以，以上所说的两个关键点，其实一个是关于时间管理，一个是关于精力管理，但是在真正的斜杠面前，这两个问题根本都不是问题。那么在这样的前提下，你就绝对可以轻易地做到"水滴石穿"。而且你会发现，随着时间的推移，任何石头都禁不起你"滴"。

还是拿我自己来举例。我写书法差不多有十年了，目前至少应该达到了"半专业"的水准，有些前辈甚至说我已经达到了专业水准，这固然是谬赞，但至少说明我在书法这个斜杠上已经训练有素了。而我在这个斜杠上的梦想是，等我老了以后，用我的营销思维，用我学到的营销上的本领，来开一所我心目中理想的书法学校。那么在这件事情上，让我这滴水再滴它二十年时间，我认为不论在专业层面，还是在我手里所掌握的资源层面，实现这个梦想的概率应该还是挺大的。退一万步讲，即便我最后没有实现，我开一个书法培训班，或者我卖字总行吧？如果这个也不行，那至少书法已经给了我极大的乐趣，我也并没有吃亏。

再比如说，我的写作生涯事实上比我的营销生涯还要长，已经二十多年了，我直到现在还长年写日记、写文章、写文案、写诗、写书，并且现在我也开始用这一技能，来写一些商业上的著作。但其实我未来最重要的一个写作计划，是为我的女儿写一部关于生命信仰的长篇童话，而且我早就已经在准备素材了。我希望我写出的这样一部童话书能够一直流传下去，让未来的很多孩子都能读到。但是如果这件事情我最后没有做好，或者说这部童话没有写出来，至少写作这件事本身已经给我的生命带来了极大的快乐，我又损失了什么呢？

▶ 第七个问题

下面我们来说第七个问题，也是最后一个问题：平时有些朋友会跟说我，我实在挖掘不出自己有什么斜杠，而且我压根也不想做一个斜杠青年，怎么办呢？

我的答案是：不需要怎么办，那你就踏踏实实做一个"单杠青年"就行了。你就不带任何干扰和杂念地把你的主业做到最专业、做到极致，到了那个时候，你还会没有快乐吗？还会老无所依吗？我认为也不太可能。

以上就是关于你的斜杠人生、斜杠品牌，我认为其中最重要、最核心的七个问题，我把它们一个一个拎出来，并根据我自己的经验和心得，给你分享了一下我的总体观念和看法，也包括具体的做法。

除了这七个问题，我还想再给你三个关于斜杠的终极建议。

第一个终极建议是：永远不要刻意地把你的斜杠变成变现手段。请让它对你保持那种最纯粹的愉悦状态，让变现这件事情瓜熟蒂落吧！因为只要你真正热爱这件事，你一定可以在这件事上做到专业水准，而只要你做到了专业水准，变现的天时地利人和终究会到来。

第二个终极建议是：永远不要为你的斜杠设定一个终点。因为斜杠本来就没有终点，也不应该有终点。

第三个终极建议非常非常重要：我见过有些人的确很斜杠，但是他因为要做这些斜杠的事，却损失了很多原本应该给家庭，尤其是给孩子的时间。所以，假如你正好已经有了家庭、有了孩子，并且你的孩子还小，请你永远不要让你的斜杠去占用应该给家庭和育儿的那些时间。你要让你的斜杠人生自然地成为你家庭中的一个组成部分，并且你还有必要尽可能地把你的孩子也培养成一个"斜杠儿童"，而不是一个学习机器。根据我本人的体会，这将会让你孩子的未来受益无穷（见图10-4）。

我自己经常会想：如果可以再来一次，如果我可以再早一点认识到斜

▶ 图10-4

杠的意义和重要性，我会让我自己的斜杠人生、斜杠品牌再提前十年开始，因为这样的一种生活状态和生命状态，实在是太美妙了。

总之，关于你的斜杠人生和斜杠品牌，最后请你记住两句话：

过程在当下，远景在未来。喜悦在当下，满足在未来。

愿你从今天开始，也成为一个斜杠力爆棚的人，做一个真正意义上终身受益的斜杠品牌！

核心内容回顾

作为个人品牌课程本身而言，虽然在上一章我们已经攀上了"珠穆朗玛峰"，但是我还是要用这最后一章，带着你一起坐下来，聊一聊你个人品牌的那条"平行线"，也就是你的"斜杠品牌"和"斜杠人生"。

我举了苏东坡和达·芬奇的例子，让你知道了我对"斜杠"的定义，就是在你主业之外所有专业技能和素养的总和。所以兴趣不等于斜杠，副业也不等于斜杠。

我为什么建议你一定要做一个斜杠青年？因为斜杠是你精神的避风港，是一种对生命的投资，斜杠可以让你活出自尊、自主和自由的人生。所以我给了你整门课程的最后一个应用工具，叫"个人品牌斜杠力坐标"，通过这个坐标以及我的"三个标准＋一个建议＋一个检验标准"，你可以像确立你的个人品牌定位一样，准确而永久性地确立自己的终身斜杠投资事项，并让斜杠不与主业产生冲突。

我最后给你的三个终极建议，是为了让你成为一个真正意义上的斜杠品牌，而不是把斜杠仅仅变成了副业或者变现工具。

结 语

你的个人品牌行动日历

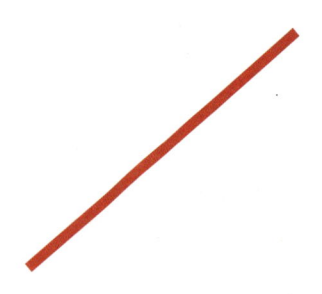

到这里为止,整门"个人品牌放大器"课程的内容,我已经全部讲完了。所有关于我本人在个人品牌上所取得的一点成绩,以及因此而获得的一些经验、所得出的一些心得和做法,我也已经全部向你分享和交付完成了。在一起经历了一段不那么轻松的,甚至是非常烧脑的学习历程之后,在一起攀登了一座又一座个人品牌山峰之后,所谓"天下没有不散的宴席",我们也即将在这里告别,各自满怀期望地开始新的旅程!

你一定还记得,在正式上这门课之前,我曾经给你发过一份课前自检表。现在课上完了,我要再给你发一份课前课后对比自检表(见下表)。请你根据学习后的心得体会,以及目前所的改善情况,重新针对这张表格里的各个层面进行自检和打分,并将前后两次打分对比一下,看看自己哪些层面已经取得了长足的进步,哪些层面进步还不大,哪些层面还没有得到明显的改进。这虽然不是一次作业,但是重要性远胜过作业,因为它是你学完课以后非常重要的一次质检,也为后续进一步的行动明确了新的起点。对于这张自检表,你可以每隔一段时间就使用一次,因为它会让你越来越认识自己的个人品牌,一次一次走向新的起点。

学员个人品牌——课前课后对比自检表

学员：_____ 作业日期：___年___月___日

集训营	放大器	自检问题	自检评分											
			很弱（1~3分）		较弱（4~5分）		一般（6~7分）		优秀（8~9分）		卓越（10分）	
			课前自检	课后自检	课前自检	课后自检	课前自检	课后自检	课前自检	课后自检	课前自检	课后自检
定位与符号	有效定位	对自我品牌定位的行业属性是否具有充分而笃定的认知，且具有明显的差异化优势？										
	强力符号	是否拥有明确的个人品牌符号或品牌符号方向，包括外在的及内在的？										
表达与影响	表达利器	个人宣讲PPT是否足够犀利，且具有显著个人特征？										
	魔力演讲	是否具有优秀的个人演讲能力，且具有显著个人特征？										
	金句思维	在自己专业领域内是否具有明确的价值观，且能总结出极具传播性的金句？										
内容变现	视频赋能	个人视频号是否充分匹配个人品牌形象，且对生意具有明确的赋能方向？										
	价值变现	对目身职业经验是否具有系统化知识储备，并能形成可传授的课程？										
生意与管家	私域资产	在个人私域中是否具有强大的号召力，对朋友圈、社群和用户群三大私域资产的养护是否足够优秀？										
	生意闭环	对于个人五年、十年及终身的变现路径是否足够清晰和笃定，是否能够清晰地画出自己的生意闭环？										
	斜杠品牌	在主要专业外是否有过人的其他技能和素养，且持续性保持较为专业的水准？是否明确了自己的终身斜杠事业？										

个人综合自我评估描述：

但是发现了问题、明确了起点仍然是远远不够的，我们一再强调：没有行动的认知一文不值。换句话说，就算你把我的整门课、整本书全都背了下来，如果没有落实在行动上，如果没有持续落实在行动上，最后你也不可能拿到一个好看的结果。我们经常说"知行合一"，而对于经营个人品牌来说，"知"和"行"之间，需要的是一张规范而严谨、细腻而科学的行动日历，用它来指引甚至是约束你的行为，从而让你好不容易树立起来的"自律性"不会偏离目标，沦为"假自律"。

所以你接下来要做的最重要的一件事，不是别的，而是基于《峰帅·个人品牌放大器》的所有内容，制定一份属于你自己的个人品牌行动日历。

什么是个人品牌行动日历？

我们在为企业做营销咨询服务的时候，会把整个年度内要做的所有营销工作，进行全面的拆解和梳理，然后一项项排布到时间轴上，制成一张年度营销日历图表，以此来把控每一个季度、每一个月份、每一个星期所要靠近的目标、所要完成的动作，从而阶段性地检验每一项工作成果。

我们经营个人品牌，其实跟经营一家企业没有什么本质的区别，所以完全可以借鉴企业营销咨询的做法，把我们的每一步行动落到实处。

这里我给你提供了一份个人品牌行动日历的范本（见下图），你可以把课程里的每一个块内容都拆解成一个个的"行动点"，然后以每半年为一个大周期、以每周为一个小周期，把行动点排布到时间轴上。你需要根据自身的个人品牌建设情况来拆解动作，预设好每一个动作要达到的目标，然后在每一个阶段对自己的行动进行监督、检验、复盘和调整，你甚至可以联合你的小伙伴来互相督促，彼此手挽着手一起坐实行动日历。

在具体使用行动日历时，有几点需要特别注意：

第一，纵向上，在根据"行动模块"来拆解"行动内容"的时候，应当尽可能拆解得细，你在日历中拆解得越细腻，你落实到行动上就会越扎实。

第二，横向上，你甚至可以在周历的基础上，再自建一份真正的"日历"，把行动细化到每一天，尤其是在最开始的三个月里面，从而让日历对你行动的指引和约束更加精确。

个人品牌行动日历（范本）

行动制定人： 峰帅
行动周期： 6个月
迭代版本： 1.0版

行动模块	行动内容
有效定位	1) 基于"四股原力"，对终身个人品牌定位的深度分析（热爱程度、专业程度、发力点）
	2) 基于"墙角坐标"，对终身个人品牌定位的确定
强力符号	1) 梳理并确立自己的核心价值观
	2) 梳理并确立自己的内在符号系统（原力属性符号）
	3) 审视并优化自己的外在符号系统（社交属性符号）
表达利器	1) 吃透"PPT思维田字格"，娴熟做出简约而犀利的PPT
	2) 吃透"PPT思维田字格"，娴熟掌握PPT叙事技巧
金句思维	1) 基于"金句沙漏"法，能讲一个明确的问题，采用"3点逼写"与"大片思维"法写出一句"毛还金句"
	2) 能基于"5点再造"法，娴熟地使用1-2种手法将一句毛还金句装修成"黄金句"
魔力演讲	1) 基于"情绪驱动"齿轮，能就一个演讲命题，层层递进地调动观众情绪
	2) 基于"故事驱动"齿轮，能在一个演讲命题中娴熟地讲故事，从而有效增强说服力
视频赋能	1) 基于"北斗星盘"，清晰地规划出视频号的内容方向、风格属性能点及策略与定位
	2) 明确地规划出视频号的内容模式、确定视频号的赋能能点及方向，并持续输出
价值变现	1) 基于"价值变现金塔"及"8+2思维"，确定至少一门课程选题
	2) 确定课程选题，确定课程框架，确定课程的底层逻辑，实操心法与具体做法
	3) 对课程进行良好的交付，并在运营销售上达到较好的成果与口碑
私域资产	1) 基于"私域资产六芒星"，重新审视并梳理朋友圈、会员群、用户池三大"资产型领地"，使得触达力、裂变力和收益力得到明显提升
	2) 梳理超级用户、超级伙伴、超级团队三大"资产型人脉"，从而在影响力、合作力和人才力上得到更好的巩固与提升
生意闭环	1) 基于"闭环力模型"，拆解并重新审视自己的生意模式，重组全新的价值闭环
	2) 挖掘和引进新的利益方，重新定义价值流，重新定义资金流，突破现有生意格局，实现新的价值闭环
斜杠品牌	基于"斜杠力坐标"，深度拆解一个技能与素养，确定终身斜杠事业，并制定永久性投资计划，开展行动

第三，你的行动日历每年至少要进行两次大迭代，中间随时进行小迭代。因为你在具体行动的过程中，一定会遇到某些动作没有达成预期目标，而某些动作超预期实现了目标，这时候你需要重新迭代一份日历，对里面的内容、行动和周期进行适当的调整，就像将士行军过程中步伐乱了，马上踩几下"小碎步"，让自己的步伐重新归位，从而让自己一步一步逼近目标。

请切记：检验你的学习是否真正有效的终极标准，就是看你的行动是否有了结果；而检验你的结果是否真正有效的终极标准，就是看你的结果是否在不断地逼近目标。

希望这门课程和所有我给你的应用工具，能够打通你做个人品牌的所有卡点。

希望你对课程里的每一个知识点，能够常常"温故而知新"，并通过你的个人品牌行动日历，在今后的行动中进行细腻的操练、操练、操练。

希望你终将放大你自己的个人品牌，从而对你自己的生意，甚至对你自己的人生都产生大大的影响。

让我们一起在今后的个人品牌旅途中，能够越走越远、越走越美好。同时也让我们一起将自己的收获和成绩，分享给身边更多的朋友。

扫码可领取
本书读者专属课后作业合集
（后台回复"我要领作业"）

扫码了解更多口碑推荐